U0502324

寻找徐传贤

从上海到北京

十年砍柴——著

中国出版集团 现代出版社

图书在版编目（CIP）数据

寻找徐传贤：从上海到北京 / 十年砍柴著．— 北京 ：现代出版社，2022.4（2022.8 重印）
ISBN 978-7-5143-9768-0

Ⅰ．①寻… Ⅱ．①十… Ⅲ．①徐传贤－传记 Ⅳ．①K828.2

中国版本图书馆 CIP 数据核字（2022）第 039717 号

寻找徐传贤：从上海到北京

作　　者：十年砍柴
责任编辑：谢　惠
出版发行：现代出版社
通信地址：北京市安定门外安华里 504 号
邮政编码：100011
电　　话：010-64267325　64245264（传真）
网　　址：www.1980xd.com
电子邮箱：xiandai@vip.sina.com
印　　刷：大厂回族自治县彩虹印刷有限公司

开　　本：710mm×1000mm　1/16
印　　张：23　　字　　数：275 千
版　　次：2022 年 4 月第 1 版　　印　　次：2022 年 8 月第 2 次印刷
书　　号：ISBN 978-7-5143-9768-0
定　　价：79.80 元

谨以此书纪念徐传贤先生逝世五十周年

▲徐传贤（1908—1972）

▲徐传贤在华盛顿留影（拍摄于1945年10月）

▲徐传贤在国外参加公务活动时留影（拍摄时间为1947—1948年间，地点为美国纽约帝国大厦）

▲从少年到老年的徐传贤

序

他史、我史，公众史

李勇（十年砍柴）写了一部《寻找徐传贤：从上海到北京》人物传记，命我写序。展卷读来，果然是财经记者的椽笔纵横，全书一气呵成，淋漓酣畅。读罢掩卷，不禁长叹：此乃一部奇史！从一位不甚著名的“他者”在清末出生后的履历开始，到他在“文革”悲剧时代去世结束，读者从中读到自己，读到群体，最后在一种“公众历史”中得到解释。李勇写这本书是受了一群朋友的托付，他实现了大家的期待，即传记虽然记录一位家庭内的长者，但不应该只是家族私史，也可以是市民公共意识的一部分。按梁启超那种“英雄之能事，在造时势”的标准来讲，本传主不是造成时势，而是为时势驱使的一般人物。然而，即便是一般市民，他们在一些关键场合参与历史，见证历史；哪怕就是为生计所迫，随波逐流，被历史所裹挟、吞噬，却仍然表现出自己的个性和时代共性。概言之，这既是他史，又是我史，也是一部公众史。

传主徐传贤（1908—1972），江苏青浦籍人，生长、求职、受教育、发展事业，都在租界时期的上海。徐传贤是另一位朋友徐建新的祖父，多年来建新孜孜以求，一直想把青浦徐氏他们这一支宗族的家世——从曾祖父徐熙春在上海南市创业开始，到祖父徐传贤、父亲徐家良一辈在变动时代的经历——记录下来，奉献给社会。建新和朋友商量，寻找方案。最近几年，我和他多次碰面，都会讨论怎样找到史料，如何写得精彩。徐熙春创建中国红十字会青浦分会医院（今上海中山医院青浦分院），是青浦地区第一所西医医院，至今为当地人民塑像纪念。建新的伯伯徐家善是上海瑞金医院医生，父亲徐家良1956年从江苏医学院（南京医学院，今南京医科大学）毕业后“分配”到贵州的医院，建新于1966年出生在贵阳。建新回到上海后参加高考，延续家风，仍然学习医学专业，现在本行业内创业。建新的女儿徐子蕙去年在英国剑桥大学硕士毕业，现在伦敦国王学院研读干细胞医学博士，还在延续徐氏家族的医学传统。按理说，写曾祖父徐熙春以下五代人的医学经历，对家族最有意义。但是，建新和大家都觉得，祖父徐传贤的事迹更能印证和说明20世纪中国人走过的艰难道路。从搜集到的文献，再从文献反映的时代来看，一生从事邮政业务、外事和教学的祖父徐传贤才是更加值得撰写的主人翁。

在上海，大约是在民国初年就流传一句话——“海关金饭碗，银行银饭碗，邮局铁饭碗”。徐传贤凭着他在中法学堂的学历，于1924年考进邮局当邮务生——那是一份体面的职业。按李勇他们获得的资料，同一年考进邮政总局的还有朱学范、陆京士、凌其翰。这四位“同年”兄弟的关系值得一提，朱学范（1905—1996，金山枫泾镇人）、陆京士（1907—1983，太仓沙溪镇人）两人都是深度参与民国历史的人物，生平留在了国共两党的记录中。朱、陆都曾拜在杜月笙门下，把传统的青帮组织改造成一个新式社团——“恒社”，联合民众，排解纠纷，参与工潮、学潮，因而在上海和全国工人运动中取得重要地位。还有凌其翰（1907—1992，上海本地人）也是有名的，他留学欧洲，曾经一度担任震旦、复旦创校校长马相伯（1840—1939）的秘书，1932年帮着马校长整理《六十年来之上海》，讲上海开埠后一甲子的沧桑巨变。凌其翰凭着震旦大学、鲁汶大学的法语、法律训练，以博士和教授的身份从事外交，获得驻法公使的职位，最后在国共政权交替的时候以"起义"的名义加入新政府，虽在"反右"中略有曲折，但"文革"后在北京外交部得以善终。

徐传贤和他的三位"同年"都是出自上海市民阶层的平民子弟，通过刻苦学习，取得正当职业；再经过努力工作，凭着实干业绩，成为行业内的佼佼者。"职业性"，是这一代人的主要特性。1930年代，是上海平民阶层人才辈出的时代。这一时期，上海各行各业的基本骨干大多是本市出生的上海子弟，逐渐改变了开埠以后各项人才以输入为主的格局。这种格局变化给职场带来了一股新风，或许也可以称之为某种形式的"海派"吧。徐传贤、朱学范、凌其翰等人各有祖籍，但都出生或自幼生长于南市，就学于法租界，相比外滩、虹口公共租界的广东、宁波、苏州、常州、无锡等融合而成的市民气质，他们更加本土化。陆京士出生在太仓，他的父亲是上海邮政局职员，自己是本土化了的"邮政二代"。凌其翰、徐传贤通过半工半读、勤工俭学完成了大学教育，练就了更加出色的职业技能。朱、陆、凌三位师兄后来都脱离了邮政界，离开上海，成为国务人员；徐传贤则留在职场，一直从事与邮政相关的业务——1940年代在上海从事邮政外交，1950年代到北京做邮政管理，1960年代被打成"右派"后在邮电学院从事邮政教学。1972年，在"文革"高潮有些退去且他正在"干校"改造的时候，忽然被卷进了"莫须有"的"特务潜伏"案，被监押审查，最后在邮电总医院病逝。

“从上海到北京”，徐传贤和那些积极投身到延安、东北和北平的热血青年完全不同，他见证了时代的巨变，但只是一位被动参与历史的职业人士。他是在1949年11月作为旧政府中的留用人员“奉调北京”，应该就是那种缺乏“主人翁”意识的人士。谈到1949年，津津乐道的是那些“投身革命”的“进步青年”，而徐传贤显然不是这类人。他是一个来自上海，熟悉邮政业务，懂得法文、英文，曾为国民政府工作，现在又为新政权所留用的职业人士。我相信，当年他到“陪都”重庆管理总局业务，在东南亚各国从事“万国邮联”外交，“复员”后在南京和上海重建邮政业务，都是秉持职业操守为民众服务。他自认是邮政事业的仆人，而不会僭越为它的主人。当年到北京“参加社会主义建设”的人群中间，这样的职业人士不出现在舆论主流，很少看到对他们的描述和报道，但认真分析起来他们的人数也是不少。《寻找徐传贤：从上海到北京》这本书，正可以帮助我们清晰看见这样一个群体。

在上海，外商投资现代事业最早，而“商办”的比重越来越高，形成了社会发展的民间道路。“洋务运动”初期，清朝因军工生产而投资实业，确曾有过主导新兴实业的做法。但是，这种违背市场规律，不顾民间意愿的做法，终究不行。随着华人资本崛起，民间资本涌入，到1930年代时呈现出来的发展态势相当合理。以现代邮政行业的崛起而论，在徐传贤的老家青浦，朱家角镇的大清邮局1903年建立，民间经营的“协源民信局”却早在1875年就有了。民营地方邮政与国家中央邮政并行不悖，相互补充，信息物流业更加发达。青浦在江浙地区率先发展地方报刊事业也是一例。朱家角镇人夏瑞芳（1871—1914）在上海创办商务印书馆，带出一批编辑、作者、印刷工、发行人，回镇办报，蔚然成风。十几份小报刊发行，民间社会顿时活跃，梁启超呼喊的“开启民智”自然就不开而自启。这期间，以“官”“商”“洋”人为市场主导地位，有博弈，有争议，但整体上形成了多主体竞争、各方面协同发展的局面。有民间力量参与的现代国家体系建设，令传统的中央帝国体制逐渐具有了一些市民社会特征。

按上海、武汉、天津等地城市历史研究学者的描述，1930年代通商口岸地区已经出现了一些市民社会的特征，天津、汉口、广州、厦门、青岛都有，而尤以上海都会区最为突出。一战前后，各行各业蓬勃发展；1937年“八一三”之前，上海和全国经济正处于“黄金时代”，失业和难民数量不多，工人、职员、学生、警察、自由职业者、小业主、资本家……关系相对缓和。按家庭人口数来估计，上海比较稳定的职业人口应该占了300万人口中的200万以上，无疑是全国最大的中产阶级群体。当时，上海和全国城市中产阶层的群体特征用“工人阶级”概念来描述并不准确，他们有竞争、合作、奋发、向上的积极面向。我们看到的这个中产群体中人，办事有自主性，工作有责任感、职业心；在一个复杂而有机的大城市生活，必须尊崇法律和程序，还要善于协商和妥协；道德主义在现代法制体系下失效，但也必须有良好的社交圈，因而要有为人处世的分寸感。他们中的一些精英分子，像徐传贤一样，受过完整的大、中、小学新式教育，而且还是法国式的“人文主义”风格。他们对中国和西洋文化驾驭自如，虽然“崇洋”，但并不是所谓“媚外”，因为利益主体早已不是“列强”而是自己。徐传贤往上三代的家世，并非翰林，也不是经师，而是在闾巷里起家的实业家，划阶级成分的时候被定为“高级职员”。虽然没有当面见过四位“同年”师兄的前辈们，但从文献阅读和本书描述，以及从自己父、祖一辈的亲友环境中，上海市民都可以感觉到徐传贤那一代人身上的时代特征。

以邮政作为职业，是清朝“洋务运动”的成就之一。一个庞大的全国邮政系统率先建立，历任南洋通商大臣布置和经营，邮政总局的邮务、电报系统最为完善，形成了以上海作中心，以沿海、沿江通商口岸城市为次级中心，深入各省会和州、府、县的三级网络系统。另外，以江南制造局为核心的工业制造，轮船招商局为核心的航运布局，机器织布局为核心的新式纺织业，加上江海关（与湖北江汉关、广州粤海关、天津津海关并称为近代中国四大海关）作为海关实际总部，还有一大批外资、民资、国有（商办）银行总部，构成了清朝从中央帝国向现代国家转型的事业骨干，因此上海成为全国新事业的枢纽。在现代国家里，把一封封家信送到偏僻乡村的邮政系统，是比警局、税局、银行、报纸、学校、医院更能感受国家权力的一个存在，是真正起作用的national机构。清朝在上海（南洋）办国家事业，帝国都城之外有一个新城市魔幻一般地承担了商业、经济、文化、教育，甚至政治中心的功能，这在天朝三千年的都城历史上还是第一次。1930年代，日本记者用“魔都”和“帝都”来形容上海和北京的格局，很是传神。清朝新开的国家事业，允许官办、商办、官商合办、官督商办等多种形式，也就是说民间社会通过“招商”形式参与国家建设，这是1930年代通商口岸地区中产阶级崛起、平民人才涌现的社会基础。

邮电行业“铁饭碗”的说法，是指有稳定而较高的工资，还有假日、劳保、退休金等福利。但是，邮务员的勤奋、准时、整洁、礼貌、守纪律，更是保持到“文革”以前的行业风气，是城市居民天天见得到的良好形象——与今天的“快递员”“邮电工”形象反差甚大。1930年代，朱学范、陆京士组织的全国邮政总工会，是上海组织能力最强的行业工会和民间社团。直到1960年代，这个经历了政权更替而延续下来的工会组织，仍然是上海社会生活的标杆，而它的铜管乐队、乒乓球队、体操队保持专业水准，出过不少全国冠军。1980年代，在四川北路上的“邮电俱乐部”，还是市民娱乐活动中心。上海还有形形色色的俱乐部、同乡会、同学会、同业商会，社会功能都很强。在上海一百多年的市民运动中，晚清时期是钱业、商船、三山、广肇、四明等会馆凝聚力强，出钱行善事；1925年“五卅”运动前后，是总商会、各马路商会一呼百应，动员能力最强；到了1930年代，以邮政工会为代表的职业团体就脱颖而出，有很强的号召力，推动着福利事业进步。一百多年的社会变迁，上海的市民社会建设层次丰富，机构众多，方式多样，形成的局面就是有了独具形态的1930年代城市生活方式。

曾问过一位随三联书店入京的职员，1950年代初有多少上海人到了北京？他估计着说，大约有15万上海人，从学生、职员、店员、工程师、教师、工人到裁缝、美发师等，各种身份的都到了北京。商务、中华、三联这些植根上海的老牌出版社，华新、紫罗兰、云裳、湘铭等“海派”风格理发店，义利西餐社、中国照相馆等，这些生活资源也一起搬来。“海派”文化的表面输出，并不代表它的压倒优势，因为这两个城市的运行机制完全不同。在北上的数十万人中，不都是意气风发、豪情万丈的那种。上海人的亲戚朋友中间，有很多人移居北京的，大多只是职业变动所致：整个机构裁撤，人员跟着内迁；一时没了工作，也只能接受“国家分配”。一个政权，再简陋朴素，也需要那些能够让国家机器运转起来的经营、管理、服务人员。邮政事业总部不可能留在上海，而徐传贤被选调来邮电部协助业务工作，这尚属幸运。没有行政上的统计数据，就按当时人的估计，上海有15万青壮年人员从上海去了北京。在上海的弄堂里，很多人家“从上海到北京”，支援“国家建设”。如果说1950年代上海有一百万企业人员“支内”，那数十万的各类专业人才被调到北京和全国，这种“上海支援全国”的方式是非常壮烈的。

曾经问过建新，您祖父徐传贤放弃自己熟悉的生活方式，背井离乡“从上海到北京”，他的内心经历到底是怎么样的状态？建新给出一个来自家庭内部的揣测性解释，说徐传贤或许认为：自己刚刚在与第一任妻子盛希珍离婚之后，与第二任妻子章一涵同赴北京，可以开始一段新的生活。这当然是一个重要原因。但是，徐传贤受过高等教育，去过欧美，在上海的华丽洋场见过许多种不同的生活态度和处事方式，因此他对日常生活以外的政治生活当然也是有所认识的。他在自己的“交代”中说：“跟总局一小撮人跑（去台湾），毫无意义，自己一向不问政治，共产党来了也不致就不要我了……”正是本着这种“凭本事吃饭”的职业心态，徐传贤带着一点任运感，怀着些许忐忑的心，也夹带着几分对新的生活的期许去了北京。我觉得，还是从一个人、一个行业的职业感，以及对民族和国家仍然抱有的责任感出发，才能理解当时那一代人的选择。

描写时代的历史，我们通常都是用了政治、思想人物来代表，那些其实并不怎么影响社会进程的学者们的生平和著述，也得到了详细的研究和叙述。但是，那些历史上的次一级、次二级的人物之命运，我们通常都很少去关注。例如，清朝能够宣付史馆立传的，除特别需要表彰的贞节人物，都是二品以上的官员。这当然是一个陈旧片面的历史学观念。一滴水能见大海，一个普通人物也能反映巨大的变动时代。从“公众历史”观念看，徐传贤比他的三个师兄更加能够代表他们所出生的市民阶层，因而也更多地具有近代上海人的秉性特征。他史、我史，公众史，徐传贤的传记更是一部“痛”史。李勇在《寻找徐传贤：从上海到北京》中引用了我在《南京路：东方全球主义的诞生》（2009年版）中一段话的说法，说是鸦片战争“在中国催生了‘五个通商口岸’（Treaty Ports）。一个超大规模的大都市——上海，在五个城市中脱颖而出，引领中国。开埠后的一百六十多年间，正是上海，带领着一个庞大民族——艰难转型”。感谢李勇赞同并引用了这个说法，而今天我们仍然愿意使用这个判断。

李天纲

2021年11月19日

北京大学人文社会科学研究院访问期间，

写就于北大静园二院和资源宾馆2505房间

自　序

拂尘淘沙始见君

这本书的传主徐传贤先生去世时，我还是一个刚满周岁的婴儿。徐传贤先生生前声名不显，地位并不高，如果不是一次偶然的机缘，我不可能知道世上曾经有过这样一位老人，更不会了解他坎坷的一生。

去年夏天，我南游至沪，在朋友召集的酒宴上认识了上海一家科技企业的创始人徐建新先生。建新长我五岁，祖籍上海青浦，因为父亲早年间分配到贵州，他在贵阳出生，高中时拜政策之赐得以迁回上海，尔后在上海读大学，在上海成家立业。闲聊中，得知其祖父徐传贤先生光绪三十三年岁次丁未生人，和我的祖父同庚。徐传贤先生比先祖父小七个月，按公历算先祖父生于1907年，传贤先生生于1908年1月。——在他们那个时代，同庚以农历而非公历为依据。我的祖父是一个目不识丁的农民，终老于湘中乡村；而徐传贤先生熟悉三门外语，一生游历过诸多国家，为国家做过许多事。我觉得徐传贤先生的一生，颇能代表他那一代中被忽视的一部分人的经历，而这些人应该在中国现代史中占据一席之地，遂萌生了为他写一本传记的想法。

光绪三十三年出生的人，来到世界上不几年便是清室逊位、民国建立，他们在江山鼎革、新旧交替的大时代中度过少年时代。中国这一年出生的名人多为军事界、政治界人士，如共产党的高层有林彪、杨尚昆、粟裕、萧克、宋时轮、傅秋涛、彭雪峰等，国民党的高层有宋希濂、胡琏、沈策、文强等。这年出生的文化界的名人也有，如萧军、李可染、徐铸成等人。

对照中国的现代史，不难看出这个现象产生的原因。从“五四运动”爆发的1919年到大革命失败的1927年，丁未年出生的人是12岁到20岁，从少年长成弱冠，这正是一个人学习知识、确定价值观的最重要时期，却恰逢中国现代史一段纷乱动荡的岁月。许多热血青年，为寻求个人和民族的前途卷入大时代的洪流，去从军，参加革命，一些人付出了生命的代价，一些幸存者成了璀璨的将星。一部分人成为文化、教育界名流，这是每一代人的正态分布。大部分人如我的祖父那样，一辈子待在乡村劳作，生儿育女，如草木一样荣枯生灭无人问津。还有一部分人，如徐传贤先生这样，后人关注度不够。

在传贤先生的后半生，组织给予的个人成分的认定是“高级职员”。今天的人对这一成分应该很好理解，高级白领、职业经理人、单位的高层管理者都可算高级职员。在一个中产者占多数的现代工商业社会里，高级职员是整个社会的重要支撑力量，人数众多。在古代中国，这个社会角色却几乎没有，按照“士农工商”的划分，似乎都不好归到哪一层。说他是靠手艺吃饭的“工”，但高级职员主要是以贡献专业知识和智慧来换取报酬；说他是“商”，又不自己出资本做买卖，只是老板雇用的员工。直到鸦片战争爆发后，中国五口通商，受西方的影响，近现代工商业在中国沿海开始产生，渐次影响到内地，并对职员有了较大的需求量。同时，只有在工商业社会里，职员这个阶层才可能发展壮大。

在徐传贤先生出生的时代，中国社会呈现严重的城乡和东西分离。像上海这样的沿海开放城市，万国商家辐凑，其城市面貌、市民生活与发达的资本主义国家的城市差别不大。在我祖父生活的湘中大地，还停留在和千百年前没什么区别的农耕社会，青年人除了通过读书、从军混个一官半职改变自己和家庭的命运，没有别的出路。但是，像徐传贤这种上海及周边县邑的青年，可以不用博取官职、不去商店做学徒、不在老家务农，而走另一条人生道路。——只有上海这样的国际化工商业城市，才能给众多年轻人提供这样的机会。1924年，16岁的徐传贤从大学一年级肄业，考取了上海邮局做邮务员（彼时海关、银行、邮局号称三大“金饭碗”“银饭碗”“铁饭碗”职业），一步步晋升为副邮务长，并于1949年底奉调到北京的邮电部任职。除了晚年受“贬”被调到大学当了数年教师外，徐传贤先生一辈子都是在做职员（中华人民共和国成立后有了一个政治性的称谓“国家干部”）。这样的人生道路，现在的人习以为常，而在一百年前则只是人群中的少数。

当我开始搜集资料、动笔写作时，才发现谋划时雄心勃勃，付诸实现却有百般困难，其中最甚者是资料的匮乏。传贤先生去世距今快半个世纪了，他死在特殊的历史时期，逝世前几年或在干校、或被监管，与亲人隔绝，也就根本无法将一生经历在暮年详细地告知亲人。徐传贤先生服务旧政权邮政局的经历，在其所经受接二连三的运动中是种“原罪”，他不但不敢记之以笔墨，平时在和子女谈及往事时也尽量回避。为了安全起见，过去的一些书信、手稿也销毁了许多，留给后人的十不存一。所幸复旦大学的钱益民教授，从档案馆里抄录了1956年“审干”时徐传贤先生向组织递交的约一万五千字的《自传》，从中可一窥传贤先生前五十年人生之大概。

此外，钱益民教授还搜集了徐传贤先生一些讲义、照片和与之相关的会议记录、新闻报道等资料。但是，仅仅凭这些资料，还是不足以支撑一部传记。

我曾经想过以徐传贤先生为原型，以文学写作的形式虚构一个人物，但经过反复思考，放弃了这一打算。自问若在现有的资料基础上虚构多少内容才合适呢？虚构内容过多且离奇，那么又有什么历史价值呢？最后，我觉得应秉承“无征不信”的态度，来写一本非虚构的作品。于是，我决定再去寻找与徐传贤先生相关的资料来呈现他的人生：其间有阙，则留下空白；对一些资料的推测，亦明言之，留待读者判断。

因此，我将“寻找”的过程和结果载之于书稿。这番“寻找”包括到徐传贤先生生活、工作的地方实地考察，虽因年岁久远旧迹难觅，可身临其境有一种穿越时空与传主对话的感觉。太史公司马迁在《孔子世家》中曰：“余读孔氏书，想见其为人。适鲁，观仲尼庙堂车服礼器，诸生以时习礼其家，余祗回留之不能去云。”[①]这是我等可以师法的方式。“寻找”的另一种途径是查阅与徐传贤先生有关的历史资料，尽量搜集他所处的行业的史料，以及与之交往的人物的史料，将其人生放置在时代背景中和人际交际网络中去观察、分析、呈现。

经过一年的“寻找”，我的足迹遍布上海、重庆、湖南、北京、河南等地，翻阅了数百万字的书籍和档案，可谓“上穷碧落下黄泉，动手动脚找材料”。在书写过程中，我似乎觉得徐传贤先生并没有去世那么久，他还是一个活在世上的有情感、有温度、有智慧的老人。徐传贤先生的一生被慢

① 司马迁：《史记・孔子世家》，中华书局，1982 年，第 1947 页。

慢地勾勒出来，他的形象也渐渐地丰满，至于究竟达到什么程度，只能由读者来评判了。

通过这一年对徐传贤先生的“寻找”，我有三大收获：

一是认识到家庭和家族在中国社会转型中所起的重要作用。徐传贤先生出生在江南一个耕读之家，他的曾祖父和祖父都是秀才，教过私塾，主持过地方的公益事业，在当地深孚众望，算得上典型的乡绅。从徐传贤这一代开始，接受的是新式教育，其父徐熙春先生是这个家族承前启后、变旧为新的关键人物。上海开埠后，工商业勃兴，上海周边地区的青年有了更宽广的就业机会，再加上1905年清廷废科举后给传统耕读家庭子弟的人生道路带来了巨变。徐熙春先生在13岁的时候和胞兄一起到上海滩的店铺里当学徒，数年后颇有积累，然后再自己开设店铺，使家庭渐渐地富足起来，并有了足够的认知和经济实力供儿女在上海接受开放的、与世界文明接轨的教育——徐传贤先生即受惠于此——而徐家也由传统的乡绅变成绅商。徐熙春先生事业成功后，回报故乡和社会，积极参与公益事业。中国传统社会以宗族为依托的慈善公益机构如各姓“义田”“义学”，转变为基于工商社会、以契约调整的现代慈善公益机构，而徐熙春先生创办中国红十字会青浦分会是一个恰当的佐证。因此，这部书稿以徐传贤先生的活动为主线，徐熙春先生的活动为副线，希望能以父子俩的人生经历来反映清末民初大变局中传统家族的选择和作用。

二是对上海这座城市以及它在中国近现代所起的作用有了更深的认识，也促使我进一步思考过去一个半世纪以来北京和上海——中国的“双子星座”——的关系。我居京二十八年，对北京的历史、文化、风俗比较熟悉，但上海于我而言一直是他者的城市。在写这部书稿前，因公因私去上海寥寥数次，且每次都是走马观花，办完事就回家，连上海的东西南北都分不清楚，对其历史、文化之理解尚停留在人云亦云的程度。因为这部书稿的写作，我几次到上海寻访徐传贤先生成长、学习、工作的旧址，翻阅了大量上海1949年前的史料和档案，对这座城市的昨天和今日一点点熟悉、了解。复旦大学李天纲教授曾说过，《南京条约》签订后，“在中国催生了‘五个通商口岸’（Treaty Ports）。一个超大规模的大都市——上海，在五个城市中脱颖而出，引领中国。开埠后的一百六十多年间，正是上海，带领着一个庞大民族——艰难转型”[①]。鸦片战争清帝国战败，可谓国耻，列强打开中国大门与中国开展贸易关系，亦可视为一种“孽缘”。上海是这种“孽缘”结下的正果，比起历史上常见的“播下龙种收获跳蚤”，大上海的成长是中国不幸时代的大幸。如果没有上海这个古老中国向全世界开放的口岸，过去一个半世纪里中国很可能会遭受更多的灾难，中国也难以历尽磨难而有今天这个面貌。

北京依燕山而襟渤海，提纲挈领，六百年来除1928—1949年短暂的时期外，它一直是中国的政治中心和文化中心，也是北方最大的城市；上海位居长江之尾，后来居上，《南京条约》签订后成长为中国最大的工商业中心，也是南方最大的城市。两座城市南北遥遥相望，在近现代常处于微妙的竞合关系。在权力与资本、保守与革新、内敛与外向、本土化与全球化的互动中，两座城市相互作用达到一种平衡，而两座城市的关系则深刻地影响着全中国乃至世界。这部书稿可看作徐传贤先生的“双城记”。徐传贤先生生在上海，42岁以前在上海完成学业、工作、成家；1949年底奉调进

---

① 李天纲：《南京路：东方全球主义的诞生》，上海人民出版社，2009年，第3页。

京，他在北京开始新的家庭生活，在此度过了二十二年并逝于此、葬于斯。上海和北京的文化差异以及两座城市的关系，都投射在了徐传贤先生的一生当中。

三是我对徐传贤先生这代知识分子有了更多的理解和更大的敬意。徐传贤先生这代人，从生到死，没过上几天安生日子。他们生在20世纪第一个十年，即使活到1970年代末改革开放已是垂垂老矣，许多人如徐传贤先生没能熬到这一拨云见日的时刻。他们的一生在接二连三的“运动”中度过，受到种种的欺凌与压迫，往往连基本的生活和工作的条件都不具备。但是，这代知识分子却能以惊人的坚韧与毅力学习、生存、工作，做出卓越的成就。——多数身后湮没无闻，未留下赫赫之名。他们在身处逆境时不放弃道德品行的自律，不放弃对这个民族的热爱和对未来的希望，徐传贤先生就是他们中间一个典型代表。用革命时代的标准衡量，徐传贤先生身上有着小资产阶级的软弱和机敏，其“反抗性”不强：对任何时期的掌权者，他都能顺从、合作，尊重已经确立的权威，认认真真做好本职工作。——对此，他曾在1950年代给组织的《自传》中予以自我剖析。从另一个角度来看，在任何时代持建设而非破坏的态度并埋头苦干的人，才是维持社会运转的中坚力量。历史往往只能记录那些敢振臂一呼、进行反抗与斗争的豪杰式人物，而忽视大多数如传贤先生这样的建设者。这是不公平的！

在本书的写作中，需要感谢的人很多：

钱益民教授搜集整理徐传贤先生的第一手资料并汇编为《传邮万里 贤达人生》，是我能完成这部书稿写作的基础。依据这些资料，才得以旁及相关的人物、事件，钩沉探骊，拂尘淘沙，使徐传贤先生的人生经历得以丰盈起来。

青年学者陆轶隽的硕士论文《从江苏省青浦县分会看中国地方红十字会的运作（1924—1951）》，对徐熙春先生的一生有精湛、翔实的考证和评述，而他慷慨地将刚通过答辩的这篇论文给我参考，使我受益颇多。

徐传贤先生的哲嗣徐家良、章永平两位先生一直接受我不厌其烦的访问，一遍遍地讲述他们本不愿意回首的往事，使我的写作除获得了更多的细节之外，还得到了亲情的滋润而不那么冰冷。

徐传贤先生的文孙徐建新先生为这部书稿提供了诸多的支持和帮助。在写作过程中，我们多有交流，成为意气相投的朋友，而且他总能频频放下手中的事务回答我大大小小的问题。

复旦大学李天纲教授的著作对我了解上海启迪颇多，当我觍颜向其求序，他欣然命笔惠赐一篇识见宏阔深邃、充满殷殷奖掖之情的大序，为拙著添彩生辉。

还有，现代出版社的不弃和责编谢惠的认真编辑，使这部书稿得以顺利面世。

“取法于上，仅得其中”，写作亦是这样。书稿完成后，与我此前的设想尚有不小的差距，这既有资料不够丰富的原因，更是由于我才学不逮。希望今后能找到更多与传贤先生相关的资料能在修订时加以完善，并祈请各位读者朋友不吝指正。

十年砍柴
2021年8月于北京褡裢坡

目 录

2020年8月中旬，我在上海青浦区紧邻老城厢东门的一家旅馆小住了几天，只为寻找一位已辞世四十八载的知识分子人生足迹。

这位先生姓徐名传贤，字德嘉，号耕莘，他在这座老城出生并度过童年时光。

虽然时序已是立秋后一周，江南仍树木葳蕤、绿草如茵，处处一派夏日风光。我来到青浦的那个下午，即去当地的一处公墓福寿园，此公墓占地甚广，设计为曲径通幽、小桥流水的园林，毫无墓园的阴森凄凉之感。在墓园深处，我找到了徐传贤母亲董月娥的埋骨处。徐传贤本人的骨灰保存在北京八宝山公墓，其后人在此为他建造了一座衣冠冢；他的父亲徐熙春（名正章，字六根，号熙春）在1960年代逝世后葬在上海西郊公墓，此处亦有其衣冠冢。

徐氏后人在墓园为徐传贤立了一块纪念碑，上面镌刻着这样几句话：

一块迟到的石碑，

一段尘封的历史，

一种永远的回家。

也就在这个下午，我还来到上海中山医院青浦分院（原中国红十字会青浦分会医院），医院内的一角矗立着这家医院的创始人徐熙春先生的铜

◀徐传贤先生在青浦的衣冠冢（墓碑上镌刻生年为1907年，这是缘于其生于清光绪三十三年农历十二月二十六日之故，实际生年应为1908年）

▲上海中山医院青浦分院内徐熙春先生的塑像

像。我伫立在塑像前，思索着这对生前死后声名不显的父子的命运，他们在那个波涛汹涌的大时代中究竟具有何种代表性。

第三天清晨，下着小雨，我撑着伞从旅店步行经过横跨护城河的东门桥，进入老城厢。顺着城中东路往西漫步，在与城中南路交叉处向南行一百多步，再向西拐进了福泉街。

青浦在明嘉靖二十一年（1542）建县，最早县治设在曾经的贸易中心青龙镇。后因吴淞江淤塞，青龙镇失去航运之便，已不适合做县城。万历初年，县治迁徙到今天的老城厢，县城也在万历年间建成，距今已四百余年矣。

今天城墙已荡然无存，但若站在老城厢的外面，或在地图上看老城，会发现古城的格局仍然很清晰：整座城池呈椭圆形，像一只乌龟的背；南面略宽，像是龟的头部，北面则是尾部。城郭原来五处开有城门，由护城河环绕，五门通向五浦。后又加开一城门，六门分别有旱城门、水城门，城门分别是：镇海门，即老东门；艮辰门，即新东门；观宁门，即南门；永保门，即大西门；来苏门，即小西门；拱辰门，即北门。城门外有护城河，护城河上都架有吊桥。城内有十条市河，沟通各街坊与城外的交通；二十六座石拱桥横架于河上，沿河形成二十多条宽窄街巷。今日市内的河沟基本上填平了，一个个带“桥”的地名算是历史的一点遗迹，而县前街、学前街的地名也提醒着当年此处是县衙和县学所在地。

老城被改造得没剩下多少旧建筑了，残留的街区也正在拆建。福泉街在老城的西南部，是一条由西向东再向北拐的巷子，与八十弄交会，大约有100米长，已建校一百多年的青浦实验小学就在其北面。清雍正年间，析分青浦县境建福泉县，在此街巷内的二陆（陆机、陆云）祠旧址上兴建县衙。福泉县只存续了二十年，在乾隆年间废止，辖区重归青浦县，街巷因之得名传至今日。这个街巷还保留着一些清代和民国时期的宅子，其中一座现在看起来很杂乱、破落的宅院在当年则是徐家的私宅，后来收为公有住进了几户其他人家。徐传贤即出生于此，宅院里今日尚有两间房子由其后人居住。

我眼中的徐家旧宅已是墙壁斑驳、木窗陈旧，雨落在黑色的瓦片上滴滴答答流到檐下，似乎在讲述一个人和一个家族的历史。百年前的这个院落，可以想象曾是那样的兴旺与整洁：扶疏的花木下，小孩在嬉闹；老人静坐在堂屋里，听着自鸣钟报时……中堂的正中上方挂着状元实业家张謇题写的匾额——“衍禧堂”，祖宗牌位的两边则是沪上书画名家高邕书写的楹联——“树静山幽不知年岁；国安人乐咸颂太平”，低调地显示着这一家的富足和主人的品位及社会交往。

在雨中，我幻想着时光倒流到一百一十二年前。

▲青浦老城厢徐传贤先生旧宅后门

名 邑 望 族

清光绪三十三年十二月二十六（公历1908年1月29日），岁次丁未，再过三天就是除夕了，青浦县城的街巷到处张灯结彩，洋溢着节日的气氛。勤劳坚韧的中国人，恢复元气的能力超强，东南沿海的老百姓尤甚。作为东南富庶地区名邑的青浦，居民相比其他地区更为殷实。正在热热闹闹迎接新年的百姓们，大概很少有人会料想到统治他们的大清王朝只剩下不到四年的寿命。

这天，一个初生婴孩的啼哭响彻徐家的宅院，为年关前的气氛更添了一份喜庆。接生婆告诉少爷徐熙春，太太生了个男孩。23岁初为人父的徐熙春心头的一块大石头落地了，第一个孩子即是男孩，兴奋之情可想而知。其时，徐熙春的父亲徐公勉还健在，大家族几代同堂，并未分家析产。对老人来说，大家庭添丁进口是最值得欣慰的事，乃家族兴旺的表象。

按照族谱“公正传家”的字辈排序，长辈为新生的婴孩起名“传贤”，寄托着这个有着浓厚儒家文化传统的家族的希望，让尚贤崇学的家风能够传承下去。徐公勉、徐熙春父子俩相信，这个男孩将光大门第。

青浦是东南名邑，徐熙春家族则是世居该邑的望族。

自明代中期析分华亭（明清时期松江府首县附郭，民国3年［1914］因与甘肃华亭县同名改为松江县）、上海两县部分乡镇，设立了青浦县。

自建县以来，青浦一直是物阜民丰、文化昌明的名邑。此地位于苏州府、松江府、嘉兴府三大富郡交界处，为要冲之地。明万历年间所修县志曰：

> 青浦面峙九峰，背枕吴淞，右襟三泖，左瞰玉峰。旧志谓川泽沃野，商贾并凑，信矣。山川灵秀，独冠他邑，开创以来，科目日盛，接黼传圭，彬彬不绝，有以夫。[①]

清乾隆年间所修县志亦云：

> 九峰三泖，钟毓秀灵；人文蔚起，阀阅相望。至如星机云锸，弋泽纶川，粟帛之所委轮，工贾之所辐辏，殷然若都会焉。[②]

据徐熙春的侄孙徐家益考证，他们的家族和松江府另外两支徐氏——明嘉靖年间首辅谥文贞的徐阶、明崇祯年间大学士谥文定的徐光启是同族，后生齿日繁，开枝散叶，各自修谱。

徐熙春这一支的祖上在明代青浦建县之前由松江府城迁居唐行镇西北的思葭浜，故称“思葭浜徐氏”。1914年，该族重修族谱，谱名请胡惟德[③]题写。谱序写道：“青浦徐氏，当有明中叶自茸城迁青，时尚未设县治所，居思葭浜，在小西乡。至清初始迁邑城。二三百年来，子孙繁衍，由读书起家，游庠食饩，贡成均登贤书者，后先相望。近今士大夫数青邑望族，必以徐氏为首。”

上海市青浦博物馆所编的《青浦望族》如此评述思葭浜徐氏：“清至民国初年，徐氏一族主要居住在青浦城区，也有部分支系迁至朱家角、昆山等

---

① 万历《青浦县志》卷一，“形胜”条。

② 闵鹗元《重修青浦县志序》，载乾隆《青浦县志》。

③ 胡惟德（1863—1933），浙江吴兴人，曾任北洋政府外交总长兼代国务总理。

地。作为耕读世家，其子弟多以读书为业，然而登高第者并不多见。徐氏家族多有好诗文者，为青浦的文化繁荣做出了一定的贡献；此外，其不仅家境殷实，还乐善好施，热心公益。历代有不少人都为赈济灾民做出了贡献。”①

徐氏家族在青浦，亦因为国运之变化而家族命运有消长。在明代中后期，这一族和东南各邑其他家族一样，人才辈出，文运亨通。明清易代乃天崩地坼的大事，作为全国经济、文化最为繁荣的东南地区，缙绅大族受到了很大的冲击。一些家族在战乱中破产，子孙沦为群氓；一些家族在清人入主中原后以江南为重点打击地区的系列文祸中受到牵连。明末清初年间，原来的缙绅大族有67个，青浦占7个。清初残酷的清算之后，陆、王、陈、徐、杜、章六族衰落，只有沈荃（顺治九年［1652］殿试探花，官至礼部侍郎，其族源于青浦朱家角沈巷，后迁居华亭）一族因其科第入仕，保持了家族持续繁荣。但一些家族经过几十年乃至上百年的休养、积累，在清代中期得以再度兴盛，如《青浦望族》所言：“这种局面在清康熙、乾隆时期随着政局的稳定、经济的发展和科举的兴盛才有根本的改变，陆氏、章氏、徐氏等部分前朝望族后裔依科举得以重振，同时产生了一批新兴的望族，如王昶、徐恕、胡宝瑔等家族。”②

青浦徐氏在清末和其他家族一样再一次受到重大的伤害，则是在咸丰、同治年间太平天国与清廷的战争。特别是太平天国后期，青浦在内的苏、松地区是忠王李秀成经营的核心，太平军据青浦城长达两载，该城成为据守上海的“洋枪队”、淮军与太平军交战的前线阵地。太平天国对青

① 上海市青浦区博物馆编：《青浦望族》，上海人民出版社，2016年，第569页。
② 同上书，第5页。

浦城两占两失，李秀成的军队和清军及“洋枪队”在此进行数次攻防战。那个时候，清军特别是“洋枪队”已经装备了近代的火炮，其对建筑的巨大破坏力远非冷兵器时代的攻城可比，以致青浦城内的建筑大半被炮火所毁。当湘淮军数平太平军后，青浦的诸大族又很快恢复产业，延续文教。对此过程，1914年所修的《青浦徐氏家谱》有较详细的记载。

直到徐公勉这一代，徐氏家族仍然主要活动于青浦县域，家族中的精英多为传统的儒生，半耕半读，在地方充当乡绅的角色。

徐熙春的祖父、徐公勉的父亲徐元龙，字秋松，“世居青城蟠槐里。文词渊富。弱冠后食饩，有声庠序。在家设教，门下士之成名以去者指不胜数”[①]。

徐传贤的祖父、徐熙春的父亲徐公勉，是一位儒医。在读书之余，徐公勉勤于研习医术。“秉承家学，诗礼趋庭。为弱冠即青一衿。嗣从同邑朱若愚先生游，研究岐黄家言，归儿行道。旋复专攻举子业。历试优等，补增广生。先后教授数十年，门生綦众。中岁买宅于阜民桥畔。晚年四代同堂，为里人所称羡。”[②]增广生是科举时代生员的一种，增生是科举制度中在廪生正式名额之外增加的生员名额，全称为增广生员，是官学第二等生员。其名额有定数，次于享受官府的生活补贴即食廪饩的廪生——其父徐元龙即属于这一等。

徐公勉是徐氏家族最后一代科举应试者。到了徐熙春这一代，“耕读传家”的传统有了根本的转变。由“耕读传家”而变为“商读传家”是徐氏家族最大的转捩，这一转捩得益于上海开埠后发展为亚洲最大的工商业

① 上海市青浦区博物馆编:《青浦望族》，上海人民出版社，2016年，第574页。

② 同上书，第575页。

都会。上海的开放，改变了徐熙春及其家族的命运。

徐传贤在其1956年所撰写的向组织交代“历史问题”的《自传》[①]中是这样说的：“我的家庭那时是一个没落的封建地主家庭，祖父母生下八个子女，靠60～70亩出租田度日，经济很困难，所以我伯父（徐桂龄，已死）和我父徐熙春很早就到上海去学生意、当学徒，把另外一位伯父嗣出去了（杏根，婚后不久即死）。祖父自己出外当教师，有两个叔父和一个姑母，都早死。”[②]

这是传统中国社会里小地主家庭的常态，虽然徐公勉有秀才的功名，家里也有60～70亩田地，但子女众多，小农经济生产效益低下，即便他通过当私塾老师或偶尔替人看病，也就能勉强维持一家人的生活，“经济很困难”并非夸张。多数家境不如徐家的贫民，其生活之艰难可想而知。

鸦片战争后，清廷和英国签订《南京条约》，开放上海等五个通商口岸，其中上海的开放过程最为顺利，开放程度亦最深。上海周边地区传统的产业如曾“衣被天下”的松江府以家庭为单位的棉纺业，被冲击甚大，日益凋敝。“上海作为近代中国最大的通商口岸，与中国其他地区相比，遭受外国资本主义的冲击格外剧烈，资本主义生产方式所赖以发生的各种客观条件也较早在这里具备，从而为中国近代工业在上海兴起，准备了必要的物质前提。19世纪六七十年代后，一批洋务企业及民间资本企业陆续在上海创办，开始用先进的机器生产代替传统的手工业生产方式，推动了

① 徐传贤：《自传》（1956年7月），原件藏于北京邮电大学档案馆，载钱益民编《传邮万里　贤达人生》，2020年。

② 钱益民编：《传邮万里　贤达人生》，2020年，第24页。

上海城市社会生产力的发展。”[①]

开埠后，上海第一个快速发展时期是战争带来的。清咸丰和同治初年，太平天国以南京为都城，江南是其活动重点地区，大多数府、县遭受兵燹之祸，只有上海由于有外国租界和众多洋人以及组织自卫的“洋枪队”而使太平军未能攻入，成为中国东南膏腴之区唯一的避风港。于是，江浙一带的官僚、地主、富商携带资金和家眷涌入上海租借居住，一些避难的老百姓也蜂拥而至，上海的城市规模急剧扩大。第二个快速发展阶段是湘淮军平定东南后，曾国藩、李鸿章等一批开明的官员以上海为中心开启了“洋务运动”，上海成为中外人员、商品、资本交流最重要的城市。在徐传贤出生的时候，上海已经由一个旧式县城发展为中国最大的近代城市。1910年，上海人口由开埠初期的27万人激增到128万余人。[②]

上海成为世界范围内知名的“冒险家乐园”，如哈同、沙逊这样的洋人都能从万里之外来到上海滩大发其财，实现人生梦想，那么对于有近水楼台之利的周边地区青少年，其吸引力就更大了。“去上海，找活路”，是当时周边地区年轻人的共同心声。

由于个人禀赋、家庭条件、受教育程度等因素的不同，青少年们去上海谋生的起点亦不大一样。

家境优越、受过良好教育的年轻人，则是进上海上新式学堂。例如，黄炎培（1878—1965），浦东川沙县人，其时已经有了举人功名。在姑父的劝说下，黄炎培入上海考新学堂。“南洋公学考取了。从此我抛弃旧文

① 戴鞍钢：《近代上海与江南》，上海人民出版社、上海书店出版社，2018年，第3页。
② 同上。

化学习，接受新文化学习。这是1900年的事。入学恰是20世纪开始。”[①]

柳亚子（1887—1958）的经历和黄炎培差不多，他家在与青浦县金泽镇毗邻的吴江县黎里镇。1903年，柳亚子由家乡去上海，“父亲伴我雇了一只民船，由黎里出发，经过芦墟，想到青浦的朱家角拖着走”[②]，“在朱家角拖上了小轮船，就直开上海了”[③]。到上海后，柳亚子入蔡元培、吴稚晖主持的爱国学社。——1902年，南洋公学因一只墨水瓶引发学潮，一批学生退学。中国教育会建立爱国学社，以帮助这些学生继续接受教育。

多数普通人家的孩子，则是闯进大上海到商店里、工厂里当学徒，或者在码头上卖苦力，有些人沦入黑道谋生。例如，川沙县的杜月笙（1888—1951），幼年父母双亡，年少时到上海滩水果店当学徒，后混成旧上海第一大亨。船王董浩云的岳父、香港特别行政区首任行政长官董建华的外公顾宗瑞（1886—1972），宁波府镇海县人，13岁辍学入上海当学徒，后考入海关，任报务员。1920年辞职创业，兴办泰昌祥报关行，遂成为航运业巨头。

商务印书馆创始人夏瑞芳（1871—1914）是徐熙春的青浦县同乡，南库村人。因为家贫，其父母在他少时到上海董家渡摆摊做小生意，让他在老家留守。据蒋维乔所撰《夏君瑞芳事略》载：

> 君年十一，已有知识，会母因事旋里，欲随至上海，母不许，潜行，君逾时方觉，知母必取道珠家阁（朱家角的另一种写法），尾随之，中途阻于河，不得渡，乡人以小舟至，君求附载，乡人以其幼也，勿之

① 全国政协文史和学习委员会编：《八十年来：黄炎培回忆录》（电子版），中国文史出版社，2017年，第49页。

② 柳亚子：《柳亚子自述》，人民日报出版社，2012年，第140页。

③ 同上书，第141页。

许。君乃大号曰："若勿载我，我将投河死。"乡人悯之，乃移舟傍岸，遂得渡。行抵珠家阁，遇母于船埠，母怜其志，乃挈之至上海。[①]

那时候，每一位有志少年的入沪之路都是何等的艰难。徐熙春进上海打拼的经历，和顾宗瑞十分相似。

因为家道中落，传统的科举之路看来也到了尽头，在戊戌变法那一年（1898年），13岁的徐熙春和二哥徐桂舲（注：也写作"龄"）一起去上海投靠亲戚家的商店做学徒。"徐熙春投靠的商号名为德隆彰，地址原来位于南市老太平码头里街，1914年10月迁至南市外咸瓜街，是上海南市地区著名烟丝商号，以经营兰州产水烟及福建产皮丝烟闻名于上海。与此同时，德隆彰所在的南市新开河地区，是当时上海西烟、水烟业经营较为集中的地区。德隆彰所有者汤侍绳及汤椿年、汤圣才叔侄三人，汤氏为上海南市的望族，在沪上以经营参燕、西烟而闻名。汤氏叔侄三人与徐熙春为表叔侄及表兄弟关系，往来甚密。"[②]

经过多年打拼，徐熙春由上海滩西边20多公里一个县城青年成长为在上海青浦同乡中有一定影响力的绅商，而这为长子徐传贤的教育和成长创造了良好的条件。

---

① 蒋维乔：《夏君瑞芳事略》，载赵俊迈《典瑞流芳：民国大出版家夏瑞芳》，商务印书馆，2017年，第119页。

② 陆轶隽：《从江苏省青浦县分会看中国地方红十字会的运作（1924—1951）》，2020年，第24页。

入新学堂

旧时，上海的工厂、商铺里的学徒，生活是很艰辛的。工资微薄甚至前三年没有工资，全年除重大年节外几乎无休，而今日打工一族叫苦连天的“996”对那时的学徒来说根本算不了什么。学徒大多住在店铺里，几乎是全天候照看生意，有些学徒连老板的家务活也要一并打理。一个学徒能够成长为合格的职业经理人，也是相当不容易的，需要勤劳、机灵，还要品行端正。苦虽苦，但是学徒生涯对许多普通人子弟来说，是能在上海滩立足所受到的最重要的职业训练。不少民族资本家和洋行高级经理都是从少年时当学徒开始步入商海的，如上海华商领袖虞洽卿。这位“赤脚财神”，浙江慈溪人，6岁时父亲去世，由寡母含辛茹苦拉扯大，15岁时由同族介绍去上海当学徒。虞洽卿初到上海时，从十六铺码头下船后恰逢天下大雨，他怕母亲做的布鞋被积水浸泡打湿，便赤脚前往瑞康颜料行，就这样开始了一生的商海传奇。

徐熙春虽然是投靠表亲，但想必做学徒时也并不会太轻松。德隆彰以经营兰州产水烟及福建产皮丝烟为主，而今天的人可能想不到一百多年前水烟和皮丝烟的消耗量有多大。那时候，中国只有少数人能抽得起现在的卷烟——当时一般称为“洋烟”或“纸烟”，最初是由外国进口的老刀牌、大英牌、三炮台牌、绞盘牌等卷烟，大多数烟民抽的是旱烟或水烟。水烟有铜制的烟壶做过滤器，对烟草之毒有一定程度的减弱，最初在清朝贵族中流行，后渐成时尚。当时，不仅一些老年男子吸水烟，甚至一些女人也水烟壶不离手，如鲁迅的结发夫人朱安即是如此。“从有些亲友的回忆可知，朱安在北京时，在闲下来的时间里常常默默地一个人抽着水烟袋。没有记载说她是什么时候开始抽水烟的，很可能是婚后因为寂寞苦闷而养成了这种习惯。”[①]梁朝伟主演的电影《海上花》（改编自韩邦庆所著的吴语小说《海上花列传》），以清末上海高级妓院书寓为背景，电影中的名妓和客人出场，常常手拿一个白铜水烟壶。兰州及周边县所产的水烟烟丝，从清代中叶即驰名全国，直到20世纪中叶才逐渐被越来越时兴的卷烟所代替。清人黄钧宰所著《金壶七墨》载：“乾隆中，兰州特产烟丝，铝铜为管，贮水而吸。”上海是中国最大的外贸和内贸中心，兰州的水烟须经上海再分销江南各地，因此德隆彰的生意很红火。

与德隆彰的生意一样，徐熙春兄弟的个人事业也蒸蒸日上。这是拜时代的大背景所赐。从太平天国失败到日寇入侵，上海及其周边江、浙二省大部分地区，除了一些地方军阀局部冲突外，基本上是太平地过了六十来年的日子，包括中国两次巨大的政局之变——1900年“庚子事变”时，北方义和团起，清廷和列国交战，而南方在两江总督刘坤一、湖广总督张之洞、两广总督李鸿章等人主持下，与列强私下沟通，进行“东南互保”，避免了战乱；1911年武昌起义后，各省宣布独立，江、浙二省和上海的光复，基本上是和平的。上海的李燮和、陈其美指挥光复军的战争，杭州革命党人策动新军起义和旗营的战争规模都不大，且很快就结束了。可以说，

① 乔丽华：《我也是鲁迅的遗物：朱安传》（电子版），九州出版社，2017年，第128页。

清末民初的政权鼎革，对大上海的商业活动基本没造成什么损害。

徐传贤出生的1908年，其父徐熙春和伯父徐桂舲在上海经商已有成就，家境日见富裕。1915年1月，徐熙春自立门户，离开原来打工的商铺出来创业，“徐熙春与兄长徐桂舲等亲友合伙开设信孚泰皮丝烟行，地址设于上海法租界新开河永安街，主打经营福建永安等地所产的烟丝所制的皮丝烟。信孚泰烟行开张前后，曾于《申报》以连续七日（1月15日至1月21日）刊登广告加以宣传。1月18日信孚泰开业后两日内，采购者络绎不绝，两日内的收入达近万元”[①]。

“信孚泰”这个店名应该取自《易经》，“孚”即使人信服之意，而“信孚”的思想贯穿整个《易经》，也是中国传统儒家价值观的核心。“泰”卦的卦辞曰：“小往大来，吉，亨。”意思是付出小的成本，获得大的收益，吉祥，顺利。其第四爻爻辞曰：“翩翩，不富以其邻，不戒以孚。”其意为像鸟儿一样轻快地行动，不以损害邻居而富裕，以诚信待人，相互不需要戒备。

“泰”，是大多数人对生活和事业所追求的目标。徐熙春的店名“信孚泰”蕴含着以诚信而达到生意兴隆之意，他的处世之道和经营理念对长子徐传贤也影响甚深。

家业的兴隆使徐家摆脱了困窘步入了小康，徐传贤童年时因此获得了良好的学习和成长环境。正如徐传贤《自传》所述：

> 我生后三年，生我弟徐渭江。因为家中人繁事多，就把我送到小学里去念书，1918年小学毕业，考入初中。在这期间，家庭经济情况

① 陆轶隽：《从江苏省青浦县分会看中国地方红十字会的运作（1924—1951）》，2020年，第24页。

> 好转，伯父和我父亲都当了商店的经理。后来，又合伙开设商店，营销福建的皮丝烟和甘肃的水烟，由我父亲当经理，我们的家庭走上了资本主义的道路。祖父回家纳福了，亲戚们都说我祖父母福气好。[①]

辛亥年的秋季，离满4岁还有几个月的徐传贤被送进小学堂读书，这固然有其自己所言弟弟出生家里无人照顾他的原因，但更重要的原因是他的早慧。从咿呀学语后，徐传贤就表现得聪颖、稳重，不同于其他孩子那样喜欢打闹。祖父教大徐传贤三岁的堂兄徐传第（其伯父徐桂舲次子）识字，他在旁边边玩边听，竟然很快学会了。看有麟儿如此，父亲和祖父大为高兴，遂决定让其跟着堂兄一起入学堂开蒙。那时候新学刚刚兴办，对入学年龄并不做严格的规定，一个班的同学相差五六岁甚至十岁毫不奇怪。

徐传贤兄弟是徐氏家族中开蒙不入私塾而进了新学堂的第一代，这个耕读之风甚浓的家庭的子弟接受的教育已从以传统儒家典籍转向了新学。这和清廷1905年废科举、1906年改官制大有关系，上海及其周边发达的县邑在兴办学堂中得风气之先，走在全国前列。

青浦县城有一个许、钱二姓合谱的望族，钱氏祖上有一人过继给外祖家许氏为嗣，并约定其生子后次子复姓钱。由此，这二姓子弟可论班辈互称兄弟叔侄，其中同辈兄弟许其荣、钱学坤曾先后东渡日本留学。许其荣于光绪三十年（1904）赴日，在日本得识孙中山先生，加入同盟会。光绪三十三年（1907），许其荣毕业于东京法政大学，归国后曾在上海与黄炎培等创办法政讲习所。宣统元年（1909），青浦县成立自治局，许其荣被推任为总董，创立自治团，招募团丁，购置枪械，培养革命骨干，并秘密

① 钱益民编：《传邮万里　贤达人生》，2020年，第24页。

▲徐传贤少年时与父亲徐熙春（中）、弟弟徐渭江（左）合影

组织青浦同志会。钱学坤于宣统元年（1909）选为岁贡生，后赴日入士官学校学习警务。钱学坤的胞兄钱学乾是青浦县有名的乡绅，热心本地公益事业，其中青浦县公立医院即由钱学乾牵头筹办。1908年，钱学乾腾出县后街东护弄自家一间民宅，创办“城厢私立具体初等小学堂”，典出《孟子·公孙丑上》——“冉牛、闵子、颜渊，则具体而微”，形容事物的内容大体具备，只不过规模形状小一些。民国建立后，于1912年改称“城厢民主具体初等小学校”，并改制为公立学校，校址迁至今青浦区实验小学城中校区。此地距离福泉街的徐家宅院不过步行几分钟的路程，徐传贤就读的即这所学校，可谓得地利之便。

当时，青浦规模最大、设施最为完备的小学不在城厢，而是在沪西水运枢纽朱家角镇，乃由当地富商蔡承烈（字一隅）捐资于宣统元年（1909）创办的一隅小学。该校占地40余亩，开办花费银元34 400元，同时蔡家还捐出718亩田地的地租和江苏铁路股本5000股作为学校日常运行的费用。这所学校起点高，声誉很好，1913年大总统袁世凯曾赐匾“育才成德”以资奖励。另外，徐传贤的一位胞妹即徐熙春的女儿后来嫁给了蔡承烈家族的一位子弟，以此可窥当地望族之间联姻的风气。

徐传贤入小学后不久，武昌起义爆发，很快席卷全国。青浦县的光复有惊无险，基本上算平稳完成权力更迭，对城厢的各行各业几乎没有影响。光复青浦的领导人许其荣在日记中记载了这段经历：

> 辛亥九月十四日（注：公历1911年11月4日），由申返抵青，于黄昏夜约同志商议于公园，旋推叶、郭二同志联络防勇，晚十时，余偕沈同志葆钧入县属见县令蒋清瑞，晓以大义。初，颇倔强，呼警欲擒无应，知大势已去，乃捧出县印，反身潜逃。时同志齐集，依预定计划成立临时民政部，借用錾去满文之旧印，出示安民，阖邑堵然鸡犬不惊，唯狱中犯人闻声起变，结对冲出，势甚汹涌。余立命防警鸣枪止之，县属及五城门白旗高悬，万众腾欢，当邀集地方人士张家集、叶其松、叶其骥、蔡忠秀、徐彭龄等宣布光复宗旨，并商维持地方治安之策，将县印交张家镇保管以示大公。①

然而，青浦光复后，政权并没有由许其荣领导的革命党人掌握。由于革命党人和在当地势力盘根错节的旧士绅冲突甚大，许其荣几乎身罹杀身

① 上海市青浦区博物馆编：《青浦望族》，上海人民出版社，2016年，第441—442页。

之祸，不得已投奔同为留日学生、领导光复松江府城的老同盟会员钮永建，任松江军政分府的参议。士绅推举清代最后一科进士（光绪三十年［1904］）徐彭龄为民政长（相当于县长），“具体小学”的创办人钱学乾为财政长。1911年年底，城北爆发农民抗租风潮，徐彭龄处置不当饱受攻讦，于次年初辞职，民政长一职由钱学乾接任。

民国元年（1912）教育总长蔡元培主持了新学制制定（史称“壬子学制”），规定初等小学为4年，高等小学3年，小学阶段共7年。初等小学设修身、国文、算术、手工、图画、唱歌、体操，女子加设缝纫。高等小学设修身、国文、算术、历史、地理、理科、手工、图画、唱歌、体操，男子加设农业，女子加设缝纫，并视地方情形加设英语或其他外语。1918年，徐传贤小学毕业，年方10岁。

在民初这几年，徐家的家业兴旺，徐传贤的学习生涯是愉快而充实的，所以他说祖父不再出去教私塾挣那点小钱了，而是在家“纳福”。徐传贤讲述了一个有趣的细节：

> 祖父曾学医，有丰富的医学知识，但自己不肯行医，甚至家里有人生病还是求神送鬼。据说要挂牌行医，必须在贫、夭、绝三个字中顶一个，意思是要做医师，不是贫，就是短命，不然，就是断子绝孙。一般人当医师愿顶一个贫字，但是我祖父连个贫字也不肯顶，因为贫穷是很难忍受的。[①]

按照一般人的认识，挂牌行医，治病救人，这是积德行善的事呀，怎

① 钱益民编：《传邮万里　贤达人生》，2020年，第24页。

么有这样的担忧？徐公勉老人学的是传统医学，即现在所言的“中医”。在上古时期，世界范围内的传统医学几乎都是“医巫同源”，中国亦不例外。古人相信，人之贫富寿夭，是上天注定的。如此，给人算命则是泄露天机，往往只能由自身命运很不好的盲人来担当。巫师驱鬼去祟，医师治疗病人，都是改变上天对一个人命运的安排，说直白点是和天意过不去，那就要损害自己的福报。因此，民间才有了挂牌行医则贫、夭、绝中顶一个的说法，可哪个老人又不希望自己长寿、富裕、子孙满堂呢？所以，徐公勉老人才不愿意挂牌成为职业医师，也不会轻易给人诊治。

在徐传贤后来向组织交代“历史问题”的《自传》中，他以“灵魂深处闹革命”的姿态剖析了自己“陈腐落后”思想的根源：

> 祖母常常叙述过去在困难时的处境，勉励孙儿辈用功读书，将来可以显亲扬名，过优裕的生活，还受到别人的尊敬。一句话，读书为了发财致富，为了自己享受。伯父和父亲有时回家来也对我们灌注这种家庭教育，夸耀自己在经商方面的出人头地。除了在学校读书外，我们还在晚上去邻居家一个老学究那里补读中文，读一些《论语》《孟子》《古文观止》一类书籍。这样，使我在幼年就根深蒂固地沾染了浓厚的资产阶级思想。①

徐桂舲、徐熙春兄弟在上海经商养家，老人和家眷留在离上海二十多公里的青浦县城过着大家庭的生活，这是当时上海周边地区不少家庭的常态。徐传贤接受的家庭教育，长辈向其灌输这类理念，在中国传统社会太

① 钱益民编:《传邮万里　贤达人生》，2020 年，第 24—25 页。

▶徐传贤早年生活的青浦祖居“衍禧堂”正厅

常见了。——不这样教导子弟，才是“欠家教”。“吃得苦中苦，方为人上人”“万般皆下品，唯有读书高”“立身行道，扬名于后世，以显父母，孝之终也”，这些都是不折不扣的中国传统价值观呀，千百年来激励着无数的年轻人“三更灯火五更鸡”，发奋读书，以求出人头地，光宗耀祖。但在徐传贤写《自传》的那个时期，将其归入“资产阶级思想”的这个大箩筐里，尤显得自我批评的真实与真诚。

徐家长辈虽然明白世道变了，只有让子弟进新学堂将来才有出息，但毕竟是世代的诗书人家，他们对中国传统文化抱有难以割舍的温情，相信用“子曰”“诗云”这些儒家经典培养的君子人格是立身之本。因此，徐传贤和他的堂兄在新学堂学习之余，放学回家还得去邻居家找一位老学究补习“旧学”。这位老学究是位举人，还是位秀才？不得而知。在文化发达、科举成就斐然的青浦县城，民国初年饱学耆老并不难找，徐公勉本人的学问亦足以教导孙辈。徐传贤少年时用功于“旧学”的这段经历使他具备了良好的古文功底，受到了儒家“孝悌忠信礼义廉耻”价值观的深刻影响，为他长大成人后的性格和处世方式打下了中国传统士人的底色。

求学沪上

上海光明中学是一所百年名校，现为上海市实验性示范高中，它的前身是创办于1886年的中法学堂，坐落于西藏南路，与繁华的淮海路毗邻。当时，中法学堂由法租界公董局设立，初名“法文书馆”，1909年为天主教“主母会”接手管理。学校曾先后在金陵东路、淮海中路两地办学，1913年（民国2年）迁入今天的校址（原为明体尼荫路），在此见证了沪上百余年的风云。

徐传贤1918年小学毕业后随父亲、伯父来到上海，考入中法学堂。当时，上海乃“一市三界四方”，同一座城市由英、美租界合并的公共租界当局（工部局）、法租界当局公董局和中国政府管理的华界组成，而华界又分为南市和闸北两个地区。因此，沪上的教育也是形形色色，百花齐放：有中国政府办的公立学校，有中国士绅和各宗教团体、社

▲原中法学堂，今为上海光明中学

会组织办的私立学校；有新式学堂，还有传统的私塾。有远见和有条件的家长，更愿意把孩子送进洋人所办的新式学堂去读书，因为这类学堂采取的是外国的学制，用外语教学，而且声誉和教学质量都很好。从这样的学校毕业，会外语，通晓洋务，无论继续深造还是在“十里洋场”谋职，有得天独厚的优势。例如，民国大外交家、出生在嘉定县城（今上海嘉定区）的顾维钧（1888—1985）读完七年私塾后，即由父亲顾溶送进基督教传教士林乐知创办的中西书院。——顾维钧和徐熙春是同龄人，他开蒙读书时清廷尚未推行新式教育，绝大多数中国学童仍然不得不入私塾。

中法学堂最初只是一所向中国籍巡捕教授法文的语言学校，后来开设了包括小学、初中、高中在内的学历教育，招收华人学子（要求在法租界有铺保）。这所学堂办学没多少年，就以完备的设施、严格的教学与管理、优秀的毕业生蜚声沪上，以至众多父母想办法把孩子送进去就读，如上海滩两位闻人杜月笙和张啸林的儿子都曾在中法学堂就读。1923年就任校长的朱尔·阿尔弗雷特修士曾很得意地说：“毕业生由于在中法学堂获得足够的法语知识，他们在法租界的行政机关、法国银行和商业机构等各种行业里都能胜任工作，并与法国同事建立良好关系。中法学堂所取得的成就足以达到当初法租界公董局创建者的初衷。”①

徐熙春将徐传贤送进中法学堂读书，除了因为这个学堂的教学质量好之外，还有另一个因素。徐熙春兄弟合伙开办的商店就在法租界，中法学堂所要的铺保是现成的，而商店所在的永安街与中法学堂相距也就两公里

---

① 董鸿毅口述，曹炽康整理：《上海法租界公董局中法学堂》，载马军、蒋杰编《上海法租界研究》（第二辑），上海社科院出版社，2018年，第606页。

左右。那时候，租界的商店多是前店后家，经营者几乎24小时都待在店里。

少年徐传贤跟着堂兄徐传第（字凤墀）每天早晨从永安街出发，向西沿着法华民国路（今人民路，1912年拆除上海县城城墙所建，为法租界和华界的分界）步行一千多米，然后拐到宁波路（原名宁波路，另一条“宁波路”在公共租界，靠近南京路。此法租界的“宁波路”因有宁波人的会馆“四明公所”而得名），再走几百米就到了学校。星期天时，除了帮助伯父、父母料理店里的生意外，充满好奇心的徐传贤喜欢和堂兄或朋友去咫尺之遥的外滩去白相相（上海话，游玩的意思），或者去学校西边的霞飞路和公共租界的南京路逛街。彼时，这两条路是“十里洋场”上欧风美雨最经典的代表，而灯红酒绿的霞飞路就是时尚摩登的代名词。1910年，这里建成了沪西第一高楼又斯登公寓，街道两旁的法国梧桐掩映下的是让人目不暇接的西餐厅、咖啡馆、西装店、皮鞋店、照相馆。照相馆的橱窗展示出的大幅照片让徐传贤时常流连忘返，他的终身爱好——摄影大约是在这一时期萌芽的。

中法学堂的学生功课很重，管理非常严格，但对聪明而刻苦的徐传贤来说这些都不算问题，他两年时间就完成了初中阶段的学习。

据1930年代末进入中法学堂学习的董鸿毅回忆道：“中法学堂实行的是法国学制，我就读的是‘中班’，即社会上所称‘初中部’。从五班升到头班，要花两年半时间，可是中班的升级制度却是有‘弹性’的，根据学生的学习成绩可以‘跳级’。我就是从四班‘跳到’二班，免读三班，读完二班再读头班。”[①]“中法学堂的课程设置兼容中西，十分广泛，包括法

① 董鸿毅口述，曹炽康整理：《上海法租界公董局中法学堂》，载马军、蒋杰编《上海法租界研究》（第二辑），上海社科院出版社，2018年，第550页。

语、国文、数学、地理、物理、化学、生物、绘画、哲学、会计和历史，等等。在中法学堂自1886年至1943年存在的五十七年间里，虽然教学方式与教学内容基本稳定，但为适应社会的需要，课程设置也会有一些变化，以便学生毕业后灵活运用。例如，数学课程，要求学生学习有关贷款、年金、利息、贴现折扣、公司规则等专题，会计学，以及各种运作方法。制图课程从中班第三学年开始授课，其中包括几何、投影、透视、平面测绘、机械零件图、轴测图和建筑图等。”①

在中法学堂读书时，徐传贤经历了两次大的历史事件：一次是1918年11月一战结束，中国忝列“战胜国”之一；一次是1919年“五四运动”的爆发。

北洋政府是中国历史上少有的弱势中央政府，在袁世凯去世后更是如此。其时，国内大大小小军阀拥兵自重，割据一方，常常拖欠应该向中央政府上交的款项，于是政令不出北京城的中央政府财政紧张，只能借“洋债”度日，从而受制于列强。如此，列强越发瞧不起北洋政府，总是借机蚕食中国的主权。有甚者如日本人那样提出胃口奇大的“二十一条”，简直想把中国沦为“保护国”；像英国、法国、美国这些老牌帝国和新兴帝国，吃相虽没有日本难看，但也是不放过一切可以占便宜的机会，如租界当局在上海的“越界筑路”。

越界筑路始于太平天国战争时期，租界当局以应付战争、保护上海为借口，在租界之外的地方修筑马路，这种马路被叫作“越界筑路”或“界

① 董鸿毅口述，曹炽康整理：《上海法租界公董局中法学堂》，载马军、蒋杰编《上海法租界研究》（第二辑），上海社科院出版社，2018年，第601页。

外马路”。当一条越界的马路筑成后，公共租界工部局或法租界的公董局就派警力实施对这条马路的管辖权。上海地方官府以此地为华界为理由，也主张实施对马路的管辖权。于是，双方都想争取对马路的管辖权，扯皮的后果是双方都难以实施管辖权，这些地方就成了租界当局和中国地方官府都难以有效管理的模糊地带，被民间称为“半租界”或“准租界”。——鲁迅先生曾经住在上海北四川路，这个地区是“越界筑路”的区域，故将其在此写作结集出版的一本著作名为《且介亭杂文》(“租界”二字各取一半)。这当然会带来一系列的治安问题，如流氓横行，“黄赌毒”泛滥，但总体而言，对老百姓未必是件坏事，民间社会在这样的地区容易发育，并形成自我管理秩序。到了民国初年，公共租界和法租界已多次扩展面积，但犹厌不足，依然在想方设法越界筑路。

不过，一战的爆发，让饱受列强欺凌的北洋政府稍微松了口气。英、法、俄为一方的协约国（美国在后期加入）与德、奥匈帝国为一方的同盟国在欧洲大打出手，无暇东顾。为了维护自身在远东的利益，在上海有租界的英、美、法三国，对北洋政府比战前要客气得多。在一战时期的上海，中国的民族工业由于列强忙于打仗，有了较大的发展空间，呈现蓬勃之势。到了战争后期，英、法为首的协约国军队伤亡惨重，本国的劳动力极其匮乏，但又想要赢得这场战争，于是法国人和英国人打起了人口大国中国的主意，撺掇北洋政府参战。如此，中国与法国、英国、美国的关系进入了蜜月期。

当年，日本和俄国在中国的领土东北开战，清政府为了不得罪任何一方，只得保持中立。北洋政府那样孱弱，哪敢主动加入一帮流氓的群架呀！故在一战爆发之初，北洋政府就宣布中国中立。随着战争的进行，北洋政府总理段祺瑞在各方力量的劝说下赌了一把，决定参战，站在协约国一方。1917年8月14日，中国正式向德国宣战。

中国派出20万名以山东籍为主的华工远赴欧洲，在战场上挖掘战壕，装卸弹药给养，修筑铁路、公路、桥梁，制造枪弹，救护伤员，掩埋尸体，甚至扫雷，为协约国的胜利做出了巨大的牺牲。随着战争后期美国对德等同盟国的宣战，天平向协约国倾斜，德、奥匈帝国全面溃败，1818年11月11日，《贡比涅森林停战协定》签订，德国投降。就此，一战结束，北洋政府赌赢了。

在一战即将结束、协约国胜利在望的1918年1月8日，美国总统威尔逊提出了“和平条件十四条”（也称“十四点原则”），其中曰：“确定约章，组织国际联合会，其宗旨为各国相互保障其政治自由及土地统辖权，国无大小，一律享平等之利权。”“上述之宗旨及办法，均以正义为前提，使国无强弱，共享平等之自由。苟非以此种正义为基础，则国际正义，必不能维持。”[①]

终战的消息传到中国，从北京到上海，举国欢呼，各大城市年轻的学生们喜气洋洋地上街游行，庆祝成为战胜国。饱受欺凌的众多中国人相信，公理终于战胜了强权。

在法租界的中法学堂的师生，兴奋之情尤其突出。学堂的华籍和法籍教师和广大学生，认为这场战争是中、法并肩作战所取得的胜利。徐传贤和他的同学走出了校门，挥舞着中国的五色旗和法国的三色旗，欢呼胜利。

然而，弱国的幸运实在太脆弱了，徐传贤和同学们的高兴劲没维持多

① 上海社科院历史研究所编：《五四运动在上海史料选辑》，上海人民出版社，1980年，第58页。

久，便被浇了一盆冷水。

各国代表聚集巴黎开会，安排战后秩序，可怜的“战胜国”中国享受的待遇却几近战败国。尽管在巴黎和会上中国代表团代表顾维钧等人折冲樽俎，有理有据地引用国际法舌战群辩，但主持和会的美、英、法三大国不顾中国的态度，最终裁决批准将德国在中国山东侵占的一切特权转由日本接管，并逼迫中国代表签字。可以说，以顾维钧为核心的中国代表团试图收回山东利权的交涉失败，“公理”只是一个幌子，弱肉强食依然是当时通行的国际规则。消息传到国内，举国愤怒，凡有爱国之心的中国人都坚决反对中国代表在合约上签字。“五四运动”便在这种背景下爆发了，最早是北京的学生走上街头，打出了“还我青岛”“外争国权，内惩国贼”的旗号，但北洋政府逮捕了多名游行示威的学生。

游行示威运动开始波及全国各大中城市，北平的学生也开始南下鼓动、宣传。中国最大的城市、远东工商业中心上海，工商业最为发达，有庞大的产业工人队伍，大中学生众多，因此取代北京成为全国这一运动的中心。

1919年5月6日，各学校校长齐聚江苏省教育会议筹备国民大会，决定上街市游行。当天晚上，“沪上商学各团三十余团体，集于法租界霞飞路一百三十六号筹备处楼上，到会商学各团体及各学校代表七十余人，当推江苏省教育会代表朱叔源君为主席。当由王兆荣君报告筹备处一切接洽经过情形，并称前日所拟致电欧洲和会（注：巴黎和会）中国代表之电稿，已经译就法文，即可拍发”[①]，“明日游行街市之际，并希望各游行员多书小

①《申报》1919年5月7日，转引自上海社科院历史研究所编《五四运动在上海史料选辑》，上海人民出版社，1980年，第179页。

旗标帜，如‘扶持公理’‘抵抗强权’‘共讨国贼’‘不甘心死’等，散会已十一时矣”①。

5月7日，上海各界人士两万人举行国民大会并示威游行，以学生为主。这次游行在与法租界官吏商议后，允许通过租界。5月26日，上海学联领导了全沪学生举行总罢课，并集合学生齐集西门公共体育场，在国旗下宣誓。

由于和会在巴黎召开，中法学堂的中国籍教师和广大学生格外关心谈判进程。当“五四运动”爆发后，学校的华人教师和学生亦义愤填膺，积极地参与了游行、罢课。时隔多年，徐传贤回忆这一幕说：

> 教师们组织我们参加示威游行，并为我们讲述当时我们国家的处境，使我知道我们祖国正处在危急存亡之秋，教师们鼓励我们“家国兴亡，匹夫有责”“班超投笔从戎”“勿忘国耻”等，这次运动给我的印象是深刻的。但是，更深刻的则是在旧家庭中，周围的人给我们的影响。②

这场轰轰烈烈的爱国运动给徐传贤以深刻的心灵震撼和终身影响，虽然他当时只是十一二岁的少年，参加运动只能跟随着老师和年长的学生，但其身处资讯最为发达、思想最为活跃的上海，对国家与民族前途的关心和忧虑胜过大多数同龄人。

经过两年的学习，徐传贤完成了初中阶段的学业，以他的成绩本应该

---

①《申报》1919年5月7日，转引自上海社科院历史研究所编《五四运动在上海史料选辑》，上海人民出版社，1980年，第180页。

② 钱益民编：《传邮万里　贤达人生》，2005年，第24页。

直接升入中法学堂的“超班”（高中部）再读三年，毕业后由校长开出介绍信在上海滩的洋行里找工作，或直接升入同样用法语教学的震旦大学，如果家庭条件优越的话则可以选择去法国、比利时等欧洲国家留学。但是，恰逢这时一所中法合办的高等专科学校在上海设立并开始招生，便吸引了徐传贤兄弟。这所学校，说起来算是中国派华工远赴欧洲参加一战所获得的小小“战利品”。

中法国立工学院一期生

上海徐汇区复兴中路位于曾经的法租界新拓展的西区，租界时期叫辣斐德路，与陕西南路交会处的西南角有一片占地50余亩的校园，今为上海理工大学的校区之一。院内有一片德国式百年古建筑群，其中的主楼三层，入口的门楼设计有塔司干柱式（古罗马的建筑形式之一），而屋顶则是经典的普鲁士圆弧形老虎窗。钟楼亦是古建筑，经过整修，四面大钟依然能准确地报时。

2020年8月的一天我来到校园的西门，隔着铁栅栏看到里面几栋旧时建筑，学校已经放假，周遭安安静静的。我因为疫情防控未能进校园一探究竟，只能颇为遗憾地顺着复兴中路往东走，在遮天蔽日的法国梧桐树荫下走了一刻钟后到了思南路，此处人声鼎沸，别有风光。

这片校园不仅是上海理工大学的前身中法国立工学院的源头，也是同济大学和同济医学院的源头。1907年，德国旅沪医生埃里希·宝隆创办了“上海德文医学堂”，租用白克路（今凤阳路）同济医院对面的三栋楼房作为校舍。1908年，校名改为“同济德文医学堂”，并在法华路（后改为辣斐德路）购地建起了第一批校舍——德文科讲学堂、第一宿舍、钟楼。1912年，德国人在上海兴办的德文工学堂亦在此开学。不久后，两校合并为“同济德文医工学堂”，并不断扩展校区。一战爆发后，法国和德国是敌国，而中国北洋政府1917年参战加入法国一方的协约国。是年3月17日，法租界当局以“中德邦交已绝”为由，将这处校园视为“敌产”予以没收，师生也被赶走。校名由学校里的华人承继，改名为“私立同济医工学堂”。1922年，学校迁往吴淞镇，并于1923年定名为同济大学。1927年8月，学校由南京国民政府接管，命名为国立同济大学，原医、工两科分别更名为医学院、工学院。

▲原中法国立工学院校址，今上海理工大学

一战结束后，作为中国的盟国，法国政府不能继续独占这处“战利品”。根据《凡尔赛和约》第134条之规定：“（德国）将其在上海法租界内之德国学校财产放弃，以予中、法两国政府。”为表示中法亲善，两国政府商议在此校园合办一所高水平的职业学校。法国人傲慢，办事不利索，而当时北洋政府亦是效率低下，两国政府间拉拉扯扯商谈了许久。终于，在1920年10月，法国外交部任命法租界公董局学校校长梅朋（Charles B. Maybon）博士为拟成立的新学校法方校长。1921年初，中法双方就学校的性质、管理模式、经费来源基本达成了一致意见。是年2月，北洋政府教育部和交通部任命的中方校长张保熙（1884—1935，字叔滋）到任。

中法两国政府最终商定，学校命名为“中法国立通惠工商学校”（法文校名为Institut Franco-Chinois d’Industrie et de Commerce），旨在“造就中国工商界专门人才”；开设土木、机械、电气、商业四科；校址即设在辣斐德路1195号前同济德文医工学堂旧址；每年办学经费约为13万元，由中法两国政府平摊；中、法校长各一人，中方校长由中国政府任命，法方校长由法国政府任命，两位校长在校务问题上产生严重分歧不能自行解决时，交由中国政府与法国驻华公使协商解决。

后根据中法两校长共同制定的《上海中法国立通惠工商学校简章》，学校确定设工、商两科，工科下设土木工程科和机械电气科，学制五年（预科三年，正科二年）；商科学制三年。各科课程采用法国教程并以法文教授；学校一切教学设备亦采用法国的规格；毕业学生除由中国政府择优录用外，有志深造者还可以利用“庚子赔款”派送法国或比利时的高等理工院校深造。

中法国立通惠工商学校的五年制工科，类似今天中国高等职业学院的“3+2”学制，初中毕业生可以报考，录取后先读三年职业中学，然后再读两年大专课程。由两国政府合作兴办的国立学校，其教学水平和就业前景能获得家长和学生的信任；其“法系”血统对用法语教学的中法学堂学生来说，更有着得天独厚的优势。这所学校让徐传贤和其父亲、伯父都心动了，徐传贤和堂兄徐传第恰好这一年初中毕业，于是在其父亲的建议下参加了中法国立通惠工商学校的首次招生考试。

中法国立通惠工商学校首届招生共录取了160名学生。1921年3月1日《申报》刊登了新生名单——徐传第、徐传贤两兄弟名列第九、第十名——并公告曰：“（开学）三月十号。录取各生应自七号至九号晚六时止来校报到并缴纳本学期学费。”[①]

① 钱益民编：《传邮万里　贤达人生》，2020年，第97页。

徐传贤被录取到学制五年的土木工程科，与他一同被录取的还有后来成为美术大师的庞薰琹。庞薰琹是江苏常熟人，他并没有去中法国立通惠工商学校就读，而是又考取了震旦大学，并在震旦大学学习了四年的法文和医学。1925年，庞薰琹赴法国留学，在巴黎叙利恩绘画研究所学画，1927年入巴黎格郎·歇米欧尔学院继续深造。

1949年以后和徐传贤仍然有交往的同一级学友，有上海某炼钢厂工程师潘颖昌、国家电力总局的张儒仁和后调入中国人民银行工作的虞梦韶。虞梦韶，字兆夔，浙江浦江县人，曾担任过浙江地方银行副经理，也是知名的书画收藏家。虞梦韶出自名门，其父虞廷（1875—1912）乃浙江辛亥革命元勋，也是一位诗人和学者。虞廷1902年中举，后弃文从武，考入浙江武备学堂。后来，虞廷担任浙江陆军学堂监督，在秋瑾被官府逮捕后积极参加营救而被清廷猜疑，因而去职，后担任温州炮台司令、镇海关守备。武昌起义后，各省独立，杭州光复，虞廷率部响应，并加入江浙联军，参加光复南京之役。1912年5月，虞廷被委任浙江讲武堂堂长。同年8月惨遭暗杀，以陆军上将阵亡例抚恤，入祀浙江先烈祠。虞廷有五个儿子——虞梦葵、虞梦书、虞梦韶、虞梦麟、虞梦周，除老四守家外，其余四人都有建树。

中法国立通惠工商学校的教师中、法籍各半，其中中国籍教师多为欧洲大陆留学归来的学者。例如，比利时鲁汶大学（Catholic University of Louvain）数学博士、后担任过震旦大学校长的胡文耀，法国里昂大学数学硕士、后任中央大学数学系主任的何鲁，都曾担任过徐传贤的授课老师。

这所学校开办后办学不甚顺利，中法两国之间的合作也龃龉不断。受法国“自由、平等、博爱”思想的影响，学校气氛活跃，学生思想开放，并对当时的学校管理和学校的地位很是不满。不久，学校就爆发了学潮，学生自行组织了罢课委员会和学生会，而年轻的徐传贤卷入其中成为罢课委员会的成员，这不免让父亲徐熙春很是担忧。

当时，学潮的由头是该校的学生认为北洋政府“矮化”了这所学校的地位，进而把怨气发泄到不作为的中方校长张保熙身上。

中法国立通惠工商学校招生广告说得“很动听”，故而能吸引如徐传贤这样优秀的初中毕业生报考，而其工科的学制长达五年，其修业年限和课程要求完全符合当时中国高等教育的要求。但是，北洋政府教育部在1922年实行的新学制将该校列为甲种实业学校（相当于现在的职业中专）——这让在校的学生情何以堪呀——学生们对此非常不满，他们认为自己具备初等中学文凭后再学习五年却只能拿到相当于高中生的文凭，太不公道了。沪上的学生眼界开阔，一开始该校的学生并没有采取罢课的激烈行动，而是致函《申报》倾诉种种不平。

《申报》为了顾全中法两国政府的面子，没有刊登这封“读者来函”，而是派记者到学校进行详细的调查并写成调查报告，于1922年致函该校中、法两位校长。函称，通过调查，通惠工商学校是“全国最好的学校之一，不久的将来将为全国所熟知”，“贵校既然是一所技术学校，它的名称就应该是中法通惠工商专门学校或中法通惠工商大学。贵校冠以这一名称是当之无愧的，这既能让学生满意，也有助于吸引优秀学生到贵校读书”。[①]法方校长对北洋政府矮化本学校本来就非常不满，收到《申报》的

① 王细荣：《从中法国立通惠工商学校到私立中法高工——上海法租界内一所校园的风雨弦歌》，载马军、蒋杰编《上海法租界史研究》（第二辑），上海社会科学院出版社，2018年，第386页。

来函和听取学生的呼吁后，对学生要求将学校升格为大学表示理解和支持，并认为学校最后两年的学习程度与中国的高等教育完全相同，至少应将学校划归为教育部所属的技术专门学校或交通部所属的大学。校方就此向教育部去函禀告，而教育部置之不理，未作任何答复。这一下，学生们不干了，部分学生在1922年11月10日举行罢课，要求将学校升格为高等学校，并请对此事态度消极的中方校长张保熙辞职——中方校长是上面委派的，他不敢态度坚决地向教育部和交通部提要求。

学生赶校长，在民国大学、中学很是流行，如北大、清华都发生过这类事。中法国立通惠工商学校的学生派出3名代表去北京向中央政府请愿，并发表《中法国立通惠工商学校全体学生宣言》，解释为什么要对学校管理层进行改组并驱赶中方校长张保熙。

1922年11月12日《申报》就学生罢课报道云：

> 昨日为中法国立通惠工商专门学校全体学生罢课之第二日。本为欧战（注：一战）和平纪念日，故该校学生监查亦布告放假，听学生自由出入，唯夜间须点名一次。学生改组，校务会仍照常办事，进行一切。此事发生后，该校总干事曾召集学生代表谈话一次。据云，校长拟请章太炎先生等名流向中国当局调停，希早日解决云。再，该校赴京请愿代表离校之先，该校学生曾有一缄张氏，一电致交、教两部，兹将两电录左。[①]

①《申报》1922年11月12日，转引自钱益民编《传邮万里　贤达人生》，2020年，第97—98页。

徐传贤和同学们致中方校长张保熙请其辞职走人的信件，可谓写得情理交融，态度坚决而又在语气上保持着对校长的尊敬。由此，可一窥当时年轻人于人际交往的教养：

保熙先生鉴：生等于日前二上芜缄，迄未奉复，何如之？生等此次之恳请先生辞职，虽不蒙采用，而生等固不能已于言矣！先生来长我校，计将二年，治绩如斯。在先生固可谓克尽厥职，唯生等不得已，有此次风潮之苦衷，谅为先生所洞鉴而原恕者。保熙先生，事已至此，尚何言哉？生等亦欲挥无泪矣。今已罢课，以静待先生之去，计固良左，其岂得已哉。先生素爱我校，亦当推爱于生等之学业。谅辞职之书上即当局有所挽留，先生亦必以爱学校爱生等学业之念，而坚决必去也。专此敬上。即请教安。①

全校学生几乎是以发最后通牒的形式让校长辞职，可话还要说得温婉，而致教育部、交通部的电文则毫不客气，明确表示张保熙非去不可。其曰：

北京教育、交通二总长钧鉴：支电及齐日快邮代电计达。生等以张氏不去，改组不得实现，故经全体议决罢课待命，并推林、傅、周三君晋京面陈。上海中法通惠工商学校全体学生叩。灰。②

中法国立通惠工商学校全体学生罢课事件震动了沪上，也惊动了中法两国政府。对于此类学潮，学校当局和两国政府的老办法是软硬兼施：

①《申报》1922年11月12日，转引自钱益民编《传邮万里　贤达人生》，2020年，第98页。

② 同上。

先是逼迫学生必须复课，甚至不惜派警察进学校恐吓，并以法方校长的名义致函学生家长，希望通过家长的压力让学生乖乖地到校上课。其在函中言：

> 以本校接中法政府命令，将派员来校调查，各班学生自应依级于三号上课，以期调查，易于考察。不意言之再四，而学生依然固执，劝诫之不从，势必至于强迫。于是召集警队来校，以期多数悔悟，而该生等仍然执迷，遂不得已，乃将全校学生暂时解散。台端（注：对对方的敬称）送子弟来校，期其学有成绩，似此罢课多日，鄙人何以对诸父兄？至今日之举，情势所迫，容有过当，亦属责望之殷。台端有意再令该生继续求学，可即令其从速到校，另具志愿书，按原班上课，至其始终固执者，自当令其退学。[①]

几乎没有哪个家长希望学生卷入罢课，纷纷回复赞成学校意见，并督促学生按时到校上课。但是，张保熙先生无法继续在校长职位上待下去了，于1923年1月辞职。

在威逼、分化罢课学生的同时，校方和中法政府做出了重大的让步。寒假过后，工科于1923年3月1日复课。4月，胡文耀教授被任命为代理校长，暂时主持校政。中法两国政府在听取调查组意见后，经过协商将学校改名为“中法国立工业专门学校”（法文名：Institut Technique Franco-Chinois），停办原来的商科，明确其为一所高等技术专门学校，旨在培养工业专门人才，尤其是铁路方面的技术人员。法方政府召回校长梅朋，改任

---

①《申报》1923年1月4日，转引自钱益民编《传邮万里　贤达人生》，2020年，第98页。

法国凯泽洛登工学院副院长薛藩（Henri Civet）为法方校长，而中国政府任命教育部官员、亦曾留学比利时的朱炎为中方校长。

这次规模不大的学潮以中法工专的学生胜利而告终，但对家长们带来的震动则是巨大的，特别是如徐熙春这样在沪上经商多年、对中国社会有着深刻了解的士绅，他知道热血沸腾的年轻人一旦卷入了学潮就很容易为各种政治势力所左右，会给个人和家庭带来巨大的风险。徐熙春希望自己的长子徐传贤能够成长为一名不关心政治的专业人士，因为上海滩最需要的是这样的人才。对于儿子徐传贤的青春期躁动，徐熙春采取了应对措施，而第一件事便是为徐传贤定下一门亲事，以期用婚姻拴住他。

很快，徐熙春选中了一位地主家的小姐盛希珍和徐传贤订婚。盛小姐的家亦在青浦县城的福泉街里，两家相距不到50米，双方父母是彼此知根知底的街坊。徐传贤和盛小姐两人儿时在弄堂里嬉闹时没少碰面、一起玩耍，但是他们之间并没有青梅竹马式的浪漫。盛小姐是一个典型的旧式女性，生长在传统的大家庭里，她的父母没有送她进学堂，终身不识几个字，而这样子和受过多年西式教育的徐传贤哪有什么共同语言。徐传贤很不满意这门亲事，他渴望能自由恋爱找到人生的伴侣，故而进行了微弱的反抗。但那时候即便在大上海，年轻人择偶多数还是遵循"父母之命，媒妁之言"的模式，更何况父亲徐熙春很是强势，性格柔和的徐传贤最终还是乖乖地接受了父亲的安排。

到了1924年的下半年，一次机遇使徐传贤不得不中断学业，提前进入职场。

初入邮局四少年

游客今日从苏州河南岸跨过四川路桥，可走到桥的北堍——四川北路和北苏州路交会的西北角一幢巍峨雄壮的大楼下。这幢大楼占地近10亩，呈英国古典建筑风格，融合了罗马式科林斯立柱和巴洛克式钟楼。大楼的南面、东面和东北转角处有18根高达数十米的科林斯立柱，主立面墙面使用了细粒水刷石粉面，临天潼路的北墙则是经典的机制红砖墙。

▲原上海邮政局大楼，今上海邮政博物馆

这幢建筑是1924年11月竣工的原上海邮政局大楼，今为上海邮政博物馆。大楼有地面建筑4层，地下室1层，大小房间187间，最惹人注目的标识是东南角正门上面的钟楼和塔楼。钟楼高达13米，镶嵌着直径3米的大钟。钟楼之上是塔楼，高达17米，塔楼顶端有旗杆，塔楼两旁各有一组人物雕塑：一组为三位希腊神祇，居中者为通信之神墨丘利，左右为爱神丘比特，寓示着邮政乃上天信使，带给人类以爱与信息；另一组是男女三人分别手持火车头、轮船铁锚和电信电缆，则是描摹现实中通信的途径。

大楼建成后，即成为上海租界内的地标建筑，内部装修亦达到当时最高水准——庄重而典雅。二层营业大厅曾享有“远东第一大厅”之盛誉，底层和二层收发国际、国内信件包裹，三层为邮政局相关部门的办公室。大楼中间有一个巨大的天井式样的小广场，平时作为员工集会之用。这栋楼曾长达半个世纪成为中国南方最大的邮政枢纽，是中国和世界沟通最大的窗口。在这栋楼里，徐传贤曾度过了二十余年的职场黄金岁月。

在一所纯粹的工科院校学习土木建筑专业的徐传贤，如何成了邮局职员呢？这要从旧中国的邮政源流和地位说起。

古代中国只有驿站，由朝廷的兵部管理，用来传递公文和为有公务的官员提供食宿与交通工具，属于军事附属机构，与民间社会关系不大。现代邮政制度是在清末由西方移植过来的，上海是其重要策源地。第一次鸦片战争以后，五大口岸城市对外开放，洋人蜂拥而来，特别是上海，随着租界的建立，吸引的洋人和外国资本远超其他四个城市。洋人侨居在中国，为了解决通信问题，各国建立了寄居中国的“客邮”体系。1861年初，英国在香港的邮政署到上海建立代办所（英国书信馆），由一名副领事负责侨民邮务。此后，法国、美国、日本等国相继在中国建立自己的邮务机构，中国的邮政主权被分割得支离破碎。同时，民间的商业机构设立有民信局，承揽中国老百姓的信件寄送。这种条块分割、没有统一的邮务管理机构的状况，显然已远远不适应清末后期的经济与社会发展的需要。

1878年，由洋人掌管的海关开始试办邮局。1866年开始担任中国海关总税务司司长的英国人赫德（Robert Hart，1835—1911），利用海关代各国驻华使馆邮寄函件之便利发展邮递业务，并于1874年在上海等地设立了邮务代办所。1878年3月23日，中国海关奉清廷之命在天津、烟台、牛庄、上海、北京五口试办邮政，成立了海关邮政署，将各地邮务代办所改为海关邮政分署，这是中国近代邮政开办之始。上海海关邮政署寄信官局、江海关书信馆设在海关后院，只收寄使馆和外侨邮件，本埠书信投递则委托工部书信馆代办，发往国外的书信则委托各外国书信馆代办。同年7月，在上海及天津等地设立华洋书信馆，通过海关邮政署投寄华人信件业务。这一年8月24日，海关邮政署发行了中国邮政第一枚邮票——海关大龙邮票。1880年，海关邮政署公告改名为“江海关拔驷达（Post）局”。1882年10月，华洋书信馆停业，所遗留的业务由海关邮政署接办。1896年3月20日，光绪帝准奏设立中国邮政总署，总局设于京师北京，海关总税务司司长赫德兼任总邮政司。1897年2月2日，上海等地正式设立大清邮政官局，由上海海关造册处处长葛显礼兼任全国邮政总办。由此可知，当时名义上的邮政中心在北京，但实际上的业务枢纽则在上海。

1899年，清帝国通过了《大清邮政章程》，这是中国第一部规范邮务的全国性法规。在此之前，中法进行交涉，中国同意全国的邮务总办聘请法国人担任。1906年，清帝国进行官制改革，设立邮传部，接管邮政。但是，直到1911年清廷即将覆亡时，邮务总局才从海关移交到邮传部，由法国人帛黎（A. Théophile Piry，1850—1918）充任邮务总办。全国四十多个邮区的邮务长也几乎都聘请的是外国人，最多的是英国人，其次是法国人。此乃“客卿用事”，中国的邮务实质上由英、法等国派出的官员掌握，然而长期邮政主权旁落则客观上使中国近代邮政体系从诞生开始就对标西方先进国家，并逐渐完善成为继海关之后又一个比较高效、清廉的系统。

清室逊位后，接踵而来的是袁世凯当国和北洋政府时代，虽然邮政总局设在北京，但上海在全国邮政中的地位没有削弱而是进一步增强了。1917年，由于邮政业务的快速增长，上海邮政局原来的办公楼已不敷使用，北洋政府决定找地方建立一幢新的大楼。在选址上，北洋政府和“客卿”产生了分歧。为了有利于官方对邮政事务的控制，北洋政府以运输便利为理由，希望在位于“华界”的上海北火车站附近找一块地皮修建新大楼，而上海邮务管理局两任英国籍邮务长李齐（W. W. Ritchie）和西密司（F. L. Smith）坚决反对。因双方意见不一致，这事就搁置下来了。

1920年，英国人希乐思（C. H. Shields）接任上海邮务管理局邮务长，并兼任新大楼筹建处的负责人，大楼的建造又提上了日程。希乐思力主把大楼建在公共租界内，理由是距离邮务局在黄浦江边租用的码头近，离北火车站也不远，而且地价比较便宜。那时候，北洋政府高层走马灯似的变换，也就不再坚持楼必须建造在“华界”了，遂同意了希乐思之请。最终，新的邮政大楼选址在改建不久的四川路桥北堍。1922年2月，上海邮务管理局购地9.727亩，大楼由完成怡和洋行大楼的建筑设计事务所英资思九生洋行[①]（STEWARSON）设计，由余洪记营造厂承担施工，总造价320余

① 思九生洋行，20世纪初上海重要的建筑设计事务所，于1920年代在上海和汉口等地留下了一批经典作品，如怡和洋行大楼、上海邮政总局大楼、江汉关大楼等。原有两名主要合伙人R. S. Stewardson和H. M. Spence，但后者于1930年代离开并加入马海银行。

万银元。是年12月开工，1924年11月竣工，同年12月1日上海邮务局迁入新址。

不过，英国籍邮务长坚持要把大楼建在租界这一自私之举，却带来了意想不到的益处。抗战时期上海沦陷后，在太平洋战争爆发前，处于租界内的邮局仍然坚持日常业务，听命于重庆国民政府，成为沟通沦陷区和大后方邮路的枢纽。——此乃后话。

上海邮务局因为办公场所得到了扩充和改善，也由于邮务的不断增长，在迁入新址之前的1924年年中向社会进行了一次较大规模的招考。

当时，海关、银行、邮局分别是沪上三大“金饭碗”“银饭碗”“铁饭碗”职业。在邮局当职员收入高，且旱涝保收，没有重大过失不会被开除，员工积年资升值、加薪。那时候，年轻人一旦考入邮局，可以说是跃入“龙门”。故邮局招考公示发出后，沪上青年趋之若鹜，说“百里挑一”毫不夸张。例如，1939年上海邮务管理局在《申报》上发布招考邮差的启事，给出的报考条件是：“中华民国国民年龄在十八岁以上，二十二岁以下，曾在小学毕业得有证书者。”①这只是招考相当于蓝领工人的邮差，如果是招考管理岗位的白领员工邮务员，那学历条件要求更高。民国前期的邮务局人员分为邮务官、邮务员、邮务生、拣信员四班，外勤工人分信差、邮差、听差和杂役等。邮务官、邮务员属于管理岗位，其最终录取比例远低于现在的公务员招考。1937年上海邮政局一次招考，《大公报》报道曰：“上海邮务管理局，此次招考邮差，报考者达一万余人之多，检验及格者计两千余人，第一试及

①《申报》1939年12月21日，转引自白中阳《论民国时期邮差的管理体制》，《天津大学学报（社会科学版）》2019年总第21卷第2期，第162页。

格人员已于昨日揭示，录取者计孙凤禄等六十三人。”[①]

徐熙春从报上看到了上海邮政局招考职员的启事，动了心思。这次招考人数较多，岗位有邮务员，也有低一个层次的邮务生。其中，邮务员的报考条件是中学毕业以上或同等学历，掌握一门外语。徐熙春对中法工专学生喜欢闹学潮的风气很是担心，如果儿子徐传贤能够考上邮务员远离被学潮卷入之忧，不但端上了“铁饭碗”衣食无忧，还能帮衬家里，若再早点完婚安安生生过日子，岂不更好。

徐传贤听了父亲的打算，一开始就像对给他定亲一样表示反对。徐传贤很喜欢土木建筑这个专业，成绩很好，从预科开始一直在班上名列前茅，而且大学正科一年级快念完了，再读一年多就可以毕业拿到证书。同时，学校几位法籍教师非常欣赏徐传贤，对他说等他毕业愿意介绍他去法国或者比利时的名校留学；即使留在上海，凭他的成绩也不愁找一份工作。——半途而废，他实在不甘心呀！

不过，反抗依旧无效。在父母苦口婆心的劝说下，徐传贤答应去试一下，报考法文邮务员的职位。对于报考条件，徐传贤什么都符合，就是年龄差2岁。招考启事的年龄要求是18岁，但徐传贤当时才满16岁。当然，那时候没有身份证和严格的户籍制度，虚报年龄无人深究。于是，徐传贤在报名时将出生年月提前了三年，即1905年1月31日（光绪三十年农历十二月二十六日）出生。

徐传贤本来是揣着向父母交差的想法去考试，可这一考就考中了。徐

---

①《大公报》1937年3月12日，转引自白中阳《论民国时期邮差的管理体制》，《天津大学学报（社会科学版）》2019年总第21卷第2期，第163页。

传贤从千军万马中脱颖而出，被录用为四等三级邮务员，试用期薪水大洋45元，到1926年1月1日转正后即加薪为55元。这是个什么概念呢？与徐传贤同一年出生的上海名中医陈存仁在晚年写了一本《银元时代生活史》，对20世纪二三十年代上海的物价和工资水平有比较详细的描述。当时，沪上名号第一的中医丁甘仁[①]的门诊收费1元2角，为全上海诊金最贵的一人；上海邮政局大楼附近的上海大戏院的门票为小洋四角。孙传芳任五省总司令时，委任大学者丁文江为淞沪督办（相当于上海市“华界”的市长，时在1926年）。丁文江成立了淞沪卫生局，设在南市毛家弄一个大宅院里。陈存仁就中医师执照办理的事项去拜会该局，“全局人员只得八名，科长薪水为三十元，一个小书记月薪只得八元，自从发给医生执照之后，经费大为富裕，全体都加了薪”。[②]

那一年和徐传贤一起考入上海邮政局的还有三位年轻人：凌其翰、陆京士、朱学范。这四位年龄相仿、志趣相投的少年成了朋友，其中朱学范和凌其翰小学时即是同窗。但是，这几位年轻人很快选择了不同的人生道路，徐传贤只和朱学范的交情一直保持终身。

凌其翰（1907—1992），上海市人，他在中学时期已经法语娴熟，和徐传贤一样考中的岗位是邮务员。凌其翰在邮局工作了一年多后，便离职考入震旦大学法学院学习，在大二时因为是“学潮”积极分子不得不辍学，然后去比利时留学。凌其翰本来的志愿是去巴黎读书，但因为巴黎“居，大不易”，最后改道比利时。据凌其翰回忆，“我于1927年9月前往

---

① 丁甘仁（1865—1926），江苏武进人，1917年与夏应堂、谢观在上海创立中国第一所中医学校。

② 陈存仁:《银元时代生活史》(电子版)，广西师范大学出版社，2007年，第86页。

法国，准备进巴黎大学学习法律。由于家中经济困难，我仅靠1924—1925年在上海邮局工作期间存下来的工资1200银元作为我的留学基金。……到巴黎后，听说比利时生活费用较低，且按照比国大学学制法学院分预科和正科，预科二年，正科三年，正科课程与巴黎大学法学院硕士班的课程相同，每年期终考试全凭听讲笔试、口试，最后一年各科均合格后即授予法学博士学位，不必劳民伤财地准备博士论文。此外，距比国首都布鲁塞尔铁路交通仅半小时可达的卢文（今译作鲁汶）小城，人口五万，却有一所古老而著名的天主教大学，地点僻静，可以安下心来刻苦读书”。[①] 入职上海邮局工作不到两年就攒下了1200银元，可见邮务员这份职业的“含金量”，其薪水之外应该还有其他的补贴。

凌其翰1929年考得鲁汶大学政治外交系硕士，1930年在布鲁塞尔自由大学考得海洋法硕士学位，1931年考得法学博士学位。“九一八事变”发生后，凌其翰回到了祖国，先入《申报》做记者，后在国民党大佬张静江的侄子张君谋（字乃燕，曾任国立中央大学校长、建设委员会副委员长、驻比利时公使）引荐下进入外交界，从驻比利时使馆二秘做起，一直升迁到中华民国驻法使馆公使（当时的大使钱泰乐观其成）。1949年10月1日中华人民共和国成立后，凌其翰带领其他馆员在驻法使馆升起五星红旗，发表《驻法大使馆、驻巴黎总领事馆全体馆员拥护中华人民共和国宣言》，宣布和国民党政府脱离关系。1950年5月，凌其翰奉命回到北京，9月被任命为外交部专门委员，后历任外交部法律委员会专门委员、法律顾问、国际问题研究所顾

① 全国政协文化文史和学习委员会编：《凌其翰回忆录》，中国文史出版社，2018年，第1页。

问、民革中央监察委员会常务委员、欧美同学会名誉副会长等职。1956年12月，凌其翰加入中国共产党。从1954年起，凌其翰历任政协第二、第三、第四届全国委员会委员，第五、第六、第七届全国政协常委。

陆京士和朱学范因为只是初中文化程度，所考中的职位是邮务生，这个职位和拣信生、邮差等都属于体力劳动者，入职后起薪28元，不及邮务员徐传贤、凌其翰的三分之二。

陆京士（1907—1983），名之镐，“京士”乃其表字，江苏太仓人。陆京士在1921年考入商务印书馆当工人，1924年入职上海邮局。很快，陆京士就显示出非凡的社会活动能力和组织能力。此时正处于“北伐”前夕，上海先后由皖系军阀卢永祥和直系军阀孙传芳统治。1924年1月20—30日，中国国民党第一次全国代表大会在广东召开。大会通过了新的党章，改组了国民党组织，选举了有共产党员参加的新一届中国国民党中央领导机构。至此，第一次“国共合作”开启，滚滚革命洪流即将向北奔涌，上海成为国共两党工作的重点城市，两党在上海工人中积极发展党员。1925年，陆京士加入国民党，成为国民党重点培养的工人领袖。1927年3月，北伐军攻取上海后不久，蒋介石发动了“四一二政变”，大肆屠杀共产党员、国民党左派及革命群众，是谓“清党”，就此两党决裂。陆京士站在了国民党右派一边，任上海邮局清党小组成员和上海邮务工会整理委员会委员钱丽生的助手，进一步控制上海邮务工人队伍。

民国17年（1928），上海邮政职工为要求修订《邮政纲要》举行罢工，陆京士被邮政当局收买，从内部破坏罢工。

1928年，陆京士投靠上海滩第一闻人杜月笙门下，以其精明能干获得杜月笙的欣赏和信任，和朱学范一起被视为杜氏的“左膀右臂”。陆京士纠合邮局亲信职工50人结拜弟兄，组成“精诚团”，进一步扩张在邮务系统的势力。1929年，陆京士发起成立全国邮务总工会，任全国邮务总工会筹委会常务委员。同年6月，国民党上海市党部指定陆京士等15人为整理委员会，接管邮务工会，掌握了上海邮务工会领导权。1932—1940年，历任全国邮务总工会第一、第二届常务委员兼总务部部长，国民党上海特别市党部执行委员，淞沪警备司令部军法处处长，中国劳动协会理事长，中央党部社会部组织处处长和国民政府社会部组织训练司司长等职。抗日战争胜利后，陆京士任工人忠义救国军总指挥、社会部京沪区特派员，为国民党重新统治上海出力不少。1946年，陆京士任国民党中央党部农工部副部长。同年6月，陆京士主持成立上海工人福利委员会（国民党上海工运党团指导委员会的对外公开组织）和护工队。1949年5月，陆京士随国民党政府从上海逃到台湾。抵达台湾后，陆京士整合青帮，自任首领，成为杜月笙势力在台湾的代表。1951年8月，在杜月笙病逝于香港之前，陆京士抵港见了杜氏最后一面，成为杜月笙的“托孤门生”。1983年12月，陆京士于台湾病故。

在同年考入上海邮政局的四人当中，朱学范（1905—1996）获得的政治地位最高。中华人民共和国成立后，朱学范担任了十七年的邮电部部长。1981年12月13日，在五届全国人大四次会议上，朱学范被补选为全国人大常委会副委员长。1987年12月，朱学范当选为民革中央主席。朱学范去世后，新华社发表《朱学范同志生平》称他是“中国共产党的亲密战友，杰出的爱国民主战士和政治活动家，中国工会著名领导人”，“他几十年如一日，同中国共产党通力合作。在多次遭受国民党反动集团的迫害下，朱学范同志毫不畏惧，坚持斗争，表现了可贵的革命气节。在‘文化大革命’

中，他遭到林彪、‘四人帮’反革命集团的残酷迫害，身陷囹圄达七年之久，始终没有动摇对共产党、对社会主义的信心”。[①]

朱学范原籍浙江省嘉善县枫泾镇（今属上海市金山区），出生在上海老北门内的城区，父亲是一家当铺的店员。朱学范在兄弟姐妹中排行第七，故其乳名为“七官”。1921年，朱学范从敬业小学高小部毕业，考入位于今虹口区南浔路的圣芳济学堂读书——这是一所法国教会设立兴办的学校，在沪上颇具名气，宋子文曾在该校就读。朱学范17岁那年，因为父亲失业无力供养他继续读书，他不得不辍学做工。一开始，朱学范在一家德国人开设的啤酒行做送货工人，月薪15元，后来跳槽到亚洲机器公司当记账员，月薪25元。1924年上海邮政局招考时，朱学范考得了邮务生职位，具体岗位是在栈房内做工。“三班倒工作，早班从早上6点到下午2点，中班从下午2点到晚上10点，夜班从晚上10点到次日早晨6点。上班就是把收发的邮袋登记，分别堆放。如果发现一个地区的邮袋数目与登记的数目不符，就要把所有的邮袋重新核对，将所有的邮袋翻一遍，不仅费时，而且要费很大力气。发现差错，必须查核清楚，才能移交给下一班。”[②]工作很是辛苦。

与陆京士一样，朱学范也很快在工人运动中脱颖而出。为了在上海滩立足，朱学范亦拜在杜月笙门下：

> 1928年，经国民党上海市党部执行委员、职工事务委员会主任、杜月笙的门生陈君毅的介绍，陆京士和朱学范拜杜月笙为先生。陆京

---

① 陆象贤、刘宋斌：《朱学范传》，团结出版社，2005年，第507页。

② 同上书，第6—7页。

士还开了第二批拜在杜月笙门下的邮局职工的名单。他们是：邮务生赵树声、张克昌、肖清珊，邮务员傅德卫，交通部的杨克天，邮政总局视察员缪鸿俊，上海邮局邮务佐刘心权、于松乔，信差徐子琴，听差杨德龄。第一、第二两批一共12人。杜月笙对邮局职工拜在他的门下，认为这是一件有面子的事儿，因为邮局是国民政府办的，局长是外国人，在社会上有相当地位。

1931年，杜月笙在高桥兴建的杜氏祠堂落成，国民党和政府的显要人物从蒋介石起都送礼祝贺。陆京士和朱学范送不起厚礼，想出了一个既不花钱又使杜月笙有面子的办法，就刻了一个庆祝杜氏祠堂落成典礼的纪念邮戳，专在高桥邮政支局使用。

这在当时算得别开生面，人们感到新奇，杜月笙认为纪念邮戳使庆祝杜氏祠堂落成典礼名扬全国，颇为得意。私刻纪念邮戳，照邮局规章是不允许的，但由于国民党党政要人纷纷向杜月笙祝贺，在上海轰动一时，邮政当局慑于声势，只好默许。[①]

一同考入上海邮局的四位少年，其他三位后来都走上了从政之路，只有徐传贤一直留在邮政系统的业务部门兢兢业业，成长为专家型的高级职员。1949年后，徐传贤的人生道路受到了老同事朱学范的很大影响。

---

① 陆象贤、刘宋斌：《朱学范传》，团结出版社，2005年，第29—30页。

父亲的公益事业起步

1924年，对上海及周边地区而言，是一个不折不扣的“灾年”。这一年的灾害是人为造成的，军阀在此地区开战，兵燹祸及黎民无算。对徐传贤一家来说却算得上幸运的一年，他考入上海邮局捧上了“铁饭碗”，他父亲徐熙春毕生从事的另一项事业——公益慈善在这一年起步。

从13岁来沪上当学徒，经过十数年的打拼，徐熙春在上海站住了脚，已成为一个在法租界、南市拥有店铺的企业主，其社会声望也随资产的增加而上升。按照马斯洛（Abraham Harold Maslow，1908—1970）的需求层次理论，一个人解决了温饱问题和安全问题以后，便有自我实现的需要，希望得到社会的认可和尊重，富而行善成为许多绅商的自然选择。徐熙春的家族即青浦思葭浜徐氏，有着乐善好施的传统，其父亲、祖父都以急公好义闻名乡里。这样的家风使徐熙春在自己经营状况颇有成就后便积极参与社会事务，特别是回馈家乡青浦。1920年，徐熙春成为上海民国路商业联合会会员，与此同时，也成为青浦旅沪同乡会会员，算是上海滩青浦乡贤之一。

当时，上海存在各种各样的公益慈善组织，有中国社会以宗族、同乡为纽带的传统公益慈善机构，也有依靠佛教、基督教等有宗教背景的传统公益慈善机构，参与者有中国人，也有洋人。1924年，上海周边爆发了自太平天国被镇压后六十年来最大的一次战争并祸及青浦，徐熙春认识到传统的慈善公益模式在现代战争中纾困解难的效能大打折扣，从而使他将目光投向超越宗教与阶层、所跨地域最广、国际性最强的红十字会。

这场战争史称“江浙战争”，又称“齐卢战争”“甲子兵灾”，是直系军阀江苏督军齐燮元与皖系军阀浙江督军卢永祥为争夺上海控制权爆发的一场战争。此次大战是直系、皖系军阀从中枢到地方争夺权力和地盘的一部分，也是第二次直奉战争的导火索。对这场战争的背景，值得多说几句。

直系军阀的首领冯国璋（直隶人，故其代表的军事势力称为直系）和皖系军阀的首领段祺瑞（安徽人，故其代表的军事势力称为皖系）皆出自袁世凯门下，同为“北洋系”的代表人物。袁世凯死后，冯、段这两兄弟的矛盾逐渐公开化。冯国璋曾长期开府南京，江苏是他的传统地盘。段祺瑞在挫败张勋复辟及黎元洪下野后掌控了中央政府，特别是促成中国加入一战的协约国阵营，又从日本政府借得巨款（史称“西原借款”），使得皖系的势力达到了顶峰。1918年冯国璋卸任总统后，皖系通过所控制的“安福国会”选举袁世凯的把兄、前清翰林徐世昌做总统。1919年冯国璋病逝后，环顾中国似乎已无人可挑战段祺瑞的权威，而直系、皖系的军头大多在其麾下供驱使，于是段氏野心勃勃要武力统一中国，用兵的重点是设在广东的护法军政府，而处于南北要冲的湖南则成为这次南北战争的重灾区。在对南方政府用兵过程中，直系的新首领曹锟的势力崛起，手下的大将吴佩孚更是战绩骄人，成为所有北方将领中最为耀眼的一位，并率军一直打到湖南衡阳。可是，由于分赃不均，皖系和直系冲突激化。段祺瑞任人唯亲，将湖南督军一职给予安徽同乡、皖系中声名最为狼藉的张敬尧，而战功最为显赫的直系将领吴佩孚无所酬庸，于是吴佩孚罢兵不战，驻兵于五岭之北就是不向广东进军，反而响应南方政府的和平呼吁，且拉上了另一位北军能打仗的新锐将领冯玉祥。最终，直系、皖系的矛盾到了兵戎相见的地步，吴佩孚、冯玉祥撤兵北进。1920年7月，直皖战争在京津地区爆发，山海关外以张作霖为首领的奉系军队站在直系一边，上演了一曲刘备联合孙权抵抗曹操的“三国戏”。皖军大败，段祺瑞下野。至此，皖系的地盘几乎丢光，只剩下卢永祥为督军的浙江以及上海。

在1927年上海特别市成立以前，从行政区划而言，包括上海市区在内的淞沪地区一直归江苏省管辖。袁世凯死后，各大军阀争夺地盘，皖系军阀卢永祥在1917年1月任淞沪护军使兼江苏省军务会办，就此上海成为他的防区。1919年8月，卢永祥升任浙江省督军后自然不愿意把上海交给别人，由其麾下重要将领何丰林任淞沪护军使，继续把持上海。在何丰林任护军使期间，发生了一件轰动上海滩的大事，直接导致沪上帮会大哥易位。卢永祥的公子卢筱嘉和闻人黄金荣为女伶露兰春争风吃醋，被黄金荣手下的流氓打了一顿。吃了瘪的卢公子指示何丰林出动军队绑架了黄金荣，关进一个地牢数天，让他吃够了皮肉之苦，后在杜月笙的斡旋下才被释放。从此，黄金荣威名大损，风头被徒弟杜月笙盖过了。

上海这块肥肉，哪个军阀不眼红？这是一只下金蛋的母鸡，所能征收的各种赋税杂捐为中国各大城市之冠，其中鸦片交易是大宗，每月鸦片一项的收入就能养活三个师。除了财赋收入外，掌握上海与洋人打交道占尽地利，更能得到列强的支持。江苏督军长期由冯国璋最忠诚的部将李纯担任，他对名义上自己的地盘被皖系占领当然不甘心，可在皖系势力如日中天的时候他也没办法。1920年李纯暴亡，接任江苏督军的是直系另一员大将齐燮元。是年直皖战争中皖系败北，齐燮元便食指大动对上海动起了心思，声言：“上海是我们江苏的一部分，一定要夺回。”但上海是卢永祥的

“发祥地”，且是其军费主要来源地，岂能放手，亦言：“上海是浙江的门户，一定要保持。”军阀开战，商民遭殃。上海的中外商人当然不希望打仗，江浙绅士、上海富商出面奔走，加上租界的外国势力介入，齐燮元、卢永祥在1923年8月19日达成了“江浙和平公约”。不过，公约是暂时的，处于攻势的齐燮元一直在找理由用兵。

卢永祥在直系包围下，一直想壮大势力以保浙江和上海。1924年5月，占据福建的直系军阀后起之秀孙传芳将第二师师长臧致平部和第三师师长杨化昭部共6000余人逐出福建，被卢永祥收编。这一行动给了齐燮元开战的理由，因为浙江和江苏、安徽、江西三个由直系把持的省份签订的公约规定“不得容留、收编客军”。

1924年9月3日，齐燮元部在江苏宜兴打响了进攻卢永祥部的第一枪，江浙战争爆发。这场战争在前期势均力敌，后期由于福建的孙传芳及江西的军队在卢永祥后方插了一刀，浙江省内又起了内讧，以致卢永祥于10月12日通电下野，逃亡日本。这场战争给上海周边地区的人民带来了深重的灾难。江苏省农会在致北洋政府国务院的电文中说：“江浙战事，军队所过，村镇为墟，人民奔走迁移，颠连失业，富而贫、贫而死者，不知凡几，而江南战区如宜兴、昆山、嘉定、太仓、松江、青浦等县则尤甚。”① 嘉定、青浦、松江、太仓同乡会在致北洋政府国务院的电文中说：“江浙发生战祸，两省受创弥深，就苏论列，尤以嘉定、青浦、松江、太仓四邑为最重，或全镇被毁，或抢劫一空，或转徙流离，莫名惨状。……总之工

---

① 中国第二历史档案馆编：《中华民国史档案资料汇编·军事·三》（第三辑），江苏古籍出版社，1991年，第221页。

商辍业，农夫逃亡，六十年来，元气销亡尽矣。”[①]

青浦地处江苏、浙江两省之要冲，受兵燹之祸尤其惨烈。正如徐熙春所述：“慨自甲子秋间，江浙齐、卢起衅，淞沪一带，猝构兵氛。我青浦全境适当南北战线之冲，而城厢市数千家户口，捆载赀重，挈带妻孥，相率迁避他乡。加以捉船拉夫，交通阻隔，北郊炮火之声昼夜震于耳鼓，行者难以回顾室家，居者并苦，断绝刍米，凄惨景象，罄竹难书。”[②]

在沪上经商的青浦籍绅商，对家乡父老遭此大难心急如焚，想尽力援助。徐熙春并不是同乡中最有钱的，但是他算得上是最热心的，也是一位不惧烦难、活动能力强的乡贤。帮助青浦的乡亲不是简单地捐钱捐物，必须要依靠一个社会组织，才能做到救助高效、善款使用廉明。在上海诸多的慈善组织中，徐熙春选择了红十字会，显示出他的格局和眼光。

青浦籍名士、诗人项寰追述此事说：“幸有徐君熙春，系秋松老前辈之文孙，经商海上，与中国红十字会诸执事素所熟悉，大动恻隐之心。”[③]

“秋松老前辈”即徐熙春的祖父徐元龙，乃同治七年（1868）的岁贡生，是县志的编纂者，在当地人望甚高。项寰特别指出此渊源，乃点明热心公益的徐氏家风由来已久。徐熙春在上海经商时，与当时中国红十字会的主事者熟悉，得地利、人和之便，亦可看出徐熙春的社会活动能力强。

上海是红十字会在中国的发端之地。1904年3月日俄战争期间，为了

---

① 中国第二历史档案馆编:《中华民国史档案资料汇编·军事·三》(第三辑)，江苏古籍出版社，1991年，第222—223页。

② 徐家益、徐建新编:《青浦徐氏族谱考正集暨纪念徐熙春先生130年华诞》，2015年，第69页。

③ 同上书，第68页。

对东北地区难民实行救济，绅商沈敦和（1866—1920，字仲礼，浙江宁波人）牵头，由上海绅商发起成立了“东三省红十字普济善会”，此乃中国真正建立红十字会之始。是年3月10日，中、英、法、德、美五国代表在上海公共租界工部局召开会议决定成立“上海万国红十字会”，其中西董有李提摩太（Timothy Richard，1845—1919）等35人，华董有沈敦和、施则敬、严小舫、徐润等10人，皆为沪上商界著名的绅商。可见，中国红十字会组织一开始是民间自发、与国际有广泛合作的社会组织。1907年，带有官方色彩的“中国红十字会”成立，邮传部尚书盛宣怀任会长。1911年10月24日，沈敦和等人在上海工部局议事厅成立“中国红十字会万国理事会”，沿袭上海万国红十字会的组织模式，以民捐民办为号召。其时，京、沪两地，官办和民办两个红十字会组织俨然对峙。

1912年，清室逊位后，革命战事逐渐平息。此时，国际红十字会承认的是沪会，不久袁世凯领导的中华民国临时政府也同意保护沪会。然而，在接下来的为在美国华盛顿召开的国际红十字会的参会事宜中，京沪两个红十字会再度因代表权问题发生争端。京会借此机会对外联络，同时也派出美国人福开森（John Carvin Ferguson，1866—1945）作为顾问赴美参加会议，并在参会前与沈敦和进行谈判，主要涉及二会合并等事宜。1912年9月，福开森作为京会代表再次南下与沈敦和等人商议，就二会在人事安排等方面的合并达成协议，双方同意召开全国代表大会。10月30日，召开了全国统一大会。在正式宣布中国红十字会完成内部统一的同时，也确立了相应的规章制度——《中国红十字会章程》，规定总会设于北京，同时将上海的万国董事会定名为中国红十字会总会总办事处。北京的总会负责处理与中央其他部门协调及对外事务，而上海的总办事处负责对资产的管理与监督，实际上确立了中国红十字会内部独特的二元结构。在这一结构中，北京总会拥有正统名义，但上海总办事处由于对其有资产的监管和控制，在实际活动运作上也拥有更大的主导权。①

中国红十字会的“双中心”制格局，和当时中国邮政系统类似。虽然从名义上邮政总局设在首都北京，但上海邮政局是中国当时事实上的邮务中心，因此上海人仍然习惯称上海邮政局新大楼为邮务总局大楼。

徐熙春所熟悉的红十字会诸执事当属于上海的“中国红十字会总会总办事处”。研究中国地方红十字会的陆轶隽在其硕士论文中如此分析徐熙春和红十字会的渊源：

> 对于徐熙春、潘伯良等上海南市地区经商的旅沪青浦商人，同时也是日后青浦红十字会的发起人而言，他们对于红十字会救护行动的最初印象，可溯于1911年10月成立的中国红十字会沪城分会，其在辛亥革命及二次革命期间在南市地区的战时救护行动。
>
> 对于身处南市地区的徐熙春、潘伯良等青浦旅沪商人而言，沪城分会的救护行动既以直观的印象令他们了解到红十字会的精神价值——人道、博爱、奉献，以及基本的业务范围，更重要的是，沪城分会的有益经验，在日后青浦红十字会针对江浙战争等战争救护工作中，提供了可借镜的救护模式，因而在青浦红十字会针对伤兵救护、接济难民等行动中，可以看到沪城分会的一些做法，如设立临时医院等，也被运用于青浦的行动之中。

---

① 陆轶隽：《从江苏省青浦县分会看中国地方红十字会的运作（1924—1951）》，2020年，第27—28页。

> 虽然红十字会运动相对于中国而言无疑是“舶来品”，但就施善、为善的精神而言，其与传统的慈善文化是可以形成对话空间的。绅商作为传统公益慈善事业和红十字会两方面最活跃的参与者，他们成为日后地方红十字会的主力，如此看来是顺理成章的。[①]

要有效地对发生在家乡的战争中的伤兵与难民进行救助，必须成立一个长期而非临时的机构。徐熙春等人通过分析比较，决定成立中国红十字会青浦分会。可以说，这是为了救燃眉之急而在火线上成立的机构，既要完成社员征召、机构登记、内部建构等工作，又要马上投入到战区的救护工作。机构成立和救护开展几乎是同时进行的，事项之繁重，压力之巨大，可想而知。

就在1924年9月3日，齐燮元、卢永祥的军队在沪宁线黄渡、安亭站之间交火开始。料到战火将波及整个青浦的徐熙春等青浦绅商，已经赶回青浦县城，在开战的同一天集会于县议会嘉会堂，召开了中国红十字会青浦分会成立大会。到会者140余人，选举徐熙春为会议主席，向与会者报告筹备情形，并通过《中国红十字会青浦分会简章》。最后，大会选举了资历更老的方仁杰为会长，徐熙春和吕钟为副会长。次年即1925年10月，青浦分会改选，徐熙春担任会长一直到中华人民共和国成立以后。青浦分会设在文庙的明伦堂。——青浦老城厢的南部现有文庙街，北起学前街，南至环城东路。

青浦红十字分会甫一成立，便发展会员、聚集资金、救护难民三事并进。

徐熙春按照简章的规定，带头捐银二十五元，成为正式会员。在当年

① 陆轶隽：《从江苏省青浦县分会看中国地方红十字会的运作（1924—1951）》，2020年，第29页。

11月，青浦分会已招募会员352人，其中正式会员96人，普通会员114人，学生会员142人。据1924年青浦分会第一次收支报告统计，一共开展各类募捐十五次，共募得14 054元，包括正式会员、普通会员、学生会员的捐款和特别捐款以及剩余实物出售的收入等；一共支出14 562.4元，包括救济难胞、救护伤残等方面的一切支出，计透支500多元，由部分分会同仁垫支。

徐熙春编写的《中国红十字会青浦分会大事记》记载：

> 1924年10月10日，苏军[①]入城，大肆淫掠城内居民，不论男女均纷纷来会暂避，共三千七百多人，除参议两会、市公所、明伦堂及本会一部分办事处不敷容纳外，还开通大成殿尊经阁等处，以收容之，因来势拥挤不及登记姓氏。
>
> 1924年10月11日，避难在本会者虽由会中给食稀饭，然而每餐亦需米四石左右，致午餐时有断炊之虞，乃由孙干事冒险募得叶姓米十六石，沈姓米三石五斗，该项米系由兵士手中夺还者。[②]

青浦籍老教育工作者张九方先生，曾在“七七事变”后参加中国红十字会青浦分会，江浙战争时其尚是一位少年，他回忆道：“我当时年仅十岁，随一家人避难上海，待战事结束后回家，见房屋付之一炬。有几件火中抢出之物，堆放一处加以钉封。此乃红会诸人在救火后所做的善举之一，至今牢记不忘。”[③]

---

① 苏军，即江苏督军齐燮元部。

② 徐家益、徐建新编：《青浦徐氏族谱考正集暨纪念徐熙春先生130年华诞》，2015年，第54页。

③ 同上书，第45页。

收容安置难民外，青浦分会在江浙战争中所做的另一件大事是组建救护队，抢救伤残民众和士兵。9月6日，成立只有三天的青浦分会便开始对伤员的救助行动。县城南门外的农民徐明山被流弹所伤后被送到青浦分会，分会当时没有治疗的大夫，便委派资产委员熊宗干携带公函，连夜将伤者护送到松江县的红十字分会医院进行医治。9月9日，青浦分会组建了救护队，杨世贞等18人成为首批救护队员，同时颁布了《中国红十字会青浦分会救护队要则》，共十条如下：

1.本会以拯难救伤为宗旨，队员皆应守此宗旨，待人接物宜以仁爱为心。

2.救护队员应遵守本会章程及上级队员之指挥为主。

3.红十字会为世界最高之慈善事业，救护队员之地位清高，名誉隆重，久为世人钦佩，故队员皆自爱，凡贪鄙淫暴之事亟应痛切戒之。

4.凡遇战事，本会对于双方，不容有所左右，救护队在战地上，除救护病伤之外，概不干预他事。

5.交战团受伤兵民，不论何方，皆应一律待遇，不得歧视。

6.凡受伤兵民如有要求购物、传递等事，须禀明队长，指令一人办理，若未经队长许可，无论事之巨细，均不得擅专。

7.队员于服务期间，不得兼营别业及一切贸易之事。

8.本会因经费支绌，队长、队员概不给薪，所有膳食、川资则由会给之。

9.队员如有行为暴戾、操守难信及一切不端之事者，一经查出立即斥走。

10.凡志愿加入本会救护队员者，需开具姓名、籍贯、职业、住址，并觅妥实，使人到会、报名、考照后录用。①

近百年后再阅读这份要则，仍感慨创会的徐熙春诸先生虑事周到，而救护队员完全秉承一片仁义良善之心。志愿者去战场救护病伤人员是一件有风险的事，却不拿薪资，完全自愿，非有慈悲心者难为也。

依照要则的规范，9月21日，徐熙春和红十字会会员、朱家角许氏医务室创办人许蓉村带着救护队员，前往青浦县境内受灾严重的李墟村一带救护难民。24日、27日又前往宋家浜、西乡等村协助救护、医治受伤村民。除救护本县境的受伤兵民外，青浦分会还前往邻县协助其他红十字会分会救助难民。分会另辟疗养院，收治需要进一步治疗的受伤兵民和染病民众。青浦分会还延聘了县公立医院院长吕允兼任医务长，许蓉村任医务室主任，并配备7名医护人员。至此，青浦红十字会初步组建了自己的医疗队伍。据战后统计，青浦红十字会疗养院共治疗伤病及受伤居民134人，因伤死亡者4人。

要在救护中贯彻“受伤兵民，不论何方，皆应一律待遇，不得歧视”，并不是件容易的事情。9月27日，救护队员在西乡救出伤兵两名，住会治疗。多位见识过兵士暴虐对待居民的队员很不解，有人提出去救护这些军阀兵士不值得。徐熙春对这些同仁进一步宣传红十字会的宗旨，说明救护伤残、实行人道主义是不分国籍、党派、宗教、种族，只要他们有伤残、有困难，作为红十字会就应救护。

---

①陆轶隽：《从江苏省青浦县分会看中国地方红十字会的运作（1924—1951）》，2020年，第41页。

新组建的青浦红十字会所做的另一项大事是协助维持治安、掩埋尸体、调查损失等善后工作。

从1924年10月7日起，苏军（齐燮元部）开始进入青浦县城。士兵在城内闯入民宅，掠夺财物达三十余次。地方土匪勾结兵痞趁火打劫，抢劫财物时还纵火灭迹，大半居民避乱上海，留下空宅无人守护，使得从太平天国以后恢复元气的县城短短几天内残破不堪，一片荒凉。为了避免苏军士兵在此纵火，青浦红十字会组织了消防队，共49人，分成4支小分队，在防范纵火蔓延同时兼顾城内治安。

军纪松弛的交战士兵在城镇内抢掠、纵火，在乡村则肆意杀害平民，宰杀牲畜，使得乡村内曝尸现象严重。在开战期间，苏军驻地赵屯桥镇，牛、羊、猪的残骸被扔到河底，厨余垃圾和禽毛塞满街巷，秽臭之气逼人；苏、浙两军交战的艾祁村，双方战死的士兵不下千人，尸骸无人瘗埋。此种情形大伤人伦风俗，且助长细菌滋生，疫病传播。10月24日，上海善普山庄主动与青浦红十字会联系，在青浦红十字会人员的带领下，前往各乡镇掩埋人与动物的曝尸。

1924年10月17日，江浙战争渐息之时，青浦红十字会派出孙子扬、孔如霖等人奔赴兵灾严重的乡镇进行调查，了解居民的财产损失和人员伤亡、受辱情况。在调查白鹤江镇时，孙子扬称：

> 曾经望[①]等两度之调查，第一次在十月十七日，居民在镇者不过百人，所有门窗等均被捣毁抛弃，街心应用物件搬运殆尽。有某南货号之油柜倒置门口，致满街油迹。又以天雨之故，更有行路难之慨。

① 孙子扬，应该是名“望”，字“子扬”。

现在为第二次，回里者渐多，商店开市者约为十分之三，各殷户因未及搬迁，损失不赀。甚至停在家内之尸棺，被其用械撬开者四五具之多，真惨不忍睹。烧去房屋二所，烧毙一人一牛，妇女之被非礼者四十余人，均系苏军驻守之成绩云。[①]

这只是一个镇在一次延续时间不长的战争中所受灾害而已。军阀混战，祸害百姓之烈，由此可见一斑。

徐熙春养育成人的子女除长子徐传贤外，还有次子徐渭江和女儿珠英、毓英、传珍。中国红十字会青浦分会可算是他的另一个“儿子”，他在后半生为红十字会呕心沥血，耗费了巨大的心力、财力，至死方休。徐熙春的仁心善行对子侄辈影响甚大，和徐传贤一起考入中法工学院的堂兄徐传第曾长时间协助叔父徐熙春管理红十字会。作为长子的徐传贤，他对父亲徐熙春的义举很是支持，并在上海邮局任职后为父亲的公益慈善事业提供了力所能及的帮助。徐熙春的长孙（徐传贤的长子）徐家善多年后回忆道：“祖父在事业上包括对红十字会的各种决策和打算，都要和我父亲商量。祖父一直认为，我父亲总能提出有价值的见解。”[②]

关心民间疾苦，同情弱者，尽力帮助别人解围济困，这些素朴的人性闪光点在徐熙春、徐传贤父子俩身上乃一脉相承。

①《青浦县西北乡兵灾调查报告》，载《中国红十字会青浦分会第一次征信录》，上海市青浦区档案馆藏，档号 W–93–188，转引自陆轶隽《从江苏省青浦分会看中国地方红十字会的运作（1924—1951）》，2020 年，第 44 页。

② 徐家益、徐建新编:《青浦徐氏族谱考正集暨纪念徐熙春先生 130 年华诞》，2015 年，第 106 页。另见钱益民编:《传邮万里　贤达人生》，2020 年，第 283 页。

工人运动的同情者和旁观者

徐传贤尽管是同年考入上海邮政局中实际年龄最小的一位，但他入职后很快显露出少年老成、吃苦上进的一面。徐传贤对这份工作是满意的，报考时不能继续学业的遗憾之情也很快消失了。长子徐家善回忆："自我父亲踏上工作岗位后，人就好像一下子大了许多，更加成熟、更加懂事了。他把第一个月的工资买了一只硬木刻花玻璃橱，送给我祖父母以示报答之心（此橱现留在我处，仍在使用）。"①

刚进入邮局时，徐传贤被分派到包裹收发处，负责抄写国际包裹及发包裹通知单，处长是王良骏。王良骏是福州人，抗战时担任过湖南省邮政局局长，抗战胜利后任江苏邮政局局长。中华人民共和国成立后，被委任为江苏省邮电管理局副局长。

很是巧合，王良骏也出自一个经营烟丝的商人家庭。徐熙春在上海滩做生意，以开店经营兰州水烟和福建皮丝烟开始，而王良骏的祖上王鹏兄于清朝顺治年间在福州创办了王大盛烟铺，历经三百来年，直到1956年公私合营被合并到其他企业。因经营烟业，王家开始发达，到清朝末年时这个家族

① 徐家益、徐建新编：《青浦徐氏族谱考正集暨纪念徐熙春先生130年华诞》，2015年，第106页。另见钱益民编：《传邮万里　贤达人生》，2020年，第282—283页。

涌现了一众风云人物。王良骏的伯父和祖父都曾参加过反清革命，其伯父王鸿滋从英国留学归来后任中国同盟会福建支会的庶务长，支部设在桥南公益社。1912年4月20日孙中山唯一一次到福建，王鸿滋即出面接待。王鸿滋的长子王杰功为黄花岗烈士之一，年仅18岁牺牲于同盟会领导的广州起义。

工作未久，上海即爆发了如火如荼的工人运动，“五卅运动”是这个时期沪上工运的标志性事件，拉开了1925—1927年中国大革命的序幕。与徐传贤同年进入邮局的朱学范、陆京士、凌其翰为工运的积极分子，而徐比起这几位朋友来态度更加超然，大约处在同情者和旁观者之间吧。

一战后，日本的工商业得到快速发展，该国商人在上海开设众多纱厂，所出产的棉纱在中国市场占据举足轻重的地位，为日本企业主攫取了巨大的利润，而这些利润以压榨中国工人为代价。夏衍的报告文学《包身工》，真实地揭示了20世纪二三十年代日资企业中中国工人的生存状况。1925年2月起，上海22家日商纱厂近4万名工人为反对日本资本家殴打工人和无理开除工人，要求增加工资而先后举行罢工。这些此起彼伏的罢工，在中国共产党的领导和组织下最终汇聚成一股洪流。

中国共产党1921年在上海成立，早期总部设在上海。作为一个工人阶级的政党，组织和领导“工运”以维护工人的利益是其重点工作，而上海是当时中国产业工人最多的大都市。上海的工人运动，成为中共工作的重中之重。在国共合作时期，中共早期的三位工人领袖李立三、邓中夏、罗亦农，都曾在上海深入到基层发动和领导工人运动。若论发动群众，国民党的工作效果远不如共产党。尽管国民党的前身同盟会在清末运作过各种反清暴动，但基本上是依托传统会党。国民党自己的骨干，多遗留士大夫之气，难脱精英意识，而国民党的组织形式和工作方式也很难使他们的骨干下沉到底层和工人、农民打成一片。因此，在第一次国共合作时期，国民党的主要精力用在军事上，即北伐，而在工运、农运方面几乎没什么建树，必须依托中国共产党的组织。这一情形在上海尤其明显，上海的工人组织几乎皆由共产党掌握，发动和领导工人运动的多是中共党员。

上海工人顾正红之死，是“五卅运动”的重要节点。

顾正红和徐传贤是同龄人，1905年出生，江苏省阜宁县（今属盐城市滨海县）人。比起上海周边的青浦、嘉定、金山、昆山诸县，地处长江以北的阜宁民生更为艰苦，涌入上海滩的人多从事体力劳动。其中，“苏北人”是清末民初上海人口暴增的主要来源。1921年因家乡遭遇水灾，顾正红随母亲流落到上海，后在上海日商内外棉九厂、七厂当工人；1924年夏，他参加了中国共产党在上海举办的工人夜校的学习和沪西工友俱乐部的活动，成为俱乐部的积极分子；1925年2月，他参加了工人纠察队和罢工鼓动队，随后加入共产党。

1925年5月15日，为抗议日商纱厂资本家撕毁与中国工人达成的协议，顾正红带领工人冲进工厂与资方交涉，被工厂的大班川村开枪击伤，次日因抢救无效而牺牲。顾正红牺牲的当天，沪西日本纱厂2万多工人发表宣言宣布罢工，呼吁各界人民支持和援助工人斗争。上海学生首先走上街头，工商业界也纷起声援。5月24日，上海各界在闸北潭子湾举行公祭顾正红万人大会。5月28日，中共中央召开紧急会议，决定发动群众举行反帝示威。随后，罢工斗争迅速发展为“五卅运动”。年轻的中国共产党领导工运的能力在这次运动中得到充分的体现。

虽然比起其他行业，邮政系统的职工待遇尚可，但当时包括上海在内的中国邮政业务操于外籍高层管理人员（“客卿”）之手，高级职员和基层职工的薪资待遇的差别不啻云泥。特别是底层的邮务生、拣信生、邮差、听差、苦力等，劳动强度大，收入低，还经常受管理层的欺凌。以当时的邮务生朱学范的薪资待遇为例作一对比，可窥见一斑：

> 邮局的洋员和华员之间的待遇悬殊，非常不平等。1924年，朱学范的工资每月28元，扣除10%的储蓄金拿到25元2角（以后，取消了这一规定，发还了储蓄金）。上海邮务长英国人希乐思（C. H. Shields）月薪关平银1100两，外加房租津贴250两，共计1350两，合银元2025元，比朱学范实际所得的工资高出80倍。就是以他的规定工资28元相比，也高出71倍。如果同刚进邮局只有14元5角工资的信差相比，那就是1∶140。至于希乐思乘坐的汽车的一切费用，住宅中的花匠、厨师、仆役等的工资全部由邮局支付，这些利益还没有计算在内。
>
> 这种不平等待遇和外籍邮务长仗势欺压职工的做法，就成为邮局职工进行罢工斗争的导火线。[①]

早在“五卅运动”以前，中共组织已有意识地在上海邮工中做工作，埋下伏笔，播下种子。

在“五卅运动”之前，上海并没有统一的邮政工会。1922年，上海邮工在中共党员李启汉的组织下成立了“上海邮务友谊会”，亦不为当局所容：发起者被开除，友谊会的活动被迫中断，会费发还给缴纳者，李启汉也被上海工部局以唆使邮差罢工等罪名逮捕入狱。

与徐传贤同年考入邮局的有一位年轻人叫顾治本（1905—1927），江

① 陆象贤、刘宋斌：《朱学范传》，团结出版社，2005年，第7—8页。

苏常熟人，江苏省立第一商业专科学校毕业，1924年5月加入中国共产党。根据上级组织决定，顾治本于这一年7月考入上海邮局。另一位叫沈孟先（1906—1970，又名沈孟仙、沈梦仙）的镇江青年，也在这一年考入上海邮局任拣信生。沈孟先1920年9月入英商华洋德律风公司做工，1921年9月加入中国社会主义青年团，后因参加罢工被公司开除。1924年，沈孟先转为中共党员。顾治本、沈孟先和蔡炳南在1924年成立了上海邮政系统第一个中共党支部，蔡炳南任书记，给上海邮政系统的工人维权运动注入了推进剂，而1924年上海邮局新招的员工在工运中担当了领导者和主力军的角色。

5月30日，工人、学生和店员在公共租界的南京路上示威，英国巡捕开枪，13人殉难，是为震惊中外的“五卅惨案”。惨案发生的次日即5月31日晚上，李立三在宝山路召开了各工会代表会议，宣布代表全沪21万名工人的上海总工会成立，李立三被推选为上海总工会委员长，总工会在宝山路宝山里挂牌办公，下令全上海各行各业工人实行反对帝国主义的总同盟罢工。

从“五卅惨案”发生到1925年6月10日，上海在罢工中被枪杀的工人达60多名，重伤70多人，轻伤不计其数，不少工人遭到逮捕或被开除。工人们愤怒而伤心，要求成立各行业的工会组织，进行全面、持久的罢工。上海总工会做出决定，于当年8月中旬由商务印书馆工人率先罢工，报界工人和邮局工人响应同时罢工。

8月16日，上海邮局各基层单位的活动积极分子共600多人在闸北集会，主要成员为邮务生以下，包括拣信生、信差、听差、邮役，会议由蔡炳南主持。会议讨论的主要议题有二：一是发动罢工，二是组织工会。对组织工会，与会者一致赞成，但就罢工事宜则产生了争论。邮务生中以陆京士为代表的邮务生协进会的人主张先与邮政当局谈判，若谈判不成再罢工。以顾治本为代表的一部分人则认为与当局一开始就谈判是与虎谋皮，不会有什么效果，反而给对方以喘息、准备的时间，只有发动工人兄弟先罢工造成声势，产生社会效应，才能顺势组成工会，与当局进行谈判。

最终，大部分人赞成顾治本这一部分人的意见，即“先罢工，后谈判”。会上通过立即举行罢工的决议，成立罢工委员会，顾治本、宋并镜、周颙、沈孟先、蔡炳南、奚颙、王荃、萧清珊、王小楚、方培莲、王若枯当选为罢工委员会委员，顾治本为罢工委员会委员长。罢工委员会起草了《罢工宣言》，并请朱学范拿着草稿送到他小学同学、同年进邮局的邮务员凌其翰家中，请其进行润色修改。——凌其翰的文笔在同仁中颇得赞誉，他后来留学归来做过一段《大公报》的评论员，可谓才尽其用。

当夜，朱学范将经过凌其翰润色的《罢工宣言》带回罢工委员会交给宋并镜，并在《民国日报》《申报》等报纸上刊登：

> 结社自由，赋自约法。邮局为国家机关，邮员为国家服务，在理劳资之争，不成问题。不知吾政府懦弱成性，邮权管理为外人所攫夺。高位要津，尽为所据，食丰禄，享优权。一月之俸可抵我华员数年之粮，直接浪费国库，间接剥削我华员，喧宾夺主，令人发指。邮权既为之操纵，吾华员生活之黑暗可知。邮务本极辛苦之工作，在理工作时间应如何缩短，谁知每日工作逾十二小时者，每月工金不满二十元，吾华员操作如牛马而忍气吞声如故也，上级人员为巩固其地位计，一切措置，莫不禀外人之意志，压迫华员，即所以谄媚外人。吾华员服务，因时间冗长，工作辛苦，在精劳神疲之际，安得无疏忽错误之点？于是罚金记过，稍不慎，即被开除；吾华员无时无刻，莫不在临怗自危中也。吾华

员受此重重压迫，应如何积极反抗，乃同人向无团结，既无联络一致之机关，一盘散沙，何能奋斗？同人等感觉此种痛苦，知组织工会之不容缓，已集议定章，正式成立工会。一方面联络感情，尽力改善生活，他方面促进邮务，彻底巩固邮权。为本身计，亦为国家计，吾人既负两重使命，应绝对服从本会，听本会之指挥。①

这一《罢工宣言》既情理交融，痛述华人员工所受的压迫与剥削而忍气吞声之惨状，申明团结一致维护权益之必要，又立论高明庄重，援引《中华民国约法》之规定，堂堂正正。在呼吁改善华工待遇的同时，更兼付诸民族主义，痛斥邮权由外籍高管把持、政府懦弱成性。

8月18日清晨，罢工委员和各基层单位积极分子抵达四川路桥北堍的邮局大厦，分头到各车间进行鼓动宣传，张贴和散发传单。罢工纠察队全体出动，手持木棍，各有岗位，控制要道，在邮局大厦的天井里将包封拦了下来。接着，大报间（大件印刷品）、小报间（小件印刷品）、工部间（分拣、封发本市信件和投递邮局大厦附近地区的邮件）、快信间、挂号间的职工相继罢工。

上午9时，全沪邮政系统全部停摆。罢工委员会派出田厚卿等6人为代表，与邮政当局进行谈判，而邮政当局派出副邮务长秦印绅出面谈判。罢工代表提出七项复工条件：

一、承认工会有代表全体会员一切事务之权。

---

①《本埠邮局华员昨晨起实行罢工》，《申报》1925年8月18日第13版，转引自陆象贤、刘宋斌《朱学范传》，团结出版社，2005年，第15—16页。

二、薪金以关平银计量，薪水最低限度以下列为标准：邮务生35两；拣信生25两；信差及听差20两；苦力15两。以后按照章程每期递加，不论如何不得逾期。

三、工作时间为6小时为限度，工作加点不得逾4小时。如在2小时以内，应加薪半日，在4小时以内应加薪全日。

四、每年应给短假期三周，其他假期与邮务员同等待遇，不得留难。

五、年赏照旧，如服务期满10年，另加奖励金，年赏及奖励金，不论因何故离局，应立即照发。

六、邮局不得追究此次合理要求之出力人员，并不得于日后无故辞退；凡须辞退者，须工会同意，方为有效。

七、自明年（1926年）起，不得再进洋员。①

对罢工代表提出的要求，秦印绅一开始态度强硬，全部予以拒绝。后秦印绅迫于罢工委员会的压力愿意谈判，但只愿意谈华工的待遇问题，而不愿意承认工会的合法地位和停止聘用外籍员工。在与罢工委员谈判的同时，邮政局管理方求援于租界当局，租界当局派出便衣侦探混进罢工队伍并打伤邮工。

罢工进行了三天后，全沪的邮政通信全部停止，这座远东最大的都市一下子成了“植物人”，在社会上引起极大的震动。北洋政府指派交通部次长郑洪年赶赴上海处理，郑来到上海后请出了上海市商会会长虞洽卿和林康侯出面调解。

---

①《本埠邮局华员昨晨起实行罢工》,《申报》1925年8月18日第13版，转引自陆象贤、刘宋斌《朱学范传》，团结出版社，2005年，第17页。

罢工委员会接受了调解，双方达成的协议是：

一、承认职工成立的组织，邮政当局接口中国尚无工会法，名称不能叫邮务工会，可以改称邮务公会；

二、邮局各级职工工资按照北洋政府交通部新订办法（新办法为邮局各级职工增加了工资，办法在上海邮局予以公布时罢工已经开始）外，因上海生活成本较高，邮务生及以下职工加发地区津贴：邮务生每月10元，拣信生7元5角，信差、听差各6元，技工3元，邮役2元5角。[①]

邮工对这一调解结果普遍感到满意，可以说这次罢工基本达到了目标。邮政当局承认所达成的协议，形成书面文本后由虞洽卿签名盖章背书，罢工委员会宣布复工。

罢工结束后，上海邮务公会（后改为工会）宣布正式成立，并公布上海邮务公会章程共二十七条，以“联络感情，巩固邮权，改进邮员生活，保障邮员个人自由为宗旨”，“凡邮务生、拣信生、听差、邮差、苦力及杂项员役均为本会会员，如邮务员加入，须经公会同意方可入会”[②]。其组织系统有：全体会员大会——支部会员大会——小组会员大会——支部委员联席会议——小组书记联合会议——小组书记干事执行委员会会议——支部执行委员会。小组为公会基本组织，全体会员大会为最高权力机关，后又增设干部执行委员会为全体会员大会闭会时的最高权力机关。

---

① 陆象贤、刘宋斌：《朱学范传》，团结出版社，2005年，第18页。

②《邮务公会开会纪》，《申报》1925年9月5日第13版。

在邮务公会成立大会上，选举了王荃、蔡炳南、萧清珊、顾治本、周颙、沈孟先、盛积瑞、黄小村、吴乐韶、田厚卿、孙铸东、张汉杰、王礼清为公会委员；王荃当选为委员长，蔡炳南为副委员长；顾治本、沈孟先为组织部正、副主任。

经过“五卅运动”之后的工运高潮后，上海邮务公会成为沪上“七大工会”之一（另六大工会为：商务印书馆印刷厂工会、商务印书馆发行所工会、报业工会、南洋烟厂工会、英美烟厂工会、华商电气公司工会），是上海颇具影响的一大社会团体。

上海邮政当局主事人特别是那些身居高位的“客卿”，不得不对工人进行了让步，但他们怎么可能就此罢休？此后，他们对公会的骨干采取迫害、利诱、分化等诸多手段。1926年2月3日，罢工委员会主席、邮务公会组织部主任顾治本从邮局总部被调往沪西的邮政供应处。1926年春，公会委员长王荃被污以“挪用公款”之名开除，继任的公会委员长蔡炳南被派往松江县做县邮局局长。

与徐传贤同年考入上海邮局的工运积极分子，在1927年蒋介石发动“四一二政变”后却产生了巨大的分化，各自走上了不同的道路。上海邮局第一个中共党支部的成员之一顾治本，为反对国民党右派对共产党人和左派群众的杀戮，他带领邮工参加邮总工会发起的示威游行。当队伍行经宝山路时，遭到了国民党军队的镇压。同年5月，顾治本调往中共闸北区委工作。7月8日，因叛徒告密，顾治本及区委曹元标等其他人被捕入狱。9月12日晨，顾治本被杀害于枫林桥刑场，年仅22岁，后遗体安葬于龙华烈士陵园。在顾治本牺牲许多年后，他的一位妹妹生了一个男孩，过继给他以承嗣，名为顾树。比徐传贤早两年进邮局的另一位共产党员周颙

（1903—1927）[①]，在1927年6月被国民党当局逮捕，关押于龙华淞沪警备司令部。8月26日，周颙英勇就义，时年24岁。

上海邮局第一个中共党支部的另一位成员、亦是1924年考入邮局的沈孟先，活到了1970年。中华人民共和国成立后，沈孟先曾担任上海市工会联合会宣传部副部长、第四人民医院院长、五十八中学副校长。著名剧作家、电影《霓虹灯下的哨兵》《南征北战》的编剧之一沈西蒙是其胞弟。

蒋介石进行“清党”之后，“上海市清党委员会”派员到上海邮局组建“上海邮务工会整理委员会”。1927年5月3日，在蒋派势力主持下，上海邮务工会进行改选，共产党的势力被强行清除，陆京士成为改组后的工会常务执行委员，就此上海邮务工会落入国民党之手。可是，改组后的工会变得死气沉沉，工会总部门可罗雀，所能收到的会费锐减。这也是陆京士投靠在杜月笙门下的重要原因。因为国民党领导下的工会对广大邮工很难产生影响，只能引进帮会力量，仰仗沪上第一闻人杜先生的能量来“控制”基层员工。

对这些邮局“同年生”一个个在工运舞台上大展手脚，徐传贤的态度比较淡泊，当然他对工人运动在心底里是同情和赞成的，因为他也不满意邮局外籍员工畸高的薪资。徐传贤在1956年写就的《自传》中说：

> 那时邮局的大权在外国人手中，中国邮局原是帝国主义者对中国进行侵略的一个工具。在人事管理方面，他们采用分化中国职工的方

---

① 周颙，又名周文宾，江苏南汇县人（今属上海市）。1922年，入上海邮局工作，在一支局（南市昼锦路）任信差。1925年春，经沈孟先介绍，加入中国共产党。1927年3月初，周颙被推派为上海五个代表之一，参加了中共领导的在汉口举行的中华全国邮务工会第一次代表大会。

法，把邮务官、邮务员的待遇定得很好，邮务生、拣信生及以下定得很坏，造成对立。由于待遇好又比较可靠，（邮务员）成为“铁饭碗”，故在上级人员中养成了唯唯诺诺唯洋人之命是从的风气，对下则洋气十足，依靠洋人之势任意欺压。这对我来说，在初入局时很不习惯，但由于我的家庭出身，幼时所受的家庭教育，以及在学校所受的帝国主义教育，对这种教育很快就习惯了。

1926年10月调挂号邮件处做分拣封发工作。那时正处在大革命时期，上海工人阶级为了响应起见，曾组织罢工运动，邮局自邮务生以下都参加了罢工，而邮务员以上则仍到局工作。不久北伐军进抵上海，邮局有些过去惯于欺压下属的高级职员受到群众的公审，洋人及高级职员的威风稍戢。①

在特殊的历史时期，徐传贤几乎以悔罪的口吻剖析了自己作为工运旁观者的原因，应当说分析得到位。一是家庭和受教育的原因。徐传贤出身于绅商家庭，他本人长期接受法式教育，成长顺利，日子过得不错，没有身处社会底层的痛感。其父亲徐熙春对儿女管教甚严，且颇有威望，肯定不乐意让儿子承担成为工运积极分子这样的风险。二是阶层的差别所决定。事实上，邮务生和邮务员之间有个巨大的鸿沟。邮务员步入高级职员之列，不但薪水不低，而且可以循年资不断升迁，直至甲等邮务员、副邮务长、邮务帮办之高位，或者派往各县、区任支局局长。邮务生及以下，不但薪水远低于邮务员，而且职场“天花板”低，上升的空间很有限。因此，在工运中，邮务员和邮务生泾渭分明。邮务员照常上班，不参加罢工，而工

① 钱益民编:《传邮万里　贤达人生》，2020年，第26页。

会也不欢迎他们入会，不把他们视为工运可依靠的力量，如果邮务员想入会，还必须工会批准方可。

邮务生在一线工人中算是位阶较高者，他们受过一定的教育，见识比邮差、杂役要强得多。因此，在1925年8月开始的上海邮工大罢工中，顾治本、沈孟先、朱学范、陆京士这些年轻的邮务生能脱颖而出，成为领头人和骨干，而徐传贤、凌其翰等邮务员则持中立态度。凌其翰只是出于友情之故帮助润色修改《罢工宣言》的草稿，工运过后，他干脆离职远走欧洲，留学去了。国民党控制上海后，上海的邮政员工成立了两个工会——邮务工会和邮务职员工会。徐传贤属于高级职员，参加的是邮务职员工会。

邮务生和邮务员的阶层分野以及北伐对上海邮政局外国籍管理者的威慑力，另一位和徐传贤同年考入上海邮政局的刘承汉的回忆更为详细。

刘承汉（1901—1992），江苏省东台县人。1924年，刘承汉在金陵大学商业专科毕业后，旋以第一名考取上海邮政局的邮务员。1928年，刘承汉再考入东吴大学法律学院，攻读比较法学。1932年，刘承汉擢升为邮政总局法律秘书兼法规课主任，达十年之久，同时邮政法及邮政法规之起草均出于其一人之手。抗战胜利后，刘承汉历任甘、宁、青三省邮政局局长，对发展西北邮务有颇多贡献，并在此期间奉派出席于巴黎举行的第十二届万国邮政联盟（Universal Postal Union—UPU）大会。随国民党败退台湾后，刘承汉继续服务中华邮政，达四十三年之久。

其实，自民国建立后，政府及邮务系统的华人员工不满于邮政大权被外籍高管把持，都曾做过收回邮权的努力，然国力孱弱，效果甚微。1924年8月，上海邮务工会成立后，翌年组织罢工，诉求之一即是收回邮权。

据刘承汉所述：

民国16年3月4日，上海邮区中上级人员成立“上海邮务同人协进会”，标明：①收回邮权；②改良邮务；③增进同人福利三大宗旨。可见，该组织之中心目标，即在收回邮权。当时，该会组成分子系以甲等邮务员（现称高级邮务员）为中坚。民国16年5月，国民革命军进军上海，各界总罢工以为支援，协进会亦参加响应。9日，协进会为健全组织，乃改组成立“上海邮务职工会”，此后各地职工会先后组织成立多处，渐变为全国性运动。但协进会在组织之初，其时国民革命军尚未到达上海，必须秘密进行。我亦为当时发起人之一，其后当选职工会第一届委员。记得当时十数同志于下班后秘密集商，不料消息外泄，竟为局长希乐思所闻，首先诘责包裹组组长余翔麟，谓不应违反现章，私自组织团体。余翔麟反唇相讥，告以：“国民革命军马上到了，时代不同啦，请你不要干涉我们的行动。”话虽说得痛快，不久即奉总局命令他调。所幸其时国民革命军已底定东南，余君旋经总司令之委任，调交通部任职。余君在抗战期间升至邮政总局副局长，系当年留奥学生，亦即民初组织中华全国邮政协会之一人。[①]

刘承汉这段回忆可佐证徐传贤所言“洋人及高级职员的威风稍戢”。

话说，徐传贤因为家境尚好，收入颇丰，他生活得很有情趣。在上海这座丰富多彩的大都市里，徐传贤在工作之余有着当时需要金钱和审美品

① 刘承汉：《中国邮政的缓慢发展》，载彤新春编《民国经济：亲历者口述实录》，中国大百科全书出版社，2016年，第408页。

位支撑的高雅爱好——摄影和观看电影。

1896年，上海徐园内的“又一村”放映了西洋的“影戏”，这是电影首次登陆中国。作为华洋杂处的上海，很快成了中国国内以电影为主的现代娱乐之都，既是电影最大的消费市场，也是国产电影的制作中心。在徐传贤供职的上海邮政大楼所在的虹口地区，北四川路一带成为上海新的娱乐中心，影院林立。1908年，西班牙人雷玛斯（A. Ramos）开设虹口活动影戏院，是上海第一家电影院。此后，一些外国人先后开设了维多利亚影戏园、爱普庐活动影戏园、东京活动影戏园、爱伦活动影戏园、东和活动影戏园，以及广东商人曾焕堂开设了上海大戏院，这些影院都在北四川路附近。

一战以后，上海的电影业迎来了空前繁荣。1925年前后，上海全市有电影公司41家，占全国80%；大小剧场近百家。电影制作方面涌现了“明星”“联华”“艺华”等电影制作公司，拍摄了一批符合中国美学和价值观的优秀影片，而中国当时的优秀导演、编剧、演员几乎都集中在上海。

有此方便，年轻的徐传贤闲暇时最重要的娱乐活动便是看电影。1925年5月5日——离“五卅运动”爆发不到一个月的时间——徐传贤给“明星公司”写了一封信谈自己的观影感想，被《明星特刊》全文登出——

明星公司诸位先生：

我是和你们毫无半点关系的一个爱阅电影的人，这是看了《最后之良心》以后所写的一封信，完全是受了这影片的感触而发生的。从前外国影片畅销到我们中国来的时候，一天发达一天，一部分的中国人就觉得影片的能力和功效不可限量，才有诸位出来倡办影片事业。你们的作品在《孤儿救祖记》一片出版以后就格外研究得精密周到，近来出的《好哥哥》《最后之良心》尤其来得进步了。

这是你们公司的荣誉，也就是中华艺术界的荣誉。有人说“这种抱牌位做亲的恶习惯，将来去外国做起来，不免要受到他们的讪笑”，这真是胡说，要知道攻击社会上不良制度，藉以唤醒群众觉悟，是通俗教育的唯一的目的，否则不问国情民俗，只知西装洋化，这算得通俗教育改良社会么？我觉得这部片子是高尚而有价值的，其余什么光线、表演、布景、说明已有不少的鸿文大作在报上披露，我也不必再多说了。希望贵公司努力，逐步进步，为我国电影界放一异彩。

徐传贤

五月五日[①]

写这封信时，徐传贤才虚岁18岁，上班不及一年，行文尚有稚嫩的痕迹。但是，从这封信中可以看出，他已具备相当的审美眼光和艺术见解。

信中提到的电影《孤儿救祖记》是明星公司摄制、1923年12月公演的一部故事片，由郑正秋编剧、张石川导演。其故事梗概是：富翁杨寿昌晚年丧子。为霸占家产，其侄子杨道培与陆守敬狼狈为奸，诬告儿媳余蔚如不贞，致使杨家将余蔚如扫地出门。数月后，余蔚如生下一子，取名余璞。余璞10岁，就读杨寿昌所建的学校，杨寿昌亦居住于此，但祖孙俩互不知道对方和自己的关系。余璞彬彬有礼，胆识过人，颇得杨寿昌喜爱，同时余璞亦常到其居处玩耍。一日，杨道培、陆守敬到杨寿昌处要钱，遭斥责后意欲行凶，恰好余璞来到。陆守敬被捕，杨道培重伤，余璞亦受伤。杨

① 钱益民编:《传邮万里　贤达人生》，2020年，第88页。

道培临终悔悟，说出实情，一家人终得团聚。

这部影片取得了空前良好的社会反响和票房成绩，开启了中国社会伦理题材电影的先河。在三四年时间内，包括明星公司在内的很多制片机构拍摄了大量涉及家庭道德、教育、妇女等题材的电影。此类电影由于和“五四”以后中国社会希求变革的背景相呼应，颇受观众的欢迎。

《最后之良心》亦属于此类题材，仍然由张石川导演、郑正秋编剧。故事讲述商人王夔堂借富翁秦仁伯的资金外出经商久无音信，秦仁伯疑其骗款潜逃，便向王夔堂的妻子吴氏逼索，吴氏忧惧成疾。王夔堂在旅途中被盗，不得不狼狈回家。不料，刚回家，秦仁伯跟踪而至，声言将纠送其至官府。病中的吴氏闻言，惊吓而死。秦仁伯乘人之危，提出如果王夔堂以女儿秀贞为质，可再借钱为吴氏治丧。王夔堂无奈，将秀贞送至秦家。秦仁伯妻余氏，凶悍成性；其女儿秦春华骄纵且霸道凌人，秀贞遭母女虐待。秦仁伯原有纳秀贞为妾之意，因余氏不允，乃令秀珍为其痴呆儿子荷生的童养媳。秦仁伯与好友匡裕康合资购香槟票，中奖后被秦仁伯全数吞没，致使匡裕康愤而自杀。秦仁伯成为巨富后愈加娇纵子女，致使儿子荷生堕马而死，而秦仁伯又迫令秀贞抱荷生的牌位成亲。秦仁伯的朋友刘承德负债被诉，遣其子刘家麟向秦家乞援。秦春华看中刘家麟一表人才，秦仁伯夫妇又乘人之危，以借款招赘刘家麟。婚后，秦春华倚仗财势，视刘家麟为奴仆，并经常在外赌博通宵不归。某夕，刘家麟劝其戒赌，反遭恶言斥骂。刘家麟懊恼回家，发现王夔堂抱病蜷缩门外，又见其女秀贞在门内啜泣，深为同情，便以随身所带钱钞接济。不料，秦春华赌罢回来，见而怒打秀贞，辱骂刘家麟。刘家麟愤而留书出走。不久，秦春华为浮浪子弟田德修所惑，携带细软私奔。秦仁伯夫妇因女儿出走反目争吵，余氏被掴触桌身亡。秦仁伯家破人亡，深受刺激，神志失常，幸有秀贞照料，养病数日，神志复清，嘱秀贞召王燮堂、刘承德前来历述自己为富不仁的往事，并深深忏悔。一天，报载秦春华、田德修煤气中毒身亡，秦仁伯闻言大笑，自谓果报不爽，说话间突然尖声疾呼“匡裕康前来索命”。顿时，秦仁伯惊慌失措，自知大限已到，遗嘱刘家麟、秀贞结为夫妇，遗产悉归二人所有，说罢痛苦而死。

这是一个作恶的富翁惨遭报应，以及童养媳和赘婿同病相怜终有好结局的故事。故事是老套的，但也反映如上海这样的发达地区在社会转变中的新旧冲突和伦理困境。《最后之良心》很适合中国老百姓的口味，反响亦不错。但是，也有批评者认为电影中有童养媳抱着亡夫牌位拜堂成亲的镜头，是以中国社会的阴暗面示人，会被外国人耻笑。不过，徐传贤肯定电影里这样的情节，是指向揭露陋习并非赞成陋习，并“藉以唤醒群众觉悟”。

著名作家、“鸳鸯蝴蝶派”代表人物周瘦鹃在当时提出把影戏作为“开启民智”的“锁钥”，并盛赞郑正秋、张石川等人摄制的一系列家庭伦理影片。1926年，周瘦鹃在《说伦理影片》一文中说：“伦理影片之动人实超过于描写男女情爱的作品，就是在下做小说，所做的哀情小说，要占十之七八，虽也有哀感动人的，而终不及伦理小说之出之于正，动人的力量更大。”①

周瘦鹃先生可谓是徐传贤的同调，而徐传贤只是一位年轻的邮务员，并非文艺评论的专业人士，难得有如此的见识。

---

① 陈建华：《紫罗兰的魅影：周瘦鹃与上海文学文化（1911—1949）》（电子版），上海文艺出版社，2019年，第755页。

北四川路上的青春、梦想与劫难

1930年前后，徐传贤将数载的青春年华和人生梦想留在了北四川路上。

这是一条南北走向贯穿整个虹口的主干道，全长3.7公里。清光绪三年（1877），租界当局自里摆渡桥（今四川路桥）北堍筑路至天潼路，民间称里摆渡桥北。光绪三十年（1904），租界当局非法越过老靶子路（今武进路）进入华界，向北延伸筑路至宝山金家库一带（今鲁迅公园），成为南北贯通的交通主干道。此路因与苏州河南岸的四川路相连，遂名为北四川路。1946年，更名为四川北路。

北四川路南枕苏州河，紧靠黄浦江，水运条件十分优越，既是通往世界的水上门户，又是沿海、长江、内河航运的枢纽。西邻当时上海的陆上大门北火车站，颇具地理优势。光绪二十四年（1898），淞沪铁路（今轻轨虹口段）通车后，北四川路水陆交通便捷、商贩云集，商业中心开始由百老汇路（今大名路）、吴淞路向北四川路转移，并辐射周围。不久，商店鳞次栉比、客流量日增。光绪三十四年（1908），有轨电车由静安寺经外滩折向行驶于北四川路直至虹口公园（今鲁迅公园），商业、娱乐业相继发展。同年，西班牙商人雷玛斯在北四川路南段海宁路乍浦路口创办虹口活动（大）影戏院，成为中国第一家对外营业的电影院。

北四川路自修建好以后，就成为和南京路、霞飞路（今淮海中路）齐名的繁华商业街。《上海风土杂记》对其描述道："北四川路跳舞场，中下等影戏院、粤菜馆、粤茶楼、粤妓院、日本菜馆、浴室、妓院、欧人妓院、美容院、按摩院甚多，星罗棋布，全上海除南京路、衡山路、荣乐东路、福州路以外，以北四川路为最繁盛，日夕车辆、行人拥挤。"[①]

北四川路不独商业繁华，其较之于南京、霞飞二路，最大的优势是这条街还是一条文化街，影院、书店、出版社众多，是"海派文化"的汇聚地，曾在相当一段时间内成为中国流行文化和新思想的策源地。1921年，应修人联合钱庄青年以共进会名义在北四川路克明路天寿里（今永明路内）开设上海通信图书馆，用通信方式借书，不受路途、经济、职务、时间等限制，旨在"使无产者有书看"。上海通信图书馆是为上海完全开放的公共图书馆之先声。1925年，上海商务印书馆虹口分店建在北四川路昆山花园路口（今新华书店），而在北四川路851号由伍联德、周瘦鹃等人主编的良友图书印刷公司创办，中国第一本大型综合性画报《良友画报》在此创刊。众多左翼文人在此聚集，声气相通。鲁迅与许广平定居上海后，先后寓居北四川路西边的景云里和东边山阴路上的大陆新村，并经常光顾北四川路、山阴路和甜爱路交会的东北角的内山书店。

徐传贤上班的上海邮政大楼正处在北四川路的起点，他入职后有近十个年头租住在北四川路上，其中一处在这条路的中间点福德里。这片住宅区位于北四川路和东宝兴路交叉的东北角，其北面是俞泾浦河，北四川路上的重要地标横浜桥即在此。徐传贤从福德里向南走大约1.4公里，就到

① 上海信托股份有限公司编：《上海风土杂记》，东方文化书局，1932年，第10页。

了北四川路的起点邮政大楼，而往北走大约1.3公里便能到虹口公园白相相（游玩）。

2021年3月下旬的一天傍晚，细雨霏霏，四川北路公园里的花儿开得正好。我从上海邮政大厦（今上海邮政博物馆）出发，沿着四川北路走到横浜桥南，试图体验一下九十年前徐传贤先生上下班途中的心情。或许是由于新冠疫情之故，我眼中的四川北路显得萧条冷清，两边的铺面不少关起了卷闸门贴着“招租”的启事。徐传贤先生当年行经此处，该是一番何等繁华的景象呀——我想象不出。他经过书店时，会不会走进去挑选一两本刚出版的新书？在《良友杂志》的展示橱窗前，会不会伫立片刻细细端详？或者，顺便在街边的西饼店里买份糕点带回住处？ 20多岁的徐传贤西装革履，梳着油光可鉴的七分头，外表文雅沉稳，怀揣着狂野的人生之梦……就这样，上海流光溢彩的时代和徐传贤的青春年华在北四川路上重叠。作家金宇澄在小说《繁花》中开篇写道：“独上阁楼，最好是夜里。《阿飞正传》结尾，梁朝伟骑马觅马，英雄暗老，电灯下面数钞票，数清一沓，放进西装内袋，再数一沓，拿出一副扑克牌，捻开细看，再摸出一副。接下来梳头，三七分头，对镜子梳齐，全身笔挺，骨子里疏慢，最后，关灯。否极泰来，这半分钟，是上海味道。”那辰光（时候）的徐传贤是不是这种气派哟？

站在横浜桥上，我往南打望，看到福德里旧址上矗立着两座高楼——一为福德大厦，一为精武大厦。高德地图上还注明福德大厦是巴黎春天店所在地，但现在已经撤离了，隔着玻璃可以看到大厦的一层空空荡荡，而外墙米黄色的墙体上还留着镶嵌的大字被铲掉的痕迹，我猜想原来是“巴黎春天”的店名。我从东宝兴路绕到精武大厦背后，看到了一幢两层的小洋楼，清水红砖外墙，拱形大门，罗马立柱，门口两只威武凶猛的石狮子，墙上铭牌标明此乃精武体育会旧址。与传达室的爷叔闲聊了几句，爷叔很自豪地说这是大侠霍元甲的道场。看他的年龄，在国门重开、香港电视剧《霍元甲》的主题歌响彻大街小巷时，他大概是位20多岁的年轻人，和徐传贤当年租住于此的岁数差不多。我觉得没有必要纠正这位爷叔的错误，而是颔首称是。今天，多数国人会把精武会馆和霍元甲视为一体，但精武会馆在此设立时霍大侠已死去多年。

1909年，西洋大力士奥皮音在当时的北四川路52号上海阿波罗影戏院卖艺。他在表演时口出狂言，侮辱中国人是“东亚病夫”，激起广大爱国人士极大义愤。由陈其美策划、农劲荪等邀请，霍元甲前来上海，意欲同奥皮音擂台比武一决高低。奥皮音慑于霍大侠威名，未敢应招而遁走，而霍元甲一下子名震沪上，就此留下来收徒授业。陈其美等因势利导决定创办精武体操会，由农劲荪任会长，霍元甲主持武术技击训练并习军事。1910年6月14日起，《时报》连续十三天刊登中国精武体操会招生广告：“年龄十二岁以上三十五岁以下合格。会费鹰洋二元。”落款为霍元甲谨启。精武体操会于1910年7月7日成立，最初的会址设在华界之闸北铁路旱桥以西的王家宅。第一批学员中有辛亥革命后任沪军

▲福德里的精武会旧址

都督的陈其美，以及陈公哲、卢炜昌、姚蟾伯。但很不幸的是，霍元甲不久后就因病去世了，坊间传说乃误服了日本人上门兜售的仁丹药后咯血病加剧，急送新闸路中国红十字会医院医治两周无效而身亡。

1911年3月3日，精武会迁入万国商团中国义勇队旧址（今民德路南端至浙江北路处），此即第二会所。当时，第二会所地处尚属偏僻的闸北。1915年7月，一场台风将第二会所门前供学员练武用的草棚卷走。随后，陈公哲捐献出杨树浦培开尔路（今惠民路）73号的2亩宅地，建造新会舍。1916年4月6日，精武会迁入新会址，并改名“上海精武体育会”。1924年，精武会总部又从培开尔路迁到了福德里。

> 1920年起，培开尔路会所升格为总会，本市另设三个分会。随着精武会影响逐渐扩大，外地和海外纷纷建立精武分会并恳请上海总会委派教员前往指导。邻近上海的绍兴最先挂出牌子，接着是汉口、广州等城市，并香港、澳门地区，越南、新加坡、马来西亚、印尼、泰国、美国、加拿大等国家。精武会历史上人丁最兴旺时，国内外分会竟达42个，会员人数超过40万人。
>
> 由于精武会机构日渐庞大，会员众多、活动频繁。凡开大会，培开尔路73号会所已容纳不下，必须外出租借舞台才行。因此，陈公哲等在北四川路横浜桥福德里30号（今东宝兴路1702号精武大厦）觅得空地一块，用来建造精武中央大会堂。1922年动工，1923年竣工，1924年培开尔路会所撤销，总会搬入中央大会堂办公。中央大会堂前面是办公室和藏书室。中间系训练运动场。后部为800座位的舞台。中央大会堂是精武会的标志性建筑，为海内外精武会会员提供了宽敞

的室内运动以及会务交流场所。[①]

精武会总部迁到福德里后数年，徐传贤来此赁房居住。至于徐传贤选择此地除去邮政大厦上班方便的原因外，是否还有仰慕精武会之侠义，觉得与之为邻更为安全的缘故呢？今天无法知晓答案了。

也许，徐传贤并没有我想象的那么轻松潇洒。

1927年，徐传贤虚岁20岁，上班三载，已然立业，自当成家。早在徐传贤就读中法工学院时，他就已和街坊盛希珍订婚。当然，这样一位英俊潇洒、能干沉稳的青年，在上海滩又有一份让人称羡的职业，如果没有定亲，不知有多少职场前辈或者上司想其成为乘龙快婿或者作伐（做媒）介绍自己朋友的女儿给他。徐、盛两家是邻居、世交，在熟人社会里悔婚的代价很大——徐传贤未必没有过这样的念头，但他的生活轨迹仍然由父亲徐熙春把控。于是，双方父母商议后，这一年徐传贤、盛希珍成婚了。新婚后，盛希珍留在青浦老家，徐传贤回到北四川路的邮局上班。人一旦成家，便有家室之累，生儿育女接踵而至。

1927年这一年对上海乃至整个中国而言，是一个重大的历史节点。始于1926年7月广州誓师的国民革命军北伐，战争已经稳操胜券。何应钦率领的东路军肃清福建，兵锋进入浙江，使得盘踞东南五省的孙传芳部接连被击溃。孙传芳自知不敌风头正盛的北伐军，乞师于奉军首领张作霖。张宗昌奉张作霖之命，派直鲁联军南下驻守上海。富饶的上海自然是北军和南军争夺的焦点，在上海工人举行的第三次武装起义策应下，

---

① 徐鸣：《乃文乃武是“精武”》，《新民晚报》2011年12月11日。

张宗昌的直鲁联军和白俄雇佣军被击败。1927年3月21日，北伐军攻占上海，最先进入上海的是薛岳所率的第一军第一师一部，上海再次易手。早年在上海从事过证券交易、与帮会势力关系亲密的蒋介石深知上海滩是龙潭虎穴，各种势力错综复杂，尤其是英、美、日、法等国在沪有重大利益不可得罪，所以进入上海的北伐军只占领华界，租界依然维持现状。蒋介石以“清党”为名发动“四一二政变”，公然捕杀共产党员和“左派”人士，这实质上是向列强递交了一份“投名状”，让租界当局和上海的资本家吃个定心丸。

对这样巨大的时局变化，徐传贤身处信息交汇中心的邮局，不可能不了解，不关注。但为了自身安全，徐传贤在1956年写给组织的《自传》中，巧妙地叙述了这一时间段的心路历程：“我以从未有过的兴奋，欢呼北伐军进入上海的胜利。我完全不知道蒋介石已在篡夺大革命的胜利果实，使中国人民又经历着相当长的黑暗时期。”①

与徐传贤的超然旁观不同，北伐军和直系军阀在上海及周边的战争让徐熙春又分外忙碌起来。北伐军由浙江北上、南京东进围攻上海，青浦又处在了两军交战的要冲之地。对此，陆铁隽先生在其论文中详述了徐熙春所领导的青浦红十字会的作为：

> 青浦红十字会的会务，原本在1926年由于经费短缺的缘故，一切会务宣告结束，在江浙战争中组织的救护队与掩埋队也在1925年战争救济工作完全结束之后宣告解散。1926年7月9日，国民革命军在广州誓师，宣告北伐战争开始。至1927年2月前后，江浙地区成

① 钱益民编：《传邮万里　贤达人生》，2020年，第26页。

> 为北伐军与直系孙传芳部联军交锋的战场。已于1925年接任青浦红十字会会长的徐熙春，和红会其他工作人员已预感到地处江浙交通要冲的青浦有再次沦为战场的可能性，因此会长徐熙春在1927年2月19日召集红会主要干部筹划复开红十字会。然而，摆在红十字会面前的第一个难题，仍旧是经费的严重短缺。因而，当日会议的第一个议程便是向参会的干部筹款，共计筹得二百余银元，同时会长派遣代表向青浦县的地方治安会请求拨款五百银元，作为收容所的筹备费用。当日的会议，还决定青浦红十字会将重新开设妇孺收容所及救护队。
>
> 2月22日，青浦红十字会再次召开职员会议。根据《中国红十字会青浦分会妇孺收容所章程》，先行确定了县第一学校、县女校等七处学校作为收容所设置场所。当日的职员会议，还依照《中国红十字会青浦分会救护队要则》重新组织了救护队。1924年成立的救护队员，至1927年仅剩下3人继续参加，因而青浦分会又额外招募了另外11人，与老队员共同组建救护队，每队共7人。江浙战争时的救护队长孙子扬此次继续担任第一救护队的队长，第二队队长由孙志俊担任。26日，青浦红十字会向本地士绅求助，借得县城内南门沈宅、县前街邱宅及县桥南首孙宅作为三处新的收容所场地。[①]

至1927年3月底救护工作结束时，青浦红十字会一共成立了18个妇孺收容所，工作效率和实绩比两年前的江浙之战提高了许多：

① 陆轶隽：《从江苏省青浦县分会看中国地方红十字会之运作（1924—1951）》，2020年，第45—46页。

1927年2月23日凌晨3时，军阀联军部队2000余人分驻青浦县城内的公共场所，由于他们需要物资供应，对于地方维持会有强制摊派行为，因而使得县城内的居民人心惶惶。当时，青浦县城与上海之间的交通线已经中断，使惊慌失措的居民再次涌入红十字会请求帮助。青浦红十字会决议采用水路的方式，将难民中较为胆怯的妇孺用船载往县内朱家角及东北乡村安顿，其余难民则就近安置于先行开办的收容所之中。联军驻军撤离县城后，红十字会准备将收容所的难民送回各自家庭，但正计划将在朱家角等地安置的难民接送返回县城时，在3月5日得知了军阀部队将进入朱家角驻防。为预防万一，从7日上午开始，青浦红十字会每天安排三艘民船，将滞留朱家角镇的难民载回青浦县城内的各收容所继续安置。此外，两支救护队则前往县境西部的金家庄、商塔，以及南部近松江县的沈巷、安庄等村，营救无法出逃的妇女儿童，从3月7日至12日，共计营救1600余名妇孺。12日，又将在朱家角营救的难民（多为被强制拉入军队的拉夫，以及来自苏北、福建等地的外地难民），由孙志俊等四位职员分四艘船只载往上海红十字总会请求收留，红十字会方面当即允诺。事后，红十字会方面将原籍外地的难民遣送原籍，而原籍上海的难民则送回家中。3月21日至22日，有2000多名残兵行经青浦县城外，城中居民担心江浙战争中齐军进城的一幕重演，再次大规模地来到青浦红十字会避难。在此情势下，红十字会一方面派出人员协同地方的警察进行维护治安的工作，另一方面则将已经关闭的城内收容所再度开放收容妇孺。至3月底，伴随着战事的结束，青浦红十字会在北伐战争的救护、救助告一段落。[①]

蒋介石的军队占领上海后，接着又挥师北上。因和日本军的冲突爆发了“济南事变”，但蒋氏对日本军队的残暴采取忍让的态度。随着北洋军阀的陆续溃败，冯玉祥和阎锡山加入北伐军的阵营，以及“皇姑屯事变”后掌握奉系大权的张学良于东北易帜，首都亦迁到了南京，国民政府对暂厝于北京西山碧云寺的孙中山先生之灵柩亦举办“奉安大典”，于南京郊外的钟山筑陵安葬。蒋氏名义上统一了中国，成为中国最有权势的领导者。至此，南京政府开始了长达十年的和平时期，作为民国经济中心的上海，亦在这十年发展迅猛，并在全国的经济、金融、文化地位更加突出。

这十年，对徐家来说，算得上是大致太平的一段美好时光。1929年，徐传贤的长子徐家善（小名元鑫）出生；1932年，次子徐家良出生。盛氏夫人本分厚道，但操持家务的能力欠缺，两个儿子先后出生后全靠婆婆董氏老夫人照看、抚育。在旧时的大家庭，不能干的长媳所承受的压力是较大的，可这儿媳妇是徐熙春夫妇相中的，也不好埋怨。倒是徐传贤，奉父母之命所娶的妻子，既没有感情基础，又做事欠能干，他心中很是不痛快。但徐传贤是一个有责任心的男人，既然把人家娶进门了，且生了儿子，自当承担养家的义务。

在职场，徐传贤表现突出，职位逐年升迁。据其自述：

---

① 陆轶隽：《从江苏省青浦县分会看中国地方红十字会之运作（1924—1951）》，2020年，第47页。

1928年4月我调大宗邮件处，这个处专管印刷物及报刊。当时处长是陶拱辰（现当浙江邮电管理局副局长）。处长下有三个监理员：洪荪祥（现在台湾当伪邮政总局总务处处长）、邹奕仁（解放前调云南，闻已死）、李仲轩（后调广西玉林为局长，因亏空公款被革）。我初调该处当封发员，我的助手有张琴芳（现改名为张锦祥，1956年上海邮局先进生产者）、姚秋生（现闻亦在上海某支局）等。不久调该处挂号印刷组当组长，那时候这个组内劳动组织很坏，每日加班费支出很大，上级命令改进。我调去后同组内原有人员商量改进办法，进行了上下班时间的调整，减少停歇时间，大大节省了加班费的支出。组内人员中有康济湘、朱增荣、刘铭耀、周邦彦等，现都在上海邮局。我们相处很好，不久我调任该处监理员。

1930年4月我被派往洋文文牍处做翻译、抄写、打字工作。处长吴征兰（解放前告退），同事有马则龙（解放前调苏州邮电）、凌洪钧（后当过军邮，在庐山受过训练，现在劳改）。这个处还受到上海邮局秘书、日本人冈田的领导。冈田后因帮助日本人走私邮件被革退，由卢太育接充秘书职（卢在解放前调台湾为伪台湾邮政管理局帮办），张志麟接充吴征兰。（张是供应局叶祥颐之妻舅。）我们同室办公的还有邮件管理股几位同事：郑哲（抗战时离局进金城银行，该银行大股东吴某是他的表兄，解放后曾来北京受训，后调山东人民银行某分行，在北京时曾来找我，据告他的儿子由吴某资送去美国学习未回，其妻悬念，神经有些失常）、陆象贤（现在上海某支局）、蒋炳勋（现在邮电工会全委员[①]工作）等。[②]

看似平淡的流水账，蕴含的信息量巨大。这是1950年代干部审查（简称“审干”）中的标准文本。当时，干部撰写“自传”递交给组织保存和备查，所交代的信息必须是简明而关键的。徐传贤《自传》中的文字即把他当时所从事的具体工作、来往的社会关系进行毫无隐瞒的报告，当年的同事若知道下落的也必须尽量写清楚。后来，“外调”即以此类“审干”材料为依据，按图索骥。

从徐传贤这两段文字可以大致做个结论：一是徐传贤进邮局后，业务能力提升很快，受到了重用。他20岁时被调去整顿一个落后的小组，改善了工作方式和流程，效果明显。

二是当时上海邮政局确实为全国邮政系统的典范，其人才之盛首屈一指。徐传贤的两个助手张锦祥、姚秋生（也可以是徒弟），后来都颇有出息。张锦祥后调入长宁路邮局，工作积极，先后在1955年被评为“上海市劳动模范”，1956年被评为“全国邮电先进生产者”赴京参加表彰大会并受到党和国家领导人的接见，1956年、1957年被评为“上海市先进生产者”。[③]姚秋生在抗战胜利后任“伟社”理事长。据《上海邮电志》记载：“上海邮局高级职员傅德卫，于民国20年（1931）经陆京士引荐，成为杜月笙的门徒，

① 全委员，疑为“全委会”之讹。

② 钱益民编:《传邮万里　贤达人生》，2020年，第26—27页。

③《上海邮电志》编纂委员会编:《上海邮电志·第十篇人物·劳模先进人物名录》，上海社会科学院出版社，1999年，转引自上海市地方志办公室官网（http://www.shtong.gov.cn/Newsite/node2/node2245/node67155/node67181/node67386/node67393/userobject1ai63609.html），2003年11月20日。

参加恒社。民国24年（1935），傅在邮局广收门徒，于民国26年（1937）春成立伟社，自任社长，社员多是邮局中下层职工。抗日战争开始后不久，傅去内地，社务逐渐松散，于民国31年（1942）无形停顿。民国37年（1948）5月30日，在上海复社，社址设在武进路永吉里25号，社员扩充至200余人，并借凯福饭店举行复社仪式。社员按各部门、各支局编成16个小组，选出理事15人，姚秋生为理事长。该年年底，傅调台湾邮局，伟社无形解散。”①

三是作为国际大都市的上海，邮局长期“客卿用事”，局内中国籍员工和外国籍员工之间潜流奔涌，时有冲突。在上海的“客卿”中，日本后来居上势力甚大，其中分管洋文文牍处的局秘书（相当于现在的秘书长）冈田是日本人，他利用职权替日本人走私邮件，避开中国籍、法籍、英籍职员的监控，很可能从事的是间谍活动。当时，国民党已经执政，对邮政的自主权强于北洋政府，故这个日本籍高级职员被开革，这也可视为“一·二八事变”前中日交锋的一个小小注脚。

四是邮局工作是香饽饽，旱涝保收，里面裙带关系尤甚，凡居高位者大多要找门路、攀靠山。供应局叶祥颐后调任湖南省邮政局副邮务长，他和大舅哥张志麟皆身处邮局要害位置。郑哲因表兄吴某是“北四行”（盐业银行、金城银行、中南银行、大陆银行）之一金城银行的股东，他就能跳到银行去任职。对于郑哲的这位表兄吴某，我怀疑是吴鼎昌，吴鼎昌是盐业银行的总经理，也是“北四行”储蓄会的发起人，长期兼任金城银行的董事。

---

①《上海邮电志》编纂委员会编：《上海邮电志·第九篇党派团体·其他党派社团》，上海社会科学院出版社，1999年，转引自上海市地方志办公室官网（http://www.shtong.gov.cn/Newsite/node2/node2245/node67155/node67179/node67372/node67382/userobject1ai64308.html），2003年11月24日。

徐传贤走在北四川路的时光也不尽是充实而惬意，他曾在此经历了生死大劫。其于《自传》中写道：

> 在该处[①]工作期间，日本帝国主义先发动了“九一八事变”，侵占我东北，引起全国人民的愤慨，次年（又发动了）“一·二八事变”，十九路军孤军抗日，受到了上海和全国人民的支持。我积极参加了支援他们的行动。我们募捐了很多钱去慰劳他们。但是，蒋介石卖国贼不但不派军队支援，还暗中指使下属向敌人出卖情报，终于忍辱求和。事变发生之日，我住在闸北北四川路福德里3号，于次日晨空身逃出火线。为了安全起见，毁去了国民党党证。（以后即未补领，后来在重庆［抗战时期］、南京［日本投降后］两次征求国民党党员重新登记，我都未去。）[②]

据徐传贤《自传》称，“就在上海邮局发展国民党组织时，我由朱学范的介绍为国民党预备党员，曾数次往海宁路附近六区党部的一所房屋内听讲党义。但这种听讲因‘清党’而中断，一年后又收到国民党的党证。不久后上海成立了两个工会：邮务工会和邮务职员工会。我是邮务员属于高级人员之例，照规定加入了邮务职工会，在这些组织中都未担任过工作”[③]。

---

① 即上海邮局洋文文牍处。

② 此处地方应属于虹口。当时，虹口与闸北大致上以淞沪铁路为界，但租界北面“越界筑路”地区有时也都说成是闸北。

③ 关于朱学范加入国民党之事，见《朱学范传》：“朱学范同沈天生在第五届邮务工会里相处得很好，朱学范很钦佩他为群众办事的满腔热情，很同情他的困难处境。朱学范感到群众需要组织工会来保护自己的利益，但是要在工会里长久地干下去，看来不参加国民党还不行，于是产生了加入国民党的念头。于是，在1928年朱学范加入了中国国民党，介绍人是他在敬业小学的同学、国民党上海县党部书记姚肇里。”陆象贤、刘宋斌：《朱学范传》，团结出版社，2005年，第27—29页。

国民党掌管了上海后，如徐传贤这样的青年俊杰自然是其延揽对象。然而，国民党组织体系并不严密，对党员的管理、培训往往流于形式，脱离于组织的党员比比皆是。这也是国民党其社会动员能力低下的重要原因。

徐传贤对“一·二八事变”的评述，用的是写《自传》时的官方话语，今天应予以理解。至于徐传贤所居住的北四川路为何成了战火波及的凶险之地，这要从日本人对上海特别是虹口地区的觊觎和侵夺说起。

在上海，日本并没有为中国政府所承认的“日租界”，只有和英、美、法三国订约租借土地，形成了英租界、美租界、法租界，后英、美两租界合并为公共租界。法租界、公共租界分别有公董局和工部局管理，俨然形成了“国中之国”。日本经过“明治维新”后，国势逐渐强盛，特别是甲午中日战争、日俄战争和第一次世界大战皆为战胜国，一跃成为亚洲第一强国，然后便在自己家门口的东亚地区开始和英、美、法、德等欧美强国争雄，而上海更是日本人重点渗透的城市。由于上海和日本本土之间距离不远，海运便捷，也由于人种和生活习惯、气候的相近，从清末到民国初年，大量日本人侨居在上海生活，他们的人数远远超过欧美各国侨民，并主要集中在虹口地区。

19世纪末，虹口的百老汇路（今大名路）、武昌路、昆山路、闵行路一带成为日侨密集区。至19世纪80年代，日本人趁粤商徐润因经营不善出让地产之机把吴淞路地段买下，建立了许多日本商铺（当时虹口一带的外省居民以广东人为多），并形成一片以吴淞路和北四川路为主干、两路的马路为分支的“日本化”街区——虹口的繁华地段曾有“小东京”之称。

第一次世界大战爆发后，上海日侨社会快速发展，以纺织业为主的日资进入上海，日本商社和日资银行支店竞相开设，而上海也迅速成为中日贸易的据点。在沪日侨数量大为增加。据统计资料显示：到1915年，在沪日侨数量增至11 457人，首次超过英国侨民，位列上海外侨人数之首。1919年，在沪日侨又达17 720人。日本曾在公共租界新大桥南川岸3号开设一家名为开店社的驻沪机构，作为日侨联络机关，后改称上海日本领事馆，并迁至虹口区闵行路3号，于清末升为总领事馆。以总领事馆为中心，在虹口地区涌现了大量日本人俱乐部、学校、商店、医院、娱乐和宗教场所等，而北四川路则被称为“日本人街”。

随着日本国势的增强和旅沪侨民的增长，工部局对日本在沪利益进行了倾斜，其中9名工部局董事中日籍占2名，日本人在租界拥有了较大的话事权。1916年，上海公共租界工部局巡捕房设立日捕股。11月20日，30名日本巡捕到位，接管虹口地区的公共治安。1925年“五卅惨案”爆发，日本借口保护侨民，于6月9日派遣海军陆战队抵沪，入驻虹口地区。1927年，国民革命军北伐占领上海，日军于北四川路布防，使得虹口地区成了无其名而有其实的“日租界”。

“一·二八事变”之发动，日本政府和军方蓄谋已久。日本选在中国经济核心城市上海进行挑衅，进而发动战争，乃是“九一八事变”的延续。“日本之所以要在我国沿海长江口附近的淞沪地区发动这场战争，直接的目的是为了转移中国和世界各国的视线，配合其在我国东北的军事进攻，并掩护伪满洲国傀儡政权的出笼；同时，也是企图通过这场战争，扩张其在上海的势力范围和权益，试图挑战由华盛顿体系确立的东亚政治军事格局。”①

① 余子道：《一·二八淞沪抗战》，上海人民出版社，2016年，第2页。

日本史学家信夫清三郎亦在其编著的《日本外交史》中指出："上海事变（注：指"一·二八事变"）是为了把各国注意力从满洲转移到上海，以完成对满洲的侵略而发动的一种策略。由于事变的爆发，世界的关心转向各国权益交错的上海，关东军趁此时机一步步地推进了满洲'建国'的计划。"①

日本选择的时机和地点都是精心策划的。当时，临近中国旧历年年关，蒋介石的主力部队在江西和红军作战，以南粤子弟为主的十九路军换防到京、沪地区不久，装备远远落后于日军。日军自恃有完胜中国军队的战力，于是策动在沪日籍人士制造各种骚乱和冲突，以"保护日侨"为借口向南京国民政府施压，其野心是让中国军队完全撤出上海，进而由日军控制与虹口地区街巷相通的闸北。闸北是民国初年上海华界发展最快的地区，大量移民从各省涌入闸北，各类华人开设的工厂、商店和文化机构在闸北地区星罗棋布。这一地区与宝山、吴淞地区相连，扼守国民党统治的腹心地带南京、苏州之东大门，事关京畿安全，国民政府当然不会轻易放弃。

蒋光鼐、蔡廷锴、戴戟三位将军在其共同撰写的回忆录中谈及这场战争爆发的前因：

> 一九三二年一月中旬，日本帝国主义部署了以上海为中心的压制抗日运动和军事侵略的阴谋，派遣军舰三十余艘和陆战队数千人登陆，通过驻华军唆使所谓"居留民"集会游行，捣毁了虹口北四川路的一些中国商店，闸北区还发生日僧五名和三友实业社工人殴打冲突

① [日]信夫清三郎编：《日本外交史》（下册），天津社会科学院日本问题研究所译，商务印书馆，1980年，第571页。

事件。就在此时，日本领事村井向上海市政府提出了封闭上海市各界抗日救国会和封闭上海《民国日报》等无理要求。当国民政府还没有做出答复以前，日方又在一月二十六日发出了“哀的美敦书”[①]限令在四十八小时内（即一月二十八日下午六时前）对村井的要求做出“圆满”答复，不然就要自由行动。上海市长吴铁城秉承蒋介石的屈膝投降政策，接受了这个最后通牒，在限期前封闭了抗日救国会，以打击爱国力量的手法来谋求对日军的妥协。不意在村井表示满意之后，日舰队司令盐泽一郎又在当晚发出了另一个以护侨为名的通牒，限令我等十九路军立刻退出闸北让给日军进驻。盐泽没有等待中国政府答复，就下令开始军事行动。午夜十一时余，日海军陆战队向闸北我军进行突袭，我军奋起自卫。向日军还击。淞沪抗战在日军的不宣而战下爆发了。[②]

日本政府要求关闭《民国日报》，乃是因为一则报道。

1916年1月22日，《民国日报》在上海创刊，以反对袁世凯为主旨。该报是中华革命党在国内的主要言论阵地。创始人有中华革命党总务部长陈其美，浙江省部议长沈定一（沈玄庐）、叶楚伧等，主编为叶楚伧、邵力子，主要撰稿人有戴季陶、沈定一等。1924年2月，中国国民党第一次全国代表大会后该报成为国民党中央机关报。

1932年1月8日，日本天皇去东京郊区代代木视察军事演习。返回皇

① 即“最后通牒”。

② 全国政协文史和学习委员会编：《从九一八到七七事变亲历记》，中国文史出版社，2015年，第98页。

宫途中，在樱田门外遭到朝鲜爱国义士李泰昌的手榴弹袭击，但因距离较远，目标并未被击中，手榴弹只在宫内大臣一木喜德的马车下爆炸。天皇吓出一身冷汗，仓皇逃回皇宫。消息传到中国后，第二天《民国日报》便在显要位置报道该事件：大标题是“韩人刺日皇未中”，十分醒目；另加副标题“不幸仅炸副车，凶手即被捕”。[①]对朝鲜志士未能成功的惋惜态度，溢于言表。日本领事馆看到后向中国上海市政府交涉，要求《民国日报》道歉。迫于压力，报社刊登一则“更正”，并派人向日领事馆送去道歉信。然日本领事馆不满足于此，威胁工部局（报社设在公共租界），如果不处置《民国日报》，日本海军陆战队将封闭工部局。于是，工部局出动巡捕“劝令”《民国日报》“自动停刊”，遣散员工，封闭报社大门。《民国日报》这个堂堂国民党中央的机关报，就这样在内外压力下停刊了。

日本政府和军部处处找碴儿，就如寓言中那头诬蔑羊在下游喝水也污染水源的恶狼一样，不管民国政府如何让步，这场战争都是不可避免的。日本政府和军部以为只要“亮肌肉”，派陆战队向中国军队的驻地进发，中国军队会如同“九一八事变”的东北军那样撤退，但没有想到他们遇到了官兵上下一心、同仇敌忾且对日军毫无畏惧的十九路军。

1932年1月28日，星期四，离农历辛未年除夕还有八天，中、日军队双方摩拳擦掌，战争阴云密布。但作为欧美列强利益集中地的上海，还是“马照跑，舞照跳，一片歌舞升平”，而且中国政府对日方的“最后通牒”给予了其总领事村井亦表示“满意”的答复。大多数市民包括机敏的徐传贤在内，以为此前只是两国政府外交上交涉而已，日本人会顾及英、美、

① 《百年潮》2017年第6期。

法等国的态度，只是打打嘴炮以吓唬吓唬中国政府迫使其做出更大的让步而已，没有料到战争在猝不及防时爆发；否则，徐传贤在下班后不会照常回到北四川路福德里的寓所，而是会去父亲徐熙春在法租界永安街的房子暂住，以避战火。不要说按部就班的徐传贤未能充分预测到爆发战争的风险，连一些手眼通天的人物也判断失误了。著名作家、记者曹聚仁当时是设在上海西郊真如镇（此地后为战场）暨南大学的教授，他回忆道：

> 本来，抗日战争的谣传，从“九一八”以后，就时起时伏，到了第二年一月中旬，更是飞飞扬扬；但在一月二十七日下午，上海市政府已完全接受了日方所提出的几个条件，国民党机关报《民国日报》也已封闭了，显然不作抵抗的打算了。那时，洪逵兄兼任吴市长（注：指吴铁城）的秘书，他的家正住在新木桥头的东边，该属于消息灵通方面，连他们都不搬家，我们更不必惊惶了。那位住在梁家花园的徐名鸿兄，他是十九路军的秘书长，他听到了全面屈服的消息，气得上床睡觉去了。我呢，虽说从在沪西同文书院方面读书的幼弟带来了警讯，仍是相信名鸿兄的话，什么都不做准备。①

丁未年是徐传贤的本命年，时年他24岁，按照中国民间的说法，本命年“犯太岁——太岁当头坐，无喜必有祸”，而他的经历似乎真的验证了这个说法。

其实，在1月28日上午，战争的迹象已经非常明显了，北四川路上横浜桥北的日本小学，进驻了日本二百多名陆战队员，下午校园内的陆战队

① 曹聚仁：《我与我的世界》，上海三联出版社，2014年，第517—518页。

员增加到三四百人。这所学校成为日军发动“一·二八事变”前主要的屯兵点，另一处是北四川路和江湾路交叉口的日本海军特别陆战队司令部。

徐传贤所居住的福德里南面为宝兴路，北距日本小学只有100多米，中间相隔着横浜桥和海伦路（原名欧嘉路），可见此地的凶险。

驻守闸北的是十九路军第七十八师第一五六旅，旅长翁照垣，一位潮汕籍的铁血汉子；处在与日军对垒最前线的是该旅六团，团长张君嵩。本来，国民政府军参谋部已经下令宪兵一团赶赴闸北，在1月29日清晨与驻守的一五六旅六团换防。但是，翁照垣将军并没有因为马上要换防即放松警惕。据翁照垣回忆：

> 当时十一时，我接到戴司令的电话：据报日军有占据闸北之企图，将于晚上向我军施行攻击，嘱我转饬部属，严密戒备。我这时虽没有看见日军司令“派兵护侨”的文告，但早已判断日军当晚必有所动作！接戴司令电话后，我即令参谋主任下达通知：
>
> 据报今晚敌有占领我闸北之企图。
>
> 本旅决定原地固守，如敌来犯，即以全力扑灭之。
>
> 第六团应即进入阵地，严密戒备。其他各团，应在原地准备。
>
> 十一时二十分，张团长用电话报告：已遵令依原装备，饬各营进入阵地；另饬第三营营长吴履逊派兵一连防守宝山路，协同驻北站的宪兵第一团之一连，及铁道炮队，固守北站，为我军左翼据点。并报，日军已在北四川路天通庵车站集合。我当即告诉他说：“好好准备，杀敌的机会快来了！”
>
> 十一时三十分，在寂静而又紧张的气氛中，忽然听到一阵极清亮

的步枪声，接着便听到密如连珠的机关枪声……这时又接到张团长的电话："日军已开始向我们攻击了！他们由虬江路、广东路[①]、宝山路、横浜路、天通庵路、青云路等处，用铁甲车掩护，向我们这边冲过来！……""打吧！不许退走，守住原有阵线……"

这就是战斗的开始！[②]

"一·二八事变"以闸北中国军队还击日军的巷战开始，凡巷战者对城市建筑物和居民生命安全危害极大。日军的司令官盐泽事先夸下海口——"四小时占领闸北"，但他们未能料到中国军队如此勇猛顽强，与铁甲车掩护的日军陆战队对攻，绝不从阵地上退却一步。日军的进攻首要目标是上海北站（今天目山东路上的上海铁道博物馆），北站是淞沪、沪杭、沪宁三条铁路汇聚点，是上海的陆路枢纽，而日军此举意在切断上海的中国军队和百姓与外界的陆路联系。战争围绕着北站之争夺进行，而上海北站位于福德里东南，直线距离不过1公里左右，今日步行也就1.5公里。

战斗在深夜里突然打响，周遭的居民之惊恐可想而知——枪炮无情，哪晓得什么时候炮弹炸到自己头上。福德里的东边，正是两军交战非常激烈的地区。日军前两次进攻被挫败后，"29日上午4时40分，日军出动飞机数架，猛烈轰炸我方防线和民房之际，又以铁甲车为掩护发起第三次进攻。我军有了前两次的作战经验，更加沉着迎战，全线猛击进犯之敌。虬江路、宝兴路一带战况尤烈，战斗中大火无法施救，任其延烧，一时烈火冲天，浓烟笼

① 今为新广路，因黄浦区亦有一条广东路，故改名。

② 全国政协文史和学习委员会编：《从九一八到七七事变亲历记》，中国文史出版社，2015年，第112页。

罩，形同烟幕。当延烧至我军阵地时，火热灼伤战士之肌肤，他们以湿毛巾蒙面，坚守阵地，沉着战斗。我军向敌逆袭，冲过淞沪铁路以东，进入赫斯克而路（今中州路）广东街内和北四川路附近。靶子路（今武进路）一带敌人完全肃清，敌军后退至北四川路，向日本小学方向败逃”[①]。

那一晚，不知道徐传贤是如何熬过的，但幸亏其妻儿尚住在青浦老家。沉静下来后，徐传贤做出的决定在现在看来很是明智——天一亮立刻逃出火线，并毁掉国民党党证。中国军队已经突破日军防线，逆袭至北四川路一线，日军的据点日本小学必然会受到我军枪炮的“重点关照”；战斗在这一带进行，民宅被烧，居民被误伤的可能性很大。为什么要毁掉国民党党证呢？那时候，日军和日侨民组织在他们控制的虹口地区，搜查抗日组织和抗日爱国之中国群众甚严，参与抗日组织的中国人一旦被发现，轻则受酷刑，重则丢命。

1932年11月30日，北京《世界日报》发表鲁迅的文章《今春的两种感想》。在文中，鲁迅回忆起“一·二八事变”期间中国人在日本控制区的遭遇：

> 打起来的时候，我是正在所谓火线里面，亲遇见捉去许多中国青年。捉去了就不见回来，是生是死也没人知道，也没人打听，这种情形是由来已久了，在中国被捉去的青年素来是不知下落的。东北事起，上海有许多抗日团体，有一种团体就有一种徽章。这种徽章，如被日军发现死是很难免的。然而中国青年的记性确是不好，如抗日十人团，一团十人，每人有一个徽章，可是并不一定抗日，不过把它放在

① 余子道、张林龙：《一·二八淞沪抗战》，上海人民出版社，2016年，第67页。

> 袋里。但被捉去后，这就是死的证据。还有学生军们，以前是天天练操，不久就无形中不练了，只有军装的照片存在，并且把操衣放在家中，自己也忘却了。然而一被日军查出时是又必定要送命的。像这一般青年被杀，大家大为不平，以为日人太残酷。其实这完全是因为脾气不同的缘故，日人太认真，而中国人却太不认真。中国的事情往往是招牌一挂就算成功了。日本则不然。他们不像中国这样只是作戏似的。日本人一看见有徽章，有操衣的，便以为他们一定是真在抗日的人，当然要认为是劲敌。这样不认真的同认真的碰在一起，倒霉是必然的。[①]

日本人对普通的中国爱国青年都如此残暴，如果搜查到一个人是当时中国执政的国民党党员，那一定会被当作“抗日”的领头人，多半是凶多吉少的。

2021年3月中旬，我去上海时特意找到一家在原日本小学隔壁的连锁酒店住了三天。此地现今是上海市虹口区教育学院实验中学，抗战胜利后上海戏剧专科学校曾在此办学数年，其东邻为虹口区四川北路第一小学。我所住的酒店和实验中学的三面楼宇正好组成一个四合院，围着一个大操场。我临窗俯瞰，恰好能看到年少的学生课间休息时在操场上做运动。岁月如流，一代人老去，一代人在成长，一晃距离那场突发的战争已快九十年了。如今，我想象不出徐传贤第二天凌晨逃离战区的路线，路上是否遇到过日本人的盘查。或许，他大概是往东走，经由衡水路，再转向吴淞路向南进入到租界，抵达邮政大楼，这就安全了。当时，鲁迅是在内山书店

---

①《鲁迅全集·集外集拾遗》（第7卷），人民文学出版社，2015年，第3668—3669页。

的老板内山完造的帮助下离开火线，进入到租界的。日军飞机在1月29日凌晨对中国军队控制的地区狂轰乱炸，虬江路、宝山路、宝兴路等地火焰四起，房屋一片片被焚毁。上午10点钟左右，商务印书馆中弹起火，所属的总厂、编译所、尚公小学及东方图书馆被炸毁，包括大量宋、元、明、清时代的古籍在内的近40万册图书化作灰烬。与此同时，诸多手无寸铁的平民丧生于炸弹之下。

“一·二八事变”引发的第一次淞沪战争延续了33天，日军三易其帅、四次增兵，中国政府也派遣了张治中率领的第五军驰援战场，战火绵延到北面的吴淞口，西北方的浏河和西部的嘉定、南翔。上海市的各阶层，从文化名流、商贾巨子、行业领袖甚至帮会首领，到普通的工人、学生、市民，都积极声援和捐助中国军队的抗战。鲁迅、茅盾等43位文化界名人发表《上海文化界告世界书》，巴金、胡愈之、陈望道、叶圣陶等129名爱国人士发表《中国著作家为抗议日军进攻上海屠杀民众宣言》，上海市民联合会发表《拥护十九路军作战到底宣言》。工人、学生、市民组织抗日义勇军协助军队修筑道路、运送弹药粮秣、修理设备、维护治安、防稽奸细。

徐传贤逃出生天后，即立刻加入了支援淞沪抗战的行列中。早在“九一八事变”爆发后，上海的邮务职工即成为声援抗日救国的中坚力量。1931年9月26日，上海800多个团体20余万人，在公共体育场举行抗日救国市民大会，主席团成员有王晓籁、虞洽卿、后大椿、王延松、陆京士、陶百川、胡庶华、林康侯、傅德卫、方椒伯。朱学范担任总指挥，邮务工会负责交通。①

---

① 陆象贤、刘宋斌：《朱学范传》，团结出版社，2005年，第36页。

其中，陆京士、朱学范二人是和徐传贤同时考进邮局的旧同事，傅德卫是他在邮局同一个处的上司。上海邮务职工组成了童子军战地服务团和邮工救护队，奔赴战场进行救护。3月3日，邮工救护队在南翔镇遭遇日军，但日军罔顾救护队员胳膊上的红十字袖章，残暴地杀害了潘家吉、陆春华、陈祖德三位邮工。

上海邮局职工于2月1日向中国军队捐赠牛肉22箱，饼干10大箱；2月16日和27日，又两次捐款3303元。1932年2月23日《申报》刊登的捐款名录中有徐传贤捐助大洋10元，这只是慈善公益机构通过社会途径募集的，而在上海邮局内职工的募捐中徐传贤应亦有捐款。1932年9月11日，《申报》刊登为东北义勇军捐款的名单中，有徐传贤以号“徐耕莘”捐助大洋10元。当时，《申报》在捐款名单前作一“编者按”曰：“东北义勇军后援会昨接各经收捐款处通知，捐款日益激增，民众日益兴奋。如斯预测，则我国旧俗——中秋节费，可供东北数十万苦战健儿鼓腹鼓勇，再接再厉，与日寇决一死战，为我大中华民族吐气也。兹特分别志之。”

淞沪战争持续发展，规模不断扩大，引起了在上海有着重大利益的英国、美国、法国等列强的严重关切，其中最为关切者为在沪利益纠葛最深的英国。西方列强不愿意看到日本在上海扩充自己的势力范围，亦担心中国民众的抗日热情高涨影响他们的在华利益，于是从外交层面介入中日之争，并在两国之间进行斡旋。在西方列强的调停下，中日两国的代表坐下来进行谈判，最终签订了《淞沪停战协议》，双方共达成五项协议和三项附件，其要点是：日本方面把作战部队撤至公共租界及虹口“越界筑路”地带，中国方面的作战部队留驻于“现在地方”。也就是说，中日两国军队又回到了战前状态。在协议正文外，会议记录作了三项对中国不利的“谅解”：1.南京国民政府同意取缔全国的抗日运动；2.第十九路军换防，调离上海；3.南京国民政府同意在浦东和苏州河南岸，以及龙华对岸若干地区不驻扎中国军队。

中国军民做出了巨大的牺牲，付出了沉重的代价，对这一结果国内舆论颇多不满之声，对蒋氏政权亦不无批评其丧权辱国之声。但是，从客观来分析，当时日军已占领上海华界以及吴淞、宝山、青浦等部分地区，且在持续增兵中。以中日两国国力之差别，中国还不具备与日本全面开战的军事实力，能够签署这样的停战协议乃比较现实的结局，殊为不易。

战争结束了，似乎一切照旧。徐传贤仍然居住在福德里，步行或者坐1路电车去邮政大楼上班，而他也很少对人提及“一·二八事变”爆发时的险境。这年的农历八月初五，徐传贤的次子徐家良在青浦老宅出生了。徐家良两三岁时跟随父亲徐传贤来上海，在福德里居住过，但他未曾听父亲讲过火线逃生的往事。我问徐家良老人，关于横浜桥寓所，您记得些什么？他说，只记得有一天玩得高兴，走丢了，找不到回家的路，在横浜桥警署待了一晚才被父母找到。

不过，对于领导青浦红十字会的徐传贤的父亲徐熙春来说，战争的爆发又是一次大考。

在北伐军占领上海后，到“一·二八事变”爆发的五年间，沪上局势平静，徐熙春的商业和公益慈善事业颇有起色。1928年，徐熙春与亲友合股在上海老城厢小东门附近的山东路开设美新印刷公司，主要经营名片、誊写墨、彩色油墨，拥有自己的油墨商标“飞马牌”。此地距离十六铺码头不远，来往客流很多，生意不错。同时，在法租界新开河地区的杂货铺也继续经营着。徐熙春能够跨行进入印刷这一当时属于“高大上”的文化产业，应该和其是青浦籍关系较大。因为，商务印书馆创办人夏瑞芳是青浦人，由于地缘和乡谊，青浦人来到上海投身出版业、印刷业者众多。

在两场战争的空隙，青浦红十字会所做的最大一项善举是参与青浦县的河道整治。青浦县城和江南诸多的城镇一样，家家尽枕河，不但有环城的河道与外界相连，城厢里也是河道纵横交错，生活物资和人员可从家附近的河埠头坐船，穿过县城的水门，直通乡野。由于战乱频仍，基层政府管理松弛，城内的县前河河道久未疏浚，又有临河人家扩充房舍蚕食河道。1927年底青浦县建设局成立后，整治河道提上了日程。建设局给出疏浚河道、整治岸线、修建桥梁的总预算为3200元，并请青浦红十字会两位负责人徐熙春、吴诵莪以募集的方式筹集。徐熙春和沿河民众否定了这一预案，理由是工程款估算过高。于是，县前河沿河居民自行开会，委托徐熙春领导的青浦红十字会出面协调资金来源，制定工程预算，筹备事务处，以推进这一工程。据陆轶隽论文所述：

> 1928年3月，徐熙春等红十字会干部开始为河道整治工程募款，他们将募款的对象主要聚焦于县前河沿河居民。在为募款所书的《募捐启》中，徐熙春写道：
>
> > 县前河河身本来狭窄，且因东首陆家桥淤塞经年，凡在两岸住户饮此水者，每当水涸，绿臭不堪，向外河汲水殊多困难。前经建设局、市行政局一再集议，将该河放阔开深。因种种障碍，议不果、行不令。为两岸住户卫生上清洁起见，先向徐、卫两姓商定补助经费办法，其两岸石驳之收进房屋之拆卸，河面之深阔、度数，仍遵照县政府规定尺寸限度办理。本会应代

> 筹募补助上之经费，并陆家桥翻造水泥铁骨洋式桥，统计两项工程需洋二千余元。本会心余力绌，何能负此巨款？欲求心之所安，不得不为将伯之呼。务乞诸大善士慨解仁囊，集腋成裘，共襄盛举，河清有待，饮水思源，皆诸大善士之赐也。

> 在徐熙春等红十字会干部和会员的努力之下，各界共筹得2883元及必需的建筑材料。在这次捐款中，红十字会会员所占的比例较高。从这份《募捐启》中可以获知，青浦红十字会不仅是河道整治工作的经费劝募者，也是工程推进的关系协调者：由于工程需要四户人家拆除自行制作的石驳及房屋一部分，会面临一定的经济损失，从而可能导致该四户不配合工程的推进，因而县建设局、市政局需要协调者，与这些住户协商商讨补助事宜。青浦红十字会的徐熙春、吴诵莪等干部，由于他们既是居住于县前河周边的绅商，在该地区长时间热心于地方公益之事，故地方居民对他们有较大的信任；再加上青浦红十字会在先前的江浙战争、北伐战争有着出色的救护成绩，且在运行的过程中注重信用建设，民众捐款皆以征信录等形式定期公布，具备良好的公信力。因此，这些红十字会干部顺理成章地成为介于政府与河边民众之间的中间协调者。[①]

徐熙春被推举为工程筹备处主任。1928年5月9日，由青浦红十字会主持的河岸改建及桥梁修建工程开工，期间颇多波折。在徐熙春和同仁的努力督促下，县前河整治工程基本竣工，所费不及当初县建设局给出预算

① 陆铁隽：《从江苏省青浦县分会看中国红十字会之运作（1924—1951）》，2020年，第60—61页。

的八分之五。从此，“舟楫可通，清流可饮”，终于结束了数十年来青浦县前河河道脏乱、居民汲臭水为生的历史。两百余户居民为了表达对红十字会出面主持河道整治工程的感激之情，特意制作了“饮水思源”匾送至青浦红十字会以志纪念。①

1932年2月，随着淞沪之战战事的推进，上海西北部的嘉定、南翔和北部的大场、江湾成了十九路军和日军交战的战场，当地居民纷纷出逃，一部分逃至邻近的青浦县。中日两军争夺的另几个重要战略要点即宁沪线上的黄渡、安亭等车站和青浦县东北村镇近在咫尺，居民更是扶老携幼涌入青浦，以致青浦县城又再度出现了难民多于本地居民的状况，收容、救助的压力非常之大。徐熙春和青浦红十字会同仁，又一次责无旁贷地投身于救助工作之中。这里，容我再次引用陆轶隽的研究文章来陈述当时救助任务之艰巨：

巨大的疏散、收容、救护的压力，再次落到了青浦红十字会的肩上。1932年2月6日，青浦红十字会召开职员会议，商讨战争爆发后红十字会将如何救护战区难民。会议决定青浦红十字会将承担难民的救助与输送工作，并参加青浦县政府所办的照料战区难民处所经办的事务。从2月9日开始，青浦红十字会再次组织了救护队，经费则由红十字会会员先行垫付。同日，青浦红十字会救护队派出工作人员，护送五十余名难民搭乘雄青轮前往苏州避难。2月17日，青浦红十字会又派遣董宝荣等救护队员前往上海仁济善堂，接送七十名青浦籍难民回乡，并由上海经营轮船业的通源公司派出船只将这些难民送往青浦县城中的照料战区难民处进行收容。通源公司在这次疏散行动中认

① 据青浦县红十字会前秘书长徐福洲回忆文章：《青浦红十字会的创始人徐熙春先生》。

为青浦红十字会的性质是地方性慈善事业，因而只向青浦红十字会收取大洋三十元船煤费。

但是，数量庞大的嘉定、宝山等县的难民，并非青浦红十字会一会能完全收容。同时，嘉定、宝山等县内的部分红十字会如大场分会，则由于大场、嘉定等地遭受日军轰炸使得会务难以开展，因而这些红十字会工作人员同难民一道前往青浦避难，实际上使得青浦红十字会承担着更重的安抚、转移这些来自嘉定等县难民的任务。3月4日，嘉定旅沪同乡会会长陈兆祺要求青浦红十字会用船只疏散县境内的嘉定等县难民，并透过嘉翔红十字会委托中国红十字会总办事处，向青浦红十字会转达运送难民出县之意。因而自3月14日开始，青浦红十字会开始输送嘉定、南翔等400余名难民，用租来的轮船益阳轮拖带两艘民船载往上海，并由嘉定同乡会负责将他们分送上海各大难民收容机构。3月16日、18日，再分两批将1100余名嘉、宝等地难民通过益阳轮载往上海，直至19日嘉定同乡会来函称上海收容所承载量已满，要求青浦红十字会停止向上海输运难民。除了向上海方向输运外，青浦红十字会也开辟了向松江的输运通道：14日下午，青浦红十字会召开职员联席会议，会上收到松江县政府的电报，称松江县收容所尚有一千人的容纳量，因而在会上决议一方面由红十字会函请青浦县公安局代为雇船，另一方面向松江县政府准备公函并由会员郭叔怡将部分难民送往松江。15日，青浦红十字会运送两百余名难民前往松江收容所。从疏散难民的案例可以发现，在疏散难民的工作上，青浦红十字会延续了前两次战争救护中的经验，选择与其他慈善组织合作开展工作。另外值得关注的新现象是，其与政府相关部门的通力合作：红十字会作为民间性慈善组织，其救护、救济、善后等功能是政府在社会保障工作上的有益补充。反过来看，红十字会更有效地开展工作，也是需要政府相关部门予以配合的，故在“一·二八事变”中的救护过程中，能看到已有一定地方影响力的青浦红十字会，至少已获得政府方面相当程度的认可，因而双方配合开展工作也是水到渠成的。

除此之外，在战争善后救济方面，青浦红十字会也注意运用上海在相关经济产业发展上的优势，主动与产业部门对接进行帮扶活动。“一·二八事变”爆发的2月至3月间，正是棉花播种的时节，然而由于战争导致交通阻塞，使棉种无法大量运入青浦县，导致县内种棉工作无法正常开展。青浦红十字会注意到了这一情况，3月25日，会长徐熙春前往上海，向中华棉业公会华商纱厂联合会募得三百担棉花种子，次日又至浦东杨思桥点收这些棉种装船返回青浦，由青浦县兵灾救济会派员向县内棉农分发。然而，三百担棉种对于整个青浦县棉农的需求而言，仍然杯水车薪，不够分配，故青浦红十字会再度筹资，向青浦县内的恒沅花厂再购一百二十担（棉种），仍然由兵灾救济会向棉农分发，让棉农能及时种植。①

徐熙春、徐传贤父子，在这次民众积极参与的抗日高潮中，各自尽到了一个国民的责任。

从1927年至1937年，除第一次淞沪战争中的有惊无险，徐传贤在这

① 陆轶隽：《从江苏省青浦县分会看中国红十字会之运作（1924—1951）》，2020年，第48—49页。

十年的工作与生活总体而言是充实而快乐的。随着职务的升迁、资历的加深，徐传贤逐渐进入到上海邮局的管理层，到1933年徐传贤的职位是二等四级邮务员，月薪涨到190元（这一年国民政府实行金融改革，废银元推行法币，全面抗战前法币信用尚可）。对于徐传贤190元的月薪，即使在当时生活成本全国最高的上海亦是高薪了，这还不包括其他生活补贴。

从1920年代末到抗战全面爆发时，中国各地的物价基本平稳，由于粮食的丰收和外商的降价促销，1930年代中期农产品和一些工业、能源产品价格还一度跌落。例如，在汉口市场上，1934年和1935年，100斤麻油的价格分别只有17.90元和14.50元，1斤猪肉的价格分别只有0.29元和0.198元，100斤大米的价格也从1926年的7.55元跌到1933年的4.66元，100斤煤球的零售价在1936年也从过去的1元钱跌到0.80元钱左右。在长江流域，上海和汉口两市关联度最高，物价几乎是联动的，由此可知当时上海也差不多。当时，在上海一户人家月入100元以上已是中产阶级了。其时，徐父徐熙春未及半百，生意做得很好，做人很四海（注：上海话，类似讲义气、善交际之意），为商界名流；徐母替儿媳抚养几个孙子；徐传贤收入丰厚，负担不重，在上海滩上熏染有年，故生活趋于逍遥快活。徐传贤在他的《自传》中剖析当时的生活态度：

蒋贼一方面对日本帝国主义节节让步，一方面在国内继续执行反动政策，实行恐怖统治。几次围剿，使国家元气大伤，而日本帝国主义得寸进尺，永无止境，有觉悟的人们纷纷投身革命事业，在中国共产党领导下进行艰苦卓绝的斗争，而我却在这祖国山河破碎中，民族存亡之秋，失去了方向，无所适从，开始时是悲观失望，后来渐渐失去信心，滋生了一种宿命论观点和得过且过、今日有酒今日醉等糊涂思想。那时候的思想很混乱，含有各种空想、幻想，但是由于阶级本能，没有觉悟，终于把自己眼前个人利益[①]，“苟全性命于乱世，不求闻达于天下”，更由于家庭时有争吵，我的生活随着腐化起来。[②]

这种灵魂深处“闹革命”式的检讨和悔过贯穿于徐传贤于1956年所写的整篇《自传》中。我相信，徐传贤当时的心态是真诚的，出身于地主阶级兼小资产阶级的“原罪”像一块大石头压在心上。但如果回到二十年前即1936年，徐传贤的心态未必真如1956年时向组织交代的那样混乱、麻醉——在看上去光明一片的职场里，他有着自己的生存方式和奋斗目标。但无论如何，徐传贤作为一个生活优渥的上海白领，是很难舍弃家庭和眼前舒适的生活去追求革命的——即便有人启迪他。要知道，1936年后从上海奔赴延安的大多是充满革命理想主义而生活清苦的“亭子间”文青。

在1950年代中期社会主义的话语环境下，徐传贤所言的“生活腐化”，大体上是通常所言“腐朽的资产阶级生活方式”，即贪图享乐，有个人的小情趣——徐传贤喜欢看电影、学京戏，还喜欢跳舞和摄影。无论在什么时候，摄影发烧友都需要金钱的支撑，而那时候上海的摄影者上点档次买的是德国莱卡相机，条件好的还要自己建暗房冲洗照片。1936年，《美术生活》第22卷发表了徐传贤的4幅摄影作品：其中3件是黄山拍摄的风景照，应当是其在休假时期远足黄山所摄，而彼时的交通和旅游服务条件下能跨省去风景名胜地旅游的是极少数人；另一件是一位浴后的裸体新女

---

① 原文如此，不通顺，疑后有词句未写。

② 钱益民编:《传邮万里　贤达人生》，2020年，第27—28页。

▲徐传贤1936年发表在《美术生活》上的摄影作品

性，丰满白皙，双手枕头靠在沙发上，斜乜的眼神流露出一丝桀骜，屈起的双腿正好把胸部挡住。

《美术生活》于1934年4月1日创刊，创办人为上海三一印刷公司经理金有成，是一份8开本的综合性美术生活类画报。办刊理念主张艺术融入大众生活，并以艺术启发民智、陶养民性；刊登内容涵盖了国内外各类美术形式，也聚焦着社会生活和时代问题。《美术生活》使用了当时先进的印刷技术，刊登的美术作品有金石、国画、油画、版画、工艺设计、建筑、雕塑和摄影作品。该刊由钱瘦铁、江小鹣、郎静山、唐隽、杜彦秋、李尊庸、张德荣、柳溥庆、苏怡、吴朗西、钟山隐分别担任责任编辑，并聘请吴湖帆、许士骐、张大千、张善孖、方君璧、王济远、王陶民、汪亚尘、李有行、林风眠、周士礼、徐仲年、徐悲鸿、孙福熙、孙雪泥、陆丹林、陈抱一、黄宾虹、贺天健、华林、张聿光、张辰伯、张造寸、雷圭元、黎锦晖、糜文溶、颜文樑等为特约编辑。至1937年8月出第41期后，《美术生活》因日寇占领上海而停刊。这份刊物展示的可视为当时中国美术最高的成就，而徐传贤的作品能够被刊登，说明其摄影水准得到了编辑的认可。同时，当时女性裸身的人体摄影，题材的获得很不容易，须有信任摄影师的模特配合。上海名中医陈存仁回忆其好友、医学家丁惠康和后来做了大汉奸的褚民谊之交往，“丁惠康是爱好摄影的，尤其是喜欢摄裸体照，于是在那公寓的楼上，辟了一间精致的摄影室。褚民谊对此大感兴趣，只是当时女性模特不易找到，可是褚民谊所识的女伶，只是程度很低，反而不加拒绝”①。

① 陈存仁:《抗战时代生活史》，广西师范大学出版社，2007年，第164页。

经过1950年代社会主义新思想予以改造的“新人”，再回首看1930年代拍摄裸体照的行为，那是不折不扣的“腐化”。在1930年代，上海的餐饮和娱乐市场呈现一片繁荣，说是“纸醉金迷的销金窟”毫不夸张。上海舞厅很多，里面多有风姿绰约的年轻舞女，而年轻的徐传贤是舞厅的常客，其潇洒的交谊舞姿在日后更是派上了大用场。作为高级白领，徐传贤不时和朋友、同事宴饮，甚至“叫条子”（上海话，又叫“叫局”，旧时特指叫妓女来陪席）恐怕也是寻常之事——这种享乐行为即是“腐化”。徐传贤与妻子盛希珍因是父母之命而结合，没有什么感情基础，而且妻子几近文盲，与他的知识结构和思想相差太大，在一起很难有什么心灵上的交流。随着徐传贤社会地位的提高，在十里洋场应酬的增多，以及各种需要花钱的高雅爱好，难免会让长年圈在家里的妻子盛希珍有种危机感，进而不满，产生争吵。这种并不和谐的夫妻关系，让徐传贤感到苦闷。

徐传贤是邮局的高层职员，不可避免地涉入职场政治，正如他在《自传》里所述：

> 那时候蒋帮政权内狐群狗党争权夺利的斗争仍很剧烈，邮局内也是如此。邮局原系洋人开创，福建、广东人接触洋人最早，故在当时邮局中福建、广东两省人也最多，势力也最大，而两派斗争也很剧烈。在高级职员的职工会中也分成两派，一派拥护广东派，一派拥护福建派。拥护福建派的史诒堂、康雍、张锡扬、沈松舟、林卓午、葛飞、高志诚、傅德卫（史、康、张、沈等都在劳改，林在闽已退休，高在南京解放后退休，傅逃台湾后当伪台湾邮政管理局局长）等。为了扩大势力，于1932年左右成立所谓“邮社”，吸收职工会会员，以

便控制该会。他们还和当时在邮政总局内的余祥麟（注：原文如此，有史料写为余翔麟）、刘耀廷等勾结。（余是福建人，后当伪邮政总局副局长兼军邮总视察长。）其时社会风气很坏，上海邮局内有拜老头子（注：指入帮会认头领为大哥）、搞小集团的风气。做管理人员如果不拉些关系，就很难做。同时，史诒堂在上海邮局负责人事调度，职权很大，自称邮社社长。很多人为了个人地位或避免调往边远地区都被介绍入社。我由康雍介绍入社，当时社员共40余人，入社费每人银币拾元，合当时大米一石半，被他们化用精光。邮社社员中有陶拱辰、王裕光（现上海邮局副局长）、蔡远绰（现陕西邮电管理局副局长）、杨雪门、高维周、张师翰（现都在上海邮局工作）等。我在这个组织未担任任何职务。[①]

徐传贤此段文字字数不多，却精准而形象地写出了职场高层的权力争夺和倾轧、攀附的丑态——当然也可以说是传统社会职场的常态。这种状况无论中外都是存在的，而在以人际关系来辨亲疏的当时中国尤然。徐传贤要在职场生存，不得不屈从于权力，如果不抱团、不站队，那就是单打独斗，很容易被边缘化。徐传贤此述，是对自己无奈选择的一种如实交代，也不无为自己辩护之意。文中提到的这些高级职员，皆为邮政系统显赫人物，其中大部分在抗日战争时期和抗战胜利后担任省市一级的邮政局局长（邮务长）、副局长（副邮务长或帮办）。由此可见，徐传贤在1937年全面抗战前已经进入上海邮政局的核心圈层。

伪满洲国建立后，民国政府交通部（民国时期邮政总局隶属于交通部）

① 钱益民编：《传邮万里　贤达人生》，2020年，第28页。

曾指派高宗武、余翔麟、曹鉴庭为交涉委员与日方指派的交涉委员伪满交通部邮政司长藤原保明及代谷胜三、中岛俊雄等会谈，商议被日军占领的东北地区与国民党统治区通邮的问题。可见，余翔麟在邮政总局中的话事权不低，他发迹于上海，是“邮社”的创始人，故上海邮局上层华籍员工要倾力巴结。傅德卫在前文已涉及，他在“九一八事变”后曾是抗日救国市民大会的主席团成员之一。抗战胜利台湾光复后，傅德卫能被派遣到台湾接收，并担任省邮政局局长，其长袖善舞由此可见。

邮社的“带头大哥”史诒堂是国民党CC系的，他在抗战胜利后当过湖南省邮政局局长，仍然把在上海邮局那一套做法带了过去。但是，在民气强悍的湖南，史诒堂栽了跟头，被下面的职工给赶出去了。据《湖南党建90年》记载：

> 湖南邮政管理局代理局长史诒堂来湘不久，便拉帮结派，迫害进步员工，漠视员工疾苦，为广大邮工所痛恨。（1948年）10月23日上午，省邮务工会理事长何国璋、常务理事伍正心率全体理、监事20余人，齐集史诒堂办公室，要求援北平、汉口等地邮局发80元（金圆券）米代金的成例，发给湘邮工56元米代金。史不允所请，当即有百多名邮工包围邮管局，封锁出入大门，谈判持续至晚上9时，在众多群众包围喊打的压力下，史勉强同意工会要求。24日员工到局领款时，史又借口未经总局核准不能照发，并指派心腹以邮工包围邮管局闹事的罪名，前往警备司令部请派武装部队镇压。但由于何国璋利用与警备司令部的私人关系，前去说明邮工的生活困难，保证不会发生暴力事件，故警备司令部只派来3名警官调解。是日晚，工会代表去史寓交

涉，发现史在自己寓所聚赌，立即报告警察局，当场将其抓获。省邮务工会抓住这一契机，向报界披露史诒堂丑闻，并通报全省各地邮务工会，同时召开工会小组长会议，掀起驱逐史诒堂运动。26日，省邮务工会举行省党、政各界及新闻记者招待会，伍正心即席揭发史诒堂剥削工人、陷害员工、剥夺工人应享权利、挪用公款、抽头聚赌等7条劣迹。随后，衡阳、常德、益阳、祁阳、桂阳等市县邮务工会发表声明，支持省邮务工会的行动，要求驱逐史诒堂。上海、湖北、广东、广西等省邮务工会也致电声援。11月初，国民政府邮政管理总局将史诒堂调离湖南，驱逐国民党CC派的局长史诒堂取得了胜利。[①]

沈松舟是国民党政府在云南的最后一任邮政局局长。1949年12月，卢汉在昆明宣布起义，沈松舟通电全省拥护起义，并要求全省邮政员工安心坚守岗位。王裕光是国民党政府在上海最后一任邮政局局长。1949年5月，在解放军强攻上海苏州河北岸时，王裕光劝降固守邮政大楼的国民党军队，保护大楼有功。林卓午做过安徽省副邮务长，徐传贤入邮社的介绍人康雍做过河南省副邮务长。

当时，上海邮局里员工自发成立了好些社团，有精诚团、毅社、畅社、青社、弘社、邮社、伟社、文社，其中邮社规模最大，持续时间也较长。在彼时，民间结社已达成利益同盟，声气相通，相互扶持，乃是惯常现象，“结社自由”法有明据。据《上海邮电志》介绍：

邮社前身是邮政协会。清朝末年，华籍邮政职工为反对帝国主义

① 雷国珍主编:《湖南党建90年》(上卷)，湖南人民出版社，2011年，第532页。

分子垄断国家邮权，创设邮政协会，意欲收回邮权，但受到帝国主义分子威胁，不久解散。民国16年，高级职员余翔麟、钱贻章等为开展收回邮权运动，在大中华旅社召集原邮政协会同人开会，成立邮社。余翔麟被推为邮社名誉社长，史诒堂为社长。总社设在上海邮局。入社者多为邮局甲等邮务员。

抗日战争爆发后，总社迁重庆，上海及其他各邮区设分社，社员有近500人。

抗日战争胜利后，史诒堂回上海，又发展了一批社员，在凯福饭店聚餐，指定上海邮局的杨雪门为书记。当时上海共有社员140余人。上海解放后，邮社无形解散。[①]

对于在邮局中的业务和与同事相处，徐传贤表现出一种优秀专业人士的态度：做好本职工作，在职场既要和光同尘，不可傲岸遭人嫉恨，又不能趋炎附势，利欲心太强。他自述在大宗邮件处当监理员时，“每逢《生活杂志》《中学生》《时兆月报》等刊物大量交寄时，积存邮件很多，长期不能分拣清讫。我们接到命令要消除这种现象。经与分拣员、班长等研究后，通过调整班次，略增加人手后，基本上做到了逐日拣清”[②]，并述及了当时的个人心态和社会活动情况：

我在这时已以邮局为终身职业，只指望按部就班，按期晋级别。

---

①《上海邮电志》编纂委员会编：《上海邮电志·第九篇党派团体·其他党派社团》，上海社会科学院出版社，1999年，转引自上海地方志办公室官网（http://www.shtong.gov.cn/Newsite/node2/node2245/node67155/node67179/node67372/node67382/userobject1ai64308.html），2003年11月24日。

②钱益民编：《传邮万里　贤达人生》，2020年，第28页。

待人接物力求圆滑，不得罪别人，故与同事们相处很好。

除了参加上述党派外，还加入过中国道路协会（王正廷是会长）、中国红十字会，只出会费，不问其他。还加入过群众福利性质的基督教青年会和精武体育会，主要为了享受该团体内沐浴、运动、图书室、食堂等设备，参加春秋季旅行，学唱京戏等。参加这种组织付一年会费，当一年会员，享受一种权利。期满未付会费，会籍即告终止。基督教青年会吸收会员并不限于基督教徒，很多会员都是非教徒，我并无任何信仰，先后在该会当过三四年会员（有间断）。①

王正廷是民国时期的外交家，做过北洋政府外交总长兼代国务总理，南京政府的外交部部长。王正廷被誉为“中国奥运之父”，是中国历史上的第一位国际奥委会委员。他担任了许多社团的负责人职务，中华全国体育协进会理事长、中华基督教青年会总干事、中国红十字会会长、全国道路协会会长，等等。

这一段自述很有意思，很能说明中国人特别是上海人的实用态度。在1950年代，基督教被视为帝国主义对中国“侵略”的工具，所以徐传贤在自述里“特意说明”。徐传贤的祖辈和父亲徐熙春都是具有传统儒家思想的绅士，他所受的价值观教育也是儒家的，故他并无其他的宗教信仰。参加精武会则不需要特别解释，因为精武会是发扬传统武术、强健身体以抵抗外侮而设立的。徐传贤入这两会等于买了张年卡，享受其文娱、生活设备更合算。精武体育会就在福德里，和徐传贤所住一个居民小区，故能使用其澡堂和食堂。徐传贤的父亲徐熙春是青浦县红十字会的创始人和会长，

① 钱益民编:《传邮万里　贤达人生》，2020年，第29页。

他成为中国红十字会会员乃理所当然之事。从这一段可以看出，上海在1930年代民间团体之发达。

“一·二八事变”引发的战争结束了，街市恢复平静，大上海依然像海绵一样吸引着全国乃至全世界的人员和资金。在北四川路租房有年的徐传贤，此时想到要在上海买一幢房子。买田置宅，对中国人来说是一种近乎宗教情结的追求。当时，上海的房价为全国最高，特别是租界的房子，对大多数人而言是天价。例如，鲁迅先生在北京时，买房根本不是什么压力——1924年，因兄弟失和，他搬离原来的大宅子，在北京阜成门内西三条胡同买了个小院，六间瓦房，花费大洋800元——但1927年他和许广平到上海定居，其收入依然可观，可他就一直未能购房，原因是上海房价太贵，不要说租界，即使是后来开发的虹口地区买房也“压力山大”，甚至直到逝世他在上海都一直租房。鲁迅先生最后租住的山阴路（原名施高塔路）大陆新村9号，三层楼，占地78平方米，建筑面积222.72平方米。鲁迅先生在1933年3月21日的日记中记载：“决定居于大陆新村，付房钱四十五两，付煤气押柜钱二十，付水道押柜钱四十。”[①]房租按“关银”计算，一两等于多少钱？他在《病后杂谈》中写道：“每两作一元四角算。”大陆新村房钱“四十五两”，折算为银元为63元。这一月房租超过上海大多数市民家庭的月收入，而在当时的故都北平，这房租的一半可以租一个大四合院。

徐传贤虽是邮局的高级职员，买租界的房子仍然吃力，便把目光投向他居住多年的虹口、闸北地区。在闸北香山路（今改为临山路，因黄浦区

① 《鲁迅全集·日记》（第16卷），人民文学出版社，2015年，第8870页。

亦有香山路）和宝昌路交叉处有一个叫“复兴邨”的新楼盘出售，价格不高，地段也不错——楼盘位于宝山路西边50米，距离虹口公园1.8公里，距离徐传贤长年租住的福德里1公里，步行十五分钟左右，而且周围人气很旺，去邮政大楼上班也方便。于是，徐传贤出手买了一套，没想到差点掉进一个“大坑”里——这块地早被开发商拿去做抵押了。1935年4月26日，《申报》以《复兴村房地产承买人　前日向社会局请愿　该局定期召集三方调解》为题做了报道：

大公社云闸北香山路复兴村房地产承买人，因该处地产押借纠葛久延不了，势将害及承买人权益，经全体议决组织请愿，昨向社会局请愿。查该案先是有记公司系由陈昌坤、胡启慧、果伟臣、刘衡甫等合组经营，于“一·二八”后将所有香山路宝昌路角（今复兴村）地皮约十一亩余，向德隆烟公司主人王维官（注：王维琯）押借洋十二万五千元。及后，胡、吴则退出，归并陈昌坤一人，改名仁记公司。陈因无款，到期押款无力归偿。会被无追诉，陈不待诉讼终了，即于去年六月间计划在原地建筑房屋百余幢，每幢连地皮作价洋二千元至二千五百元不等。订定分期付款办法，零星出卖，在各报遍登广告。一般市民不知纠葛情形，纷向认购所造房屋一百四十四幢。其八十幢已于去年底完工，承买人已迁入居住者，计有六十余户。兹因债权人王维官（琯）延律师汪有龄具状，法院执行。各承买人认为有关本身利害，经向陈交涉，一面与王洽商，但无结果。于是组织承买人联合会，除推举代表徐传贤于本月二十二日向市党部请愿外，并组织请愿团。参加者六十余人，于二十四日下午向社会局请愿，并提出请愿目的四项，由该局四科公益股孙主任接见。当由请愿代表遭受地贩欺骗、富豪威逼之苦衷。孙主任以事关大多数民众生计，深表同情，允即召集三方调解，以保障各承买人权利。各代表遂即兴辞而退。①

八十多年后再读这篇旧闻，我想读者和我一样不会感到陌生吧！这类房地产商欺诈买房人的把戏在诸多城市一遍遍上演，而买房人维权的方式也几乎一模一样。

复兴村的开发商陈昌坤是一位不折不扣的奸商。有记公司原来是几个股东一起合伙开办的公司，将地块做抵押向富商德隆公司老板王维琯借款。尔后，公司其他股东退出，由陈昌坤一人接盘，并将公司改名为仁记公司，当然原公司的债务也一并承继。借款到期，陈昌坤还不了钱，被债主王维琯告到法院。可是，陈昌坤一面应付官司，一面在地块上建房出售，包括徐传贤在内的市民被蒙在鼓里纷纷解囊购买。债主一看债务人还不了钱，请律师打官

▲今香山路复兴村

①《申报》1935年4月26日，转引自钱益民编《传邮万里 贤达人生》，2020年，第99页。

司，让法院强制执行，将地块连同开发的房屋收为己有了。但这严重侵犯了买房业主的权益，这些出了购房款的业主是“善意第三人”，即债主王维琯只能继续向陈昌坤追偿欠款，而不能将合法购买房产的众多业主的房屋处置。于是，买房业主组成维权团队，推举见多识广、社会活动能力强的徐传贤作为代表，向党和政府请愿。

如今，复兴村的百余幢楼早已不存，究竟是什么样的房子，是二层还是三层？每层几间房？今难以获知。不过，从价格和占地面积来看，不应该是独栋房屋，而应是类似鲁迅先生所居的大陆新村那样的联排楼房。大陆新村建成于1931年，由大陆银行上海信托部投资，是一群砖木结构、红砖红瓦的三层新式里弄房屋，前后共六排。复兴村建设的时间和大陆新村差不多，所处地段也很近，我想这两处楼盘的结构应该差不多。上海1930年代以“村”命名的居民区，相对于更早的“坊”“里”，多是经过改良的石库门楼房——里弄大门不一定采用大石条为箍做门框，房间的格局更紧凑，但两排楼房中隔一条里弄的基本结构是一样的。

借款给开发商的王维琯是沪上知名富商，宁波籍。王维琯和其弟王维琳相继创办了上海德隆烟厂和上海瑞伦烟厂。德隆烟厂前身是成立于清光绪二十九年（1903）的德伦烟厂，当时由鸦片行业主陈广昌投资开设，厂址在虹口横浜桥三元坊，有卷烟机1台，后增至3台。两年后，德伦烟厂关闭，所值约1000元的机器等财物由王维琯购入。王维琯卖出2台卷烟机，自留1台，在浙江北路华兴坊开设了德隆烟厂。

德隆烟厂最初只能为其他厂代卷卷烟。当时，手工卷烟每箱6元，而德隆烟厂采取机器卷制，每箱只需4元。经过一段时间的资金积累，德隆烟厂开始推出自己的品牌农夫牌卷烟，主要销往山东，每包10支装仅售4

文，价格相当于英美烟公司所产同类产品的10%～20%，一时营业旺盛，利润可观。后该厂又推出保险牌卷烟，时值“五卅运动”兴起，该品牌卷烟在上海销路大增，获利颇丰。

随着业务的扩大，德隆烟厂购进海宁路锡金公所隔壁的房屋作为厂房，添置美式卷烟机3台，产品仍供不应求，有时还需委托他厂代卷。当时，连同新出的茄克牌卷烟，每天可销50余箱。1936年，该厂又购入北河南路、老靶子路（今河南北路武进路）一幢房屋做厂房，增添设备，扩大生产。其时，有卷烟机8台，工人180余人，资本100万元。德隆烟厂于1950年停业。

王维瑨聘请的律师汪有龄在沪上司法界赫赫有名。汪有龄是浙江杭州人，出生于官宦世家，清末赴日就读于日本法政大学。归国后，汪有龄在京师法律学堂任教，与人合编教材《民事诉讼法》，并于宣统二年（1910）牵头成立了北京法学会。民国后，汪有龄曾短暂担任北京政府司法部次长，创办朝阳大学并任校长。1927年，汪氏离京南下上海，进入律师行业。1936年，沈钧儒等救国会“七君子”被国民政府当局逮捕，汪有龄自告奋勇担任“七君子”之一李公朴的辩护人，他和叶恭绰是儿女亲家。

购房的多是中产者，与奸商、富豪和大律师相比较，能量悬殊，而向政府请愿、请媒体予以关注是现实而管用的套路。徐传贤被推选为维权代表，看来邻居们是信任他的人品、能力和社会影响的。最后，官方出面，把三方召集在一起协商，这事得到了比较圆满的解决：买房者的产权没有被夺去，业主们如愿乔迁新居。

“八一三事变”后的艰难岁月

一个骤雨初歇的仲春早晨，我行经东方图书馆旧址（今市北职业高级中学），找到了临山路和宝昌路交叉西南角原复兴村所在地。这里被围栏挡住，正在修建一座叫“中兴路一号”商住结合的高阶楼盘，由融信和万科共同开发，主体工程已完成。不知道开发商是否知道，近九十年前这里曾是一个叫“复兴村”的住宅区，后来又变成了瓦砾场。顺着临山路往西南步行200多米是三曾里小区，中共三大在广州召开后不久的1923年7月，中央局机关迁到此处。

此处距被日寇炸毁的商务印书馆只有100多米，而“一·二八事变”刚刚过去，为什么房地产商敢下决心在这里盖房呢？为什么一百多名家境殷实的市民愿意拿出积蓄甚至借债来买房呢？我想，这些人应该是相信两国既然签订了《淞沪停战协议》，上海又是英国、美国、法国这些西洋强国的重要利益所在，和平总得持续较长的一段时间吧。

大多数人乐意盘算着自己的小日子，却很难料想到未来所要经受的大时代的惊涛骇浪。徐传贤斥巨资购买的这处楼房，居住仅仅两年多，历史的时钟很快就走到了1937年8月13日。

日本军队发动“七七事变”全面侵华，显然是要打断中国正在进行的现代化进程，阻止中国的自强之路。面对日益逼迫的日本侵略者，戒急用忍的蒋介石也无法再忍下去了，于1937年7月17日在庐山发表著名的“最后关头”演说和《对卢沟桥事件之严正声明》，指出“再没有妥协的机会，如果放弃尺寸土地与主权，便是中华民族的千古罪人”，“如果战端一开，那就是地无分南北，人无分老幼，无论何人，皆有守土抗战之责任，皆抱定牺牲一切之决心。我们只有牺牲到底，抗战到底，唯有牺牲的决心，才能博得最后的胜利”。[①]

1937年8月13日爆发的第二次淞沪会战（又称“八一三”淞沪会战），中日两国军队首次交火点又是在上海闸北和虹口的交界处。

今天，在虹口区西北临近静安区（原闸北），水电路、柳营路和同心路交会处，有一座跨越横浜的桥梁，桥呈“八”字形，故名八字桥。

横浜是虹口港的支流，它在嘉兴路桥处与虹口港分流，到柳营路又一分为三，其中一支沿柳营路向西，另一支沿着今天的水电路向北并入走马塘。曾经的八字桥东西各有一座，分别为东八字桥和西八字桥，均为木结构桥。

1932年1月28日夜11时30分，日本海军上海特别陆战队一部从北四川路西侧突然进攻八字桥的中国守军，第十九路军第七十八师第一五六旅即刻还击。在第一次淞沪抗战中，东八字桥被毁，仅剩西八字桥。

时隔五年后，战争在这座桥的旁边再次打响。

由于事先有正确的预判，这次徐传贤没有像五年前那样在战争爆发前仓皇逃出火线，而是提前和家人撤离到租界。第二次淞沪会战之惨烈也远

---

①［英］乔纳森·芬比（Jonathan Fenby）:《蒋介石传》，陈一鸣译，中国青年出版社，2011年，第143页。

甚于第一次淞沪抗战，交战的重点地区闸北的建筑物几乎被炸弹焚毁殆尽，徐传贤和其胞弟徐渭江所购买的新房，没住多久亦被炸毁。

“八一三”淞沪抗战开始后，徐熙春、徐传贤父子都担当着巨大的社会责任。他们除想办法保护自己的家人外，徐熙春必须做的第一件大事是领导、组织青浦红十字会参与战场救助，而徐传贤则要继续坚守在邮政局的岗位上。

这次战争期间，青浦红十字会的救助任务和风险远远大于前几次。陆轶隽先生的论文对这次救助亦有翔实的叙述，兹录如下：

> 青浦红十字会在前三次的战争救护中所累积的收容、救护、善后工作经验，在1937年8月至11月的淞沪会战中得以充分发挥，使之成为一次高效的救护行动。
>
> 1937年8月13日，日军海军特别陆战队于上海闸北八字桥地区向中国军队开火，中国驻军八十八师奉命还击，是为“八一三事变”，成为淞沪会战开始的标志。在此不久后，上海租界以北的闸北、虹口等地，以及吴淞、宝山、嘉定等地成为中日陆军交火的战场。特别是嘉定县，战争爆发以来，屡遭日军的飞机轰炸，同时有汉奸在街镇纵火，导致县境多个集镇沦为焦土，大批嘉定居民逃离。由于青浦县地处江、浙两省交界，且处于沪宁、沪杭两铁路线所围成区域的中心地带，因而除了嘉定、宝山等这些战场地区的居民外，沪宁、沪杭沿线铁路的苏州、无锡、常州以及嘉兴、绍兴等地居民，以及欲返原籍的旅沪其他省居民，纷纷将青浦作为其逃离上海的中转站，乃至再次出现了难民数远多于县城人口数，导致县城承载能力不足的局面。如何

在短时间内疏散大量难民，再次成为青浦红十字会的当务之急。8月15日，青浦县党政机关代表在青浦红十字会召集会议，决议成立县救护委员会，推举徐熙春为委员会主任，专门负责难民收遣事宜。

8月16日，从清晨5时开始，青浦红十字会便开始进行疏散工作，先行将21名难民用青浦县国民党党部委员黄霈泽协助雇来的机器船载往苏州。9时开始，大量难民来到青浦红十字会门前求助，这些难民扶老携幼，担匣提箱，令人于心不忍。因而10时起，青浦红十字会开始安置这些难民，首先进行煮粥的工作。由于会内的锅太小，供应不及，因此红十字会向县内糟坊借得一口大锅，并砌地灶派人每日轮流煮粥；同时，青浦红十字会又向城内的大饼店定制大饼，并向难民逐一分发，以备他们在逃离的路上充饥。之后便开始大规模疏散难民的工作，由于当时青浦县城周围的民船大多被雇用一空，因而青浦红十字会函请青浦县西乡第三区、第八区及第四区西岑镇镇公所雇用十八艘民船至县城增援。然而这些船只由于容量小，不敷承载大数量的难民，故除这些船只外，青浦红十字会也将避难者所雇用的船只一并纳入救护船只中。在8月16日至21日的救护行动中，青浦红十字会使用自雇的船只23艘、避难者雇用的船只50艘，并将这些船只进行编号，以大型轮船拖带数艘民船的形式，自青浦县城艮辰门外出发，每日分批将难民运往苏州、无锡、常州、平湖、嘉兴、绍兴、杭州等城镇。

…………

针对无法疏散的难民，青浦红十字会在这次救助中，除了消极性的施济救助外，也运用积极性救济的方式，即透过组织这些难民进行生产劳动。通过给付工资的形式，一方面能培训这些难民生产技能，使他们在今后的生活中掌握一技之长，从而帮助他们获得谋生的手段，而另一方面难民生产的物资本身也成为军需物资供应前线。8月27日，理事职员会议决议推展（推广）难民授以工作的计划，设立织履、缝纫二组，推选常务干事熊宗干为工作主任兼织履组组长，张清泉为缝纫组管理员，蒋冠初负责收发原料，潘子常负责介绍难民出外工作。工具方面，青浦红十字会向县内富户王锦诚借缝纫机一架，以资缝纫工作。9月7日、8日，缝纫、织履二组先后开工。200名从事两项工作的难民，按不同性别进行分类：男性难民参加织履，女性参加缝纫，主要缝制棉被、棉裤、棉背心等。从开工到11月上旬青浦沦陷前的一个多月时间中，缝纫、织履二组共计完成1009件棉背心、984双白麻战鞋、40条棉被及50条棉裤。这些战时物资，有的交由青浦抗敌后援会转送前线，有的则由青浦红十字会会同工作人员直接交由前线。积极性救济工作是青浦红十字会进行难民收容救助工作的有益尝试，这是因为在经费和捐助物资都相当紧张的情况下，青浦红十字会运用社会福利性质的经营方式，既能够舒缓庞大的救助收容压力，更重要的是能够动用难民中的可用劳动力从事生产行动，为支援前线工作提供了最实质的支撑。实际上，以教育劳动技能为纲，对难民进行积极救助的做法，并非红十字会首创：清末民初的社会已动荡不安，乱象毕露，流民问题较为突出，故出于稳定社会的需要，一些传统的慈善机构、同乡组织等出面在地方上设立工艺局、习艺所等，在为这些流民提供安身之所的同时，更可培养他们的一技之长，一改传统的收容机构——栖流所只能保障流民衣食的消极救助模式。中国近代创设习艺所可溯于清末新政时，进入民国后这些机构依然起到了一些作用，而以青浦县而言，民初地方绅商成立过贫民习艺所，青浦旅沪同乡会也有设立贫民习艺所资助贫穷旅沪青浦人士的想法，因而青浦红十字会辅导难民进行工作的想法是有所借镜（借鉴）的。在历次的难民收容工作中，积极性救助成为青浦红十字会在淞沪抗战的收容工作中最为鲜明的特征之一。

淞沪抗战的烽烟，在8月下旬也逐渐靠近了青浦。8月26日，位于县境东部的观音堂镇遭敌机轰炸，该镇公所向青浦红十字会来函，请求红十字会派出救护队驻扎镇上协助救护。红十字会派出顾若樵作为救护队长，带领30名救护队员驻观音堂镇。接近同一时间，青浦红十字会应嘉定南翔红十字会的请求，9月初派员前往青浦附近的嘉定、黄渡等镇附近救治受伤军民。青浦红十字会对受伤军民的受伤部位、部队番号、民众籍贯等进行登记。登记结果显示，青浦红十字会救治的军士主要集中于十九军、八七师、八八师、一七七师等，这些部队均为中国军队与日军在南翔等地区交战的主力部队；受伤民众的籍贯除4名来自青浦县之外，也有8名来自罗店、宝山等战场地区；从受伤部位看，受伤军民多集中于四肢伤，因而可以推知青浦红十字会主要负责的是包扎及简单救护等工作。据统计，青浦红十字会救治的伤兵共计75名，并救护来自南翔、黄渡、罗店等地区的受伤民众多人。10月初，青浦县城开始遭受到日军的轰炸。10月12日，日军两架飞机掠过青浦县城大西门附近向民众扫射；13日，日军向青浦城内投掷了三枚炸弹，两枚落于青浦县东门外体育场陆姓民宅附近，一枚落于青沪长途汽车公司售票房外，造成了人员受伤。青浦红十字会派出工作人员协助救护受伤民众。10月底至11月初，日军在青浦县境内的赵屯桥、朱家角、重固等镇进行轰炸。11月7日，青浦县城再次遭受到日军空袭，青浦红十字会的办公地遭受敌机轰炸。在此危急情势下，青浦红十字会仍当场救出4名伤兵及3名平民，并将收容于办公地的难民在当日全部转移疏散。8日中午，红十字会工作人员奉青浦驻军命令离开青浦县城，徐熙春等红十字会干部转移至朱家角会员张富田家中暂驻。当日，红十字会派出三支救护队在青浦县城内多处进行救援。救护队长孙子扬在城内码头街开展救护时，不幸遭遇敌机轰炸，当场殉职，时年40岁。青浦红十字会遭受敌机轰炸，以及救护队员孙子扬殉难的事实，为日军于1937年8月在罗店杀害苏克己等中国红十字会工作人员后——践踏《日内瓦公约》有关保护中立性战争救护人员的相关规定，对佩有红十字标志的红十字会工作人员进行袭击并导致其伤亡——的又一罪证。11月9日，金山卫登陆后日军进占青浦县城，宣告青浦沦陷。同日，青浦红十字会办公地迁往徐熙春的祖宅所在地昆山县金家庄村。

11月9日至21日，青浦红十字会由于青浦县城内局势混乱，并未开展救护及战争善后等工作。直到11月22日，青浦红十字会派出工作人员赴朱家角打听消息，探得当日日军已经撤离了青浦县城，因而于24日青浦红十字会工作人员返回青浦县城工作。在返回青浦县城经过朱家角镇及青浦县城城门外时，青浦红十字会的工作人员已关注到县城周边人畜尸体曝露的问题，并记录道：

国民党军西撤时，本城东南门外与敌机接触，且敌机不断轰炸，致军民暨畜类之死于斯役者至夥。本会徐会长（注：徐熙春）于二十六年十一月廿三日返城视察情形。目睹惨状，并觉对于人民卫生有碍，当即设法组织掩埋队。

从11月27日开始，至12月30日一个多月的时间中，青浦红十字会共计掩埋866具军民尸骸、106具畜类尸骸。在掩埋工作中，会长徐熙春通过借垫款项的方式雇用工人进行掩埋工作。除此之外，为筹措更多的经费以垫上埋尸工作带来的巨大亏损，徐熙春还曾在上海《华美晨刊》登报请求旅沪青浦同乡进行资助工作。在当时的青浦县城中，由于日军与国民党军队均已撤退，县城内居民已四散逃离，街巷尸臭弥漫。在如此有限的经费与相对局限的时间中，青浦红十字会仍能冒着危险，完成大量人畜尸体掩埋工作，实属可歌可泣。同一时段，也正是因为双方军队及县政府各部门的撤离，一定程度上出现了地方行政权力机关的真空，给为非作歹者趁火打劫提供了可能性，故在11月27日青浦红十字会在朱家角雇用几位木匠，连日给没有上锁的城内居民将门窗钉上，同时将城门加以修缮，防止劫掠。至11月底，青浦红十字会出于局势的变化决议暂停会务，并将9月初收到的总会支援药品中所剩者交予县城内医师李哲声，以防药品过期失效或遗失，而仍在红十字会中的难民转由青浦县救济院办理照顾。至此，青浦红十字会在淞沪会战时期的救援告一段落。[①]

由于战争波及青浦县的城厢和乡村，徐熙春家族在这场战争中不但财产遭受到巨大的损失，亦有人身伤亡。徐传贤的三妹徐传珍曾回忆在“八一三”淞沪会战中父母及家族的遭遇：

---

① 陆轶隽：《从江苏省青浦县分会看中国地方红十字会之运作（1924—1951）》，2020年，第49—55页。

母亲和父亲结婚后一直住在青浦老家，父亲在沪经商，不能经常回家（当时青沪之间交通不便）。母亲独自一人带领我们几个孩子长期住在老家，担负起全家所有家务。“八一三”抗战开始以后，父亲先把孩子们送到上海租界他开设的店中，自己放弃个人一切商务，立即返回青浦领导红十字会进行抗日救灾工作。母亲一人伴随在父亲身边，照顾父亲生活，支持并协助父亲，在日寇追杀与轰炸下不顾个人安危，全心全意地投入紧张的抗战救灾活动。她连自己瘫痪多年的母亲与年迈的父亲也顾不上照料，也来不及为两位老人找一个暂时躲避的地方。后来，两位老人惨死于日寇炸弹下。1937年11月8日，日寇大批飞机在青浦城上空狂轰乱炸，城内硝烟弥漫，一片紊乱。（当时，）国民党军队刚刚撤走，日本鬼子即将冲进城内，父亲和母亲二人几乎来不及出城，幸好遇到红会同仁，慌乱中一起登上一艘小船，向西去朱家角方向，而后又到了金家庄。母亲此时的心却在北门外大街的外公外婆那里，她怎么能忍心丢下他们不顾呢？可是实在身不由己，没有办法扭转厄运啊！当她后来知道外公外婆已被炸死，一个亲生弟弟也被日本鬼子拉夫拉去生死不明，她悲痛万分，终日以泪洗面，心境许久无法平静。她深深悔恨自己没有照顾好自己的父母，但我们从未听到她说过一句对父亲或他人的怨言，只是把满腔仇恨集中到日本鬼子身上。

我们三姊妹离开父母生活在租界店中。一天我们隔壁失火，迅即火势汹涌，我们靠店中伙计把箱子、财物都搬了出来，放在认为安全的对面弄堂里。我们人小认不清自己家的箱子，被人拿走了一只放有我家贵重物品的箱子，内有父亲的皮袍等，以及母亲一只心爱的首饰盒——这些首饰是母亲结婚后几十年来一点一滴积攒并珍藏起来的，有父亲对母亲的情爱，没有一件不是父亲亲自去买来的。后来父母从青浦到了上海，他们没有埋怨，也没有责备我们。母亲此时除了手上一只戒指、耳朵上一对耳环（后来在上海马路上走时，这对耳环也被流氓劫去了）外，几乎一无所有了。父母对钱财一直看得比较淡薄，母亲对此只表示惋惜，而父亲则一声不响。日寇入侵期间，我家闸北的两幢住房（二位哥哥嫂嫂的住房）被日本鬼子烧毁，青浦老家的东西在鬼子进城时被洗劫一空，上海店中的饰物又遭抢劫，最令人伤心的是外公外婆、小舅的惨遭杀害。面对这些灾难，父母的心情是可想而知的，但我们看到两位双亲的表面还是平静的。父亲曾这样说："国难当头，百姓遭殃，个人家庭损失又算什么。"母亲则忍受着痛失亲人和家产遭劫的重大打击，自己仍默默地付出全部心血，一心支持父亲的事业。①

面对家庭和亲人遭遇的巨大灾难，徐熙春的"一声不响"传神地写出了一个地道的上海男人的沉稳与坚毅。作家金宇澄在《繁花》中用了1000多个"不响"，不向人诉说自己的痛苦而是将其埋在心底默默地消化，想办法熬过难关，这是上海人很推崇的处事风格。

第二次淞沪会战进行了三个多月，在敌我力量悬殊的情形下，中国军民做出了巨大的牺牲，这已经是让世人瞩目的奇迹。随着上海、苏州、南京等重要城市陷落，日寇开始对上海及其周边地区进行长达八年的残暴统

① 徐家益、徐建新编:《青浦徐氏族谱考正集暨纪念徐熙春先生 130 年华诞》，2015 年，第 91—93 页。

▲徐传贤的父亲徐熙春（1885—1965）和母亲董月娥（1888—1967）

治。作为青浦县声望很高的绅商，徐熙春被日伪组织盯上了。日寇在青浦成立了维持会，并在“青浦民众报”上造谣说徐熙春参加了维持会。在这大是大非面前，徐熙春冒着巨大的危险，立即登报严正声明：他与维持会绝无关系，也决不会参加维持会。因此，徐熙春和红十字会在青浦的一切活动被迫停止。为了安全起见，随后徐熙春回到了上海租界，在租界开展红十字会工作，并维持整个大家庭的运转，包括照料几个年幼的孙儿。

邮权是国家主权的一部分，作为上海邮政局高级职员的徐传贤，他具有国民政府的公务员身份，在上海沦陷后所承受的压力比父亲徐熙春更大。

“八一三”淞沪会战以后，苏州河北岸的公共租界地区，事实上已成为日本军队的占领区，与邮政大厦相邻的新亚大酒店则成为日军宪兵司令部和特务机关的驻地，中华邮政在上海的业务受到了很大的破坏。据徐传贤回忆：“我们亲身经历了亡国之惨。上海邮局即为日人控制，日本检察员任意检查邮件，撕毁邮件。开始，租界内出版的报纸大部分经过安排逃避日方检查，寄往内地。但不久引起敌人怀疑，常常手持利刃，提出质问，态度凶恶，令人发指。”①

在租界内出版逃避日方检查的报纸，显然刊登的是反映日军在上海暴行、支持抗日的内容。上海沦为“孤岛”后，日军派遣22名检查员进驻邮政大楼，凡是封发、投递、挂号、快递、印刷等各个环节都有专人盯梢。每天扣下的邮件高达数万件，尤其以印刷品居多。若邮件中有对日伪不满的内容，一经发现，就有坐牢的危险。

然而，毕竟上海邮政大楼所处的位置名义上仍然是公共租界的地盘，在英、美、法还没有和日本开战的时期，日本军队对几个欧美强国还是要忌惮几分。后来，法国被德国纳粹军队占领，成立了傀儡政权维希政府，而纳粹德国和日本同属轴心国，因此维希政府和日本算得上是“友邦”。中国政府利用上海邮政大楼在租界内的有利条件，把英、美、法、德“客卿”推到前台，从而尽量维持沦陷区的邮政系统运转。战争爆发后，国民政府恢复了中华邮政总局驻沪办事处的设置，时任上海邮政管理局局长、法国籍“客卿”乍配林（A. M. Chapelain）代理该处主任。在抗战爆发后，长江以南沦陷区邮区若与邮政总局无法取得联系，或因时间关系来不及向总局请示时，可直接向驻沪办事处请示办理。后由于太平洋战争爆发，日本与美、英为交战国，汪伪政府于1943年强行接管了该办事处。

上海邮政大楼在抗战期间的前一阶段，事实上成了国民政府在沦陷区的邮政业务指挥中枢。上海从“八一三”淞沪会战开始到后来沦陷时，邮件不但没有减少，反而因战争大增。因为外界的亲朋特别想知道上海市

① 钱益民编：《传邮万里　贤达人生》，2020年，第29页。

内发生了什么事，市内的人们也急需告诉外地亲朋自己在沦陷区的安危情况。上海本身就是全国邮件最多的邮区，邮务人员也居全国之首——有3600人之多。上海邮政局在淞沪抗战期间并没有因京、沪、杭铁路阻断而中断邮路，而是利用公路和水路运输邮件。他们运用避开淞沪战场绕道运寄的方法，运进和转出所有的邮件，包括处理其他国统区和沦陷区需中转的邮件，以及沦陷区和沦陷区相互转发的信件。

“上海邮政管理局还收纳和保护了来自江苏、安徽、江西、浙江邮区的一些管理人员来上海成立办事机构，并协助这些邮区恢复邮务工作。所以，沦陷区的上海邮政局是开展工作最好的。1938年3月23日，邮政总局任命原上海邮政管理局法国籍局长乍配林为沪、苏、浙、皖联区总视察，指挥此四大沦陷区的邮政业务恢复与开展。”①

对于大战开始后在沦陷于敌手的国土上如何尽量维持邮务运行，国民政府做过预案。“邮政总局于7月18日毅然通知各地邮局：‘如果地方情形紧急，非至当地机关及民众确已迁移，不得撤退。撤退时，亦应于可能范围内，在邻近安全地点暂避，并相机回局恢复业务，以便民众。’”②

江苏、安徽等省的邮局于所在城市沦陷后迁入上海邮局继续办公，即为遵循这一训令。刘承汉对上海邮局法籍局长乍配林评价甚高：“其人颇为机警干练，开会时若对方提出不利言词，乍氏即伪称未听清楚，以为应付。除华界内分支机构及辖区内各二三等局稍有损失外，邮政管理局本身

---

① 沈敦武：《冲破封锁线：中国在抗日战争时期的对外邮路》，现代出版社，2016年，第19页。

② 刘承汉：《中国邮政的缓慢发展》，载彤新春编《民国经济：亲历者口述实录》，中国大百科全书出版社，2016年，第435页。

以及租界内各分支机构均未遭损害，所有上海附近各局员工大半撤来上海候令。其后南京之江苏邮政管理局、安庆之安徽邮政管理局、九江一等邮局，以及杭州之浙江邮政管理局之一部分人员，均撤至上海局之四楼办公，并经其协助陆续恢复局势。”①

既要维护业务最繁重的上海邮区的邮务正常运行，又要协助邻近省市的邮局同仁恢复工作，更要应付日军派驻的检查员暴虐行径，可以想见徐传贤和同事们的压力很大，他们在日寇占领上海的恐惧环境下坚持夜以继日地工作。尽管上海已是孤岛，徐传贤毕竟在这座城市长大，且已是邮局资深的中高级职员，在上海亲戚朋友多、路子广、信息灵，即使在那种特殊时期应对也并不算太困难。

然而，徐传贤在上海的“舒适区”很快被打破了，一项尤为艰难的任务在等着他。

---

① 刘承汉：《中国邮政的缓慢发展》，载彤新春编《民国经济：亲历者口述实录》，中国大百科全书出版社，2016 年，第 437—438 页。

万里飘蓬，从海防到重庆

1938年入夏后，上海闷热潮湿，黄浦江上铅云低垂，有如千钧重锤压迫着这座东亚最繁华的城市。

对上海等沦陷区的中国民众而言，抗战进入了最为艰苦、前途很是渺茫的时期。上海、南京等中心城市已经沦于日寇之手达半年，以蒋介石为首的国民政府迁都重庆，东南沿海城市相继陷落。英、美等欧美强国还在隔岸观火，“抗战必败”的论调在国民政府中一些中高层人士中盛行，文武官员纷纷投敌沦为汉奸。上海沦陷后，在日军操纵下，1937年12月在上海成立伪政权“上海市大道政府”，伪市长苏锡文，伪市政府办公地点就设在与上海邮局大楼隔条马路的新亚大酒店；1938年12月，上海伪政府改名为“上海特别市政府”，伪市长傅宗耀，隶属于“中华民国维新政府行政院”。

这年6月的一天，一位30岁出头的男子携带一只皮箱，悄悄地登上停在黄浦江港口的国际客轮。他穿着时尚，举止优雅，脸上是坚毅与忧戚交杂的神色。这人是上海邮局二等一级甲等邮务员徐传贤，他奉命调往中华邮政总局法属越南海防市“中华邮政驻越代表办事处”。在日寇统治下，上海特务、爪牙密布，作为重庆政府（国民政府迁都重庆后的称呼）的公务员，徐传贤远赴法属殖民地效命，必须是在秘密状态下成行，哪能像平时远行一样让亲朋好友来码头送行呢！

这次衔命远行，对徐传贤来说是颇具风险的一件大事，充满着诸多的不确定性，许多艰难困苦也是他无法预料到的。此前，徐传贤一直生活在上海，于上海邮局亦供职了十五年，无论是社会环境还是工作环境都可谓人地两熟，而这一次却要去陌生的异国他乡在烽火连天中工作，并把父母、妻儿、弟弟和妹妹留在上海。此时，其长子家善（元鑫）10岁，次子家良（启元）7岁，三子家达2岁，最小的孩子也是唯一的女儿家敏还怀在母腹之中。然而，对中华邮政总局来说，徐传贤是派往越南海防办事处最合适的人选之一。此人年届而立，年富力强，邮政业务能力强，办事稳重认真，长于交际，且法语、英语娴熟，方便与法国殖民当局官员打交道。

抗战期间，为国事只能把小家庭抛却在一边，这是当时包括徐传贤在

◀抗战前徐传贤（右一）与家人在上海兆丰公园（今中山公园）合影

内的许多中国人的选择。我想，当徐传贤乘坐的客船离开吴淞口驶入东海，后面的陆地渐渐消失时，站在甲板上的他一定有种“风萧萧兮易水寒”的悲壮感。

当东南沿海等国土被日军占领后，中国的一个个出海口被掐断，广袤的西南、西北大后方和外界的海路孔道一一丧失，最后只剩下两个被西方强国控制的城市——英国人占领的香港和法国人占领的海防，而中国腹地的人去大后方，即使是经铁路、公路聚集到香港，也必须再由海运到越南的港口海防，然后上岸乘坐火车走滇越铁路进入云南，再辗转到昆明、成都、重庆等地。1938年2月，由北京大学、清华大学、南开大学组成的长沙临时大学西迁昆明，其中一部分师生即是坐火车由粤汉铁路南下，到香港后再坐船到海防，然后坐火车走滇越铁路抵达昆明。

滇越铁路起于昆明市，终点为越南海防市，线路全长859公里（滇段465公里，越段394公里），于1910年4月1日全线通车。在1940年6月日军出兵越南控制滇越线之前，这条铁路是中国大后方的生命线，海防港也成为沦陷区和大后方邮件运送最重要的中转站。

徐传贤此番去海防，是奉命筹备沦陷区邮件到大后方的转运处。次年（1939年），转运处升格为“中华邮政驻越代表办事处”，对维护沦陷区到大后方的邮路起到了举足轻重的作用，而徐传贤是办事处早期重要的筹备人员之一。

“此时中国大西南的滇越铁路显出了它重要的战略地位。中华邮政利用上海这个各国‘租借’地的庇护，各国商务邮船仍可自由出入。中华邮政就让法国人乍配林负责周边邮区的邮政，让他疏通了发往各国的海上邮路。另外，将上海周边各区域发往中国西部的信件经过香港发往越南海防，通过滇越铁路到达昆明，中华邮政再分发到重庆、四川、贵州、广西。抗战时期，每天经转河口海关进出口的邮件都有300多袋。”①

对香港、海防两地，中华邮政当局格外重视，“1938年在香港设置‘广州邮局分信处’，派英国人慕雷（W. D. Murray）主持；1939年在越南设立‘邮件转运处’，派法国人儒福立（J. Jouveiet）前往主持”②。如此有针对性地派占领当局所属国的国民去主事，起到了良好的效果。这两位“客卿”也很敬业，据刘承汉回忆：“我国前后方之邮件运输，唯海运是赖，并以香港、海防为中途转运站。凡往来后方与沦陷区者，均由此运经上海，再行分别转递。因于香港设有广州邮局驻港分信处，河内方面亦派有法籍副邮务长儒福立以专员名义在河内设办事处，并于老街地方设邮件转运处（民国30年10月30日即宣告结束）。”③

经过徐传贤等人半年多的筹备及转运工作，1939年2月儒福立才被派往海防充当代表主持大局。这年4月，“中华邮政驻越代表办事处”正式挂牌。徐传贤在其《自传》中说：

> 这个代表和办事处的工作，主要是把上海收寄的包裹邮件通过越南运往蒋管区（注：指国民政府统治区域），并从上海、香港运来邮运器材运往后方。我担任转运工作，负责从轮船接收物资，办理殖民主义者（注：指法国）在印度支那所控制的一套最复杂的报关手续，

---

① 沈敦武：《冲破封锁线：中国在抗日战争时期的对外邮路》，现代出版社，2016年，第161页。

② 王化隆、王艳玉主编：《中国邮政简史》，商务印书馆，1999年，第67页。

③ 刘承汉：《中国邮政的缓慢发展》，载彤新春编《民国经济：亲历者口述实录》，中国大百科全书出版社，2016年，第462页。

接洽车皮，装运物资到昆明。王以恭、张亚卿、梁沛民都是我的助手。那时，我只知道做好工作勿使经转的物资受到损失。[①]

这段话说得云淡风轻，一点情感的渲染色彩也没有。这或许是时代巨变、政权更替后徐传贤刻意为之。当时，1949年前统治中国的国民政府被视为“伪政权”，即便在海防负责邮件转运有功于抗战，亦只能轻描淡写一笔带过，并将大后方称之为“蒋管区”以区别于沦陷区。今天再读这段文字，应当可以理解“我只知道做好工作勿使经转的物资受到损失”这句平常话里蕴含着“位卑未敢忘忧国”的拳拳爱国之心，也完全能想象在那种险恶的环境下从上海抵达海防的轮船上卸货，再办理“最复杂”的报关手续，然后找到车皮将物资装上车运到昆明，工作量是何等的繁重、琐碎。

徐传贤在此批评法国统治下的越南等地报关手续复杂，想必是和英国占领的香港进行过一番对比。在上海，英、美主导的公共租界之管理水平、租界当局办事效率比法租界强许多，英国人治下的香港、新加坡是著名的自由港，外地物资、资金、人员进出很是通畅。这和英国较早建成成熟的宪政体制有关，政府保护自由贸易，对市场尽量不干预或者较少干预。英国在占领地最显著的管理特点就是保留了当地的原有政权组织并巧妙利用，这样使得英国人能更好地取得经济收益，节约行政开销。这一点与法国、西班牙的专制管理和大政府模式截然不同。法国作为典型的欧陆国家，有很长的专制传统，崇尚大政府，官僚队伍庞大、腐败而办事效率低下。由于法国更倾向于对其殖民地进行直接统治，采用本国的中央集权管理体系，其本国政治体制的弊病也就一并带到了海外殖民地。

---

① 钱益民编:《传邮万里　贤达人生》, 2020 年，第 29 页。

儒福立是一位在中国邮务系统工作许多年的“客卿”，曾担任过西川邮局副邮务长、会计长兼代邮务长（1923年，四川分为东川、西川两个邮区，分别以重庆、成都为中心），是一位深谙中国国情、办事圆通的邮务干才。他在作为驻越南代表和主持办事处期间，利用其法籍身份折冲、斡旋，对确保滇越铁路这条最重要的邮路畅通做过不容否认的贡献。

为了撇清和儒福立这种“帝国主义侵华爪牙”的关系，表明自己的政治立场，徐传贤在《自传》中对其人品进行了贬损。但是，从字里行间依然可以看出儒福立很器重徐传贤，两人相处的关系应算是融洽，也可以说徐传贤是儒福立在越南时所倚仗的左膀右臂。徐传贤说：

> 我在上海时，实际掌握上海邮局者固然都是外国人，但不直接接触。儒福立是我第一个直接接触的邮局客卿，在语文（英、法文）方面、业务知识方面对我有些帮助，但使我印象最深的却是他的卑鄙行径：对上利用他的地位表功讨赏，从副邮务长升署邮务长，再讨升邮务长（伪邮政总局时代的领头），对下则脾气暴躁，任意责骂下属，但是在别人对他忍无可忍对其发脾气时，他又变得十分慈祥了（当然是假慈祥）。这人深受伪中华邮政优渥，待遇很高，房租、汽油都由公家供给，在河内西湖旁建有洋房住所三幢，后被辞退。[①]

尽管北伐战争后国民政府和邮局华人员工从“客卿”那里争夺过邮权，但由于种种原因，并没有做到邮权自主，在许多重要岗位上仍然不得不重用“客卿”，而中日战争爆发后更是如此。彻底清除“客卿”对中华邮政的把持，

---

① 钱益民编：《传邮万里　贤达人生》，2020年，第30页。

乃是在抗战胜利以后中国成为“五强”之一，国际地位有很大的提升，在诸多领域包括邮政才取得了独立自主。儒福立应该是在这一时期被辞退的，不过那时他已差不多到了退休年龄，且供职中华邮政多年，钱也挣够了。

对邮政系统“客卿”的作用，刘承汉说过一段公道话：

> 不过我要特别声明，邮权收回自主运动是一回事，客卿有功于我邮政又是一回事，不能混为一谈，更不应因邮权问题而抹杀一切。中华邮政之创始经营，以及继续发展，在军阀十数年间祸乱相寻之局势下，竟能沉着迈进，不受政治影响，摆脱恶势力之干扰，客卿之功，实不可灭。及至抗战初期，东北员工之撤退，陷区邮政之掩护，没有客卿即无法办到。尤其重要的，客卿为中华邮政建立各种制度，奠立良好基础，至今邮政犹有所表现者，盖由于此项遗制使然。[①]

1939年9月1日，纳粹德国入侵波兰。9月3日，英国、法国向德国宣战，第二次世界大战在欧洲全面爆发，而经越南海防中转的邮路到了生死存亡之秋。既然法国和德国是敌对国，日本和德国又是盟国，日军则对法国再无忌惮，便决定对印度支那（今越南）用兵，以切断中国通向大后方的命脉。1940年5月10日，纳粹德国发动“法兰西战役”，以闪电战侵袭法国，法国军队几乎不堪一击。抵抗了一个多月后，1940年6月22日法国宣布投降，同时成立以贝当（Henri Philippe Petain）元帅为元首的亲纳粹的法国“维希政府”。既然法国已经是日本的好哥们纳粹德国控制的傀儡国，那么

---

① 刘承汉：《中国邮政的缓慢发展》，载彤新春编《民国经济：亲历者口述实录》，中国大百科全书出版社，2016年，第412页。

日本军队在印度支那就能为所欲为了。

1940年6月，日本政府向法国殖民当局发出最后通牒，要求其限时关闭滇越铁路，并由日军组成一个委员会对其进行监督。7月20日，法国驻远东地区海军司令德古（Jean Decoux）取代卡特鲁（Georges Catroux）成为法属印度支那总督后，日方对法国殖民当局加大了压力，迫使法国驻日本大使安利与日本外相松冈洋右于1940年8月30日达成协议：日方获得法方允许以一定兵力假道越南北部通过、驻扎及其他一些便利条件，而日本则承认法国对印度支那的统治权。法国殖民当局帮助日本人封锁中国广西进出口，以及阻止美国通过滇越铁路运送军火、燃料及每月10 000吨的物资给中国。1940年9月，日本逼迫法国签订军事协定，使法国“维希政府”当局同意日军进入红河以北地区，并将允许日本派兵进驻河内、海防、金兰湾。1940年9月26日，等不及的日本军队向越南海防展开两栖登陆，4500名日寇一举拿下海防，驻守海防的法国士兵向其投降。至此，滇越铁路这一孔道被掐断。对此，中华邮政应对事态，必须完成两件大事：一是将滞留在越南的邮件通过其他线路抢运至中国；二是开辟经由缅甸到中国大后方的新邮路。

由于法国“维希政府”作为纳粹德国的傀儡，与日本亦是“友邦”关系，日本承认“维希政府”继续统治越南，日方只是军事上派兵驻扎，法理上仍然尊重法国殖民当局的民政管理权，故儒福立等中华邮政驻法代表处并未被驱赶，仍然有活动空间。在滇越铁路中断后的近一年时间，徐传贤和他的同事们想尽一切办法，把滞留在越南的邮件通过公路加水运就近抢运到广西。今存重庆市档案局两份函件记录了这一过程。其中，函一曰：

敬启者：查取道广西抢运存防邮包一节，奉部局电令，贵区与驻防办事处商洽进行在案。现自海防至龙州段，已由驻防代表儒福立邮务长与旅越华侨周楚善君订立承运合约，由该承运人包运到龙。至自龙州至南宁一段，已由贵主任向当地驿运站接洽妥当。兹为避免中途积压起见，烦请查明贵区自龙至邕一段之每日疏运能力及以后有否增加之可能示知，俾海防方面由驻防办事处拟具草案，随函附上关于与贵区有关方面有无修改及变动之处，并请示知为荷。此致

王主任德显　章主任西瀚

六月十日

驻防办事处徐传贤启

邮员　张亚卿照抄[①]

函二曰：

为抢运海防积袋函复查找　由

现准

贵代表本月十日第不列号公函关于贵办事处所拟接交各种手续一案，函询是否同意。等由。准此。自应转饬龙州局照办。惟查内运袋数不加限制，愈多愈妙。盖当此上游河水高涨，安南当局准予放行之际，亟应竭力抢运，以免日后河水低落，失此千载之良机。准函前由，相应函复为荷！此致

① 重庆市档案馆藏，档号 03390001001610200513000。

海防办事处代表徐传贤先生

三十年六月十日

广西邮政管理局特派员　王德显　章西瀚

邮员　张亚卿　照抄[①]

此两份同一天来往的电函，是驻海防办事处徐传贤和广西邮政管理局负责人之间商量存放海防邮局抢运到国内的事宜。徐传贤告诉广西局，现在儒福立邮务长已找到旅越华商周楚善订立合约，由其运邮包到与越南接壤的广西龙州城，询问广西局每日的运力，是否能顺利将这些邮包运到南宁（简称“邕”）。广西局的回答是趁法国殖民当局答允中国方面将邮包运回国，以及左江上游水涨水运能力增强的大好时机，邮包多多益善。

此次抢运的只是滞留在海防的邮件中所剩余的一小部分，而此前的大部分邮件仍由海防办事处运作，走滇越铁路运回中国。对此，沈敦武在其专著《冲破封锁线：中国在抗日战争时期的对外邮路》中有详细描述：

> 1940年9月10日，日军占领了越南，为防止日寇沿滇越铁路进犯中国西南地区，中国政府将中越边境的河口大桥炸毁，并将河口到蒙自县碧色寨（抗战时期的地名为“碧虱寨”）的177公里的铁轨全部拆除。由于滇越铁路中断，造成积压在海防的邮件居然有上万袋。中国政府派1939年2月1日上任的法籍邮务长儒福立为驻越专员，依据万国邮政联盟的公约规定，和日军进行多次交涉。最终，邮件由日军检查后全部放行。
>
> 中华邮政原计划从广西龙州将这批邮件运回国内，并指派广西军

① 重庆市档案馆藏，档号 03390001001610200517000。

邮局张人权局长赴龙州协同广西邮局一同抢运。但因为运力、交通、资金等问题搁浅，最后还是决定走滇越铁路线进入国内。

由于此时中国段的河口—芷村车站的铁路（之间有18个车站，约150公里）已被撤毁，故这批邮件要从越南海防搭载火车运到中越边境的老街。由中方将邮件用渡船拉到河口（因为此时连接中越两国的桥已被中方炸毁），再分三路运往昆明：

1.航运队：用船从河口溯红河水面上运到曼耗（抗战时期的地名为“蛮耗”）（每船仅载700公斤，每一艘船来回要10天）。再从曼耗从陆路拉到个旧县（1951年1月1日起改为市），然后换乘火车运到昆明。

2.挑夫队：中华邮政雇用了270人的挑夫，组建成临时的邮运队伍，约35人为一小队。从河口沿滇越铁路全靠人力挑到芷村车站（当时芷村车站到碧色寨的铁路还未拆），然后搭火车运抵昆明。

3.马帮队：用马匹驮运方式从河口—马关—文山后再运到芷村车站。

据《昆明邮政志》记载：这次抢运的邮件总重量有120余万公斤。邮件除寄到云南外，大部分邮件被中华邮政中转寄至贵州、四川、陕西等西部地区。抢运这批邮件从1940年10月到1941年6月才结束。①

1941年6月10日这一来一复的两件寻常公文，记录的是抗战时期中华邮政在日寇逼迫下抢运邮件的艰辛往事。当时，海防是越南华侨最为集中的城市，全市20万人中华侨就占了四五万人，在当地的工商业、交通业有着巨大的影响。这些华侨大多数心向祖国，在日本侵华和占领越

---

① 沈敦武：《冲破封锁线：中国在抗日战争时期的对外邮路》，现代出版社，2016年，第161—162页。

南期间积极支援中国抗战。这位承揽运送邮包至龙州的华侨周楚善应该在当地颇有能量，且亲近中国政府。——我怀疑，这位越南华侨周楚善和湖南华容县1920年赴法勤工俭学的周楚善为同一人。“岳阳最早进行留法勤工俭学预备活动的是华容县的罗喜闻、戴勋等人。1918年2月，罗喜闻与华容同乡段振寰、戴勋、周楚善、高风一行5人前往北京。他们通过李石曾在内府库8号（现纳福胡同31号）租了三间小房，日间至大学旁听，夜晚入大学法文班习法文。”[①]1920年12月15日，华容籍的罗喜闻、何廷珍、毛遇顺、周楚善、何坤、蔡支华、段振寰、吴让周、王导潜、高风等一行10人，乘“智利”号法国轮船从上海起航，赴法勤工俭学。其中，何坤就是后来大名鼎鼎的何长工。在法国勤工俭学时期，周楚善和同乡何坤做出了不同的政治选择，周楚善倾向于李璜、何鲁之、李不韪等人组建的青年党，与倾向于共产主义的留法同学曾经产生过冲突。周楚善具有留法背景，法语娴熟，后来去法属殖民地越南经商，亦是顺理成章之事。

在越南紧张的工作中，徐传贤最为牵挂的是上海的亲人，特别是三个年幼的儿子和从未见过面的女儿。在妻子盛希珍接连生了四个儿子（其中一个夭折了）后，徐传贤特别想有个女囡。到海防几个月后，徐传贤接到家信，知晓妻子生了一个女儿，遂了他的心愿，不禁欣喜异常，盼望着能尽快回到上海抱起自己的娇娇女。徐传贤知道日本占领上海后对这座原本富裕的城市搜刮无所不用其极，引起百物腾贵，秩序混乱，担心老父老母以及一辈子没出门做过事的妻子如何应对这一切，如何抚养四个孩子。徐传贤后人留存的

---

① 陈波：《五四前后的岳阳青年》，《岳阳日报》2019 年 5 月 1 日。

▶1941年，徐传贤第一任妻子盛希珍与女儿徐家敏

一张给长子徐家善（元鑫）的便笺，很能反映他当时对亲人歉疚的心情：

元鑫儿入览：

前接你祖父来函谈及局中停发薪水及生活高涨情形，殊为不安。兹为应付家用及学费起见，已于昨日由东方汇利（注：应为东方汇理）银行电汇寄你祖父收新法币三千元，并函寄祖父将彼垫款扣除，余款存美新（注：徐熙春先生所开办的美新公司）留作家用提取。自后每月提取若干，尚存若干，望随时来信告知，以便另筹措汇寄也。学费已涨到最高点，儿读书应格外用心，勿负我心。家中大小谅必安好，我身体亦好，望勿为念，余不赘。此嘱。

父字

七月六日[1]

① 钱益民编:《传邮万里　贤达人生》，2020年，第17页。

徐传贤这封信字迹隽永洒脱，惜未留下信封，未能获知写此信的具体年份。但从信的内容看，可分析出大约写于1939年或1940年，其时上海至海防的邮路尚畅通。徐传贤被派驻到越南之初，人事关系应还在上海邮局，故让其家属到上海邮政局领他的薪水，而上海邮政局却并不向其家人支付薪水，故儿子的学费及家用由其父亲徐熙春垫支。徐传贤电汇3000元新法币，在当时是一笔大款子，那么只能是1940年左右。抗

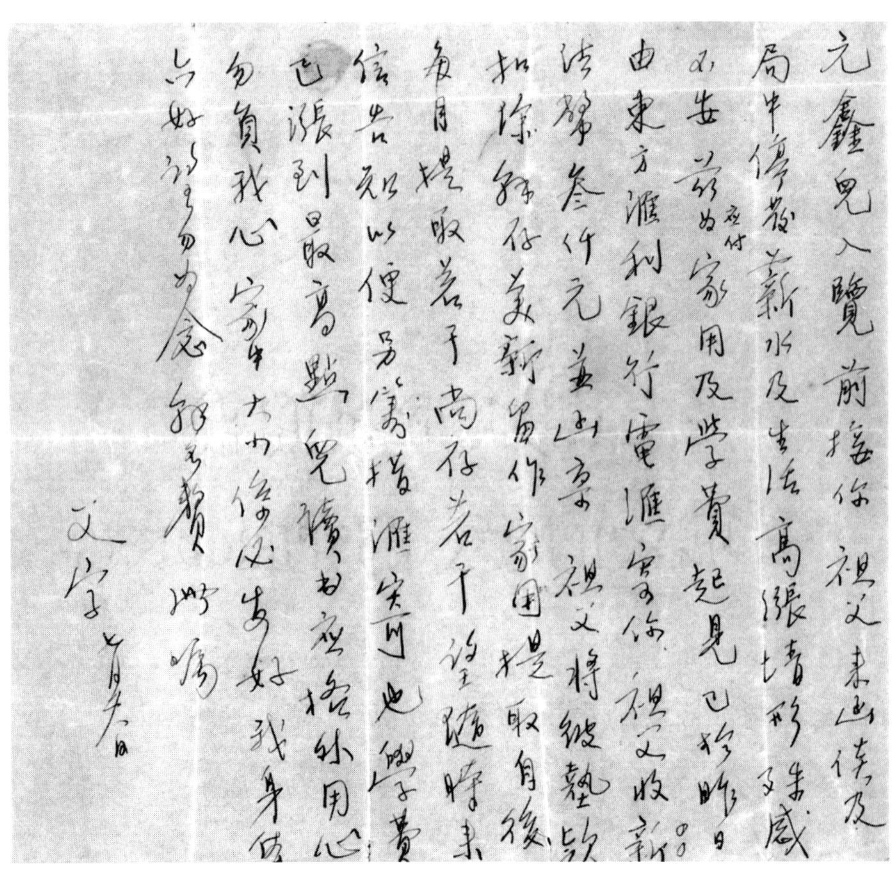

元鑫兒入覽 前接你 祖父來函 俟及局中停發薪水及生活高漲情形 [illegible]感不安 [illegible]應付家用及學費起見 已於昨日由東方滙利銀行電滙寄你 祖父收新法幣叁仟元 並函寄 祖父 將經墊款扣除 餘存[illegible]留作家用 提取 自後每月提取若干 尚存若干 望隨時來信告知 以便另籌措滙寄 [illegible]學費已漲到最高點 兒讀書應格外用心 勿負我心 家中大小[illegible]安好 我身体亦好 [illegible]勿念 [illegible]

父字 [illegible]日

▲1940年左右，徐传贤给长子徐家善（小名元鑫）的亲笔信

战前期，法币在沦陷区包括上海不但可以流通，且信用尚好。日伪曾发行中储券、华兴券、联银券与重庆政府的法币进行博弈，直到1942年11月底日伪全面禁止法币在上海流通。到抗战胜利后，法币以加速度贬值，3000元连一盒火柴都买不了。徐传贤将这笔钱从东方汇理（注：误写为“汇利”）银行（Crédit Agricole Corporate and Investment Bank）电汇至上海，更能证明他当时在越南。东方汇理银行是一家法国银行，1875年在法国巴黎成立。1898年，东方汇理银行先后在上海、广州、汉口、沈阳、北京、天津、广州湾（今广东湛江旧称）、昆明建立过分行。东方汇理银行在上海的旧址，今为上海外滩29号的光大银行。当时，东方汇理银行在越南的势力更大，越南的纸币皆由东方汇理银行发行（俗称西贡纸），故在海防的徐传贤首选该行电汇款项到上海。其时，徐家善已是10岁或11岁的少年，已是高小生，能读懂父亲徐传贤的信，其母亲盛希珍不识字。父亲外出，作为长子的徐家善必定要懂事、早熟，家事可向其交代。

存在海防的邮件抢运完毕后，办事处专员儒福立、办事处主任徐英三留在越南善后。离开越南后，徐传贤先是奉命赴缅甸参与中华邮政在缅办事处的工作。

滇越邮路中断后，中华邮政即于1940年12月初在缅甸腊戌设立邮件转运站，派云南省邮政管理局局员朱景升任腊戌站长，开辟昆明—腊戌邮路，全程七天，每日由昆明、腊戌两地对开。从1941年1月21日开始，滇缅直达邮车开通，途经七站——昆明、楚雄、下关、永平、保山、龙陵、腊戌。日本军队发动太平洋战争后，与英国成为交战国，香港、新加坡相继沦陷。1942年3月7日，缅甸首都仰光失守。4月28日，中华邮政腊戌邮件转运处撤回到云南畹町。4月29日，中国赴缅远征军亦自腊戌撤退，

▲今重庆黄葛古道边的中华邮政总局旧址

第二天腊戍陷落。5月1日，日军开始侵犯云南边境。5月2日，朱景升率邮车及同事向保山方向撤退，于5月5日回到昆明，而滇缅邮路亦因日军入侵中断。1943年初，徐传贤调入“陪都”重庆的中华邮政总局。

2021年4月20日正午，早晨开始一直飘洒的细雨骤停，有“雾都”之称的重庆难得地出太阳了，雾霭很快散去，真是个好天气！我打车来到南山西麓的海棠溪，去寻找徐传贤先生曾工作过的中华邮政总局旧址。

山城重庆，高低不平，到处是坡坡路（西南官话），这是个需要三维甚至四维导航的魔幻城市，以致我手机里的地图导航屡屡出错，明明显示在地图上的地址似乎近在眼前，就是拐来拐去找不到。我一度闯入了一个叫“聚丰江山里”的住宅小区，导航上显示邮政总局旧址就在东边100多米，可如鬼打墙似的怎么也寻不到通往目的地的道路。后来，问一个住在小区的中年人，这位大哥热心地为我指点，告诉我往前走看到有一个工地，旁边有个牌子标识着“黄葛古道”的入口，按指示找到黄葛古道，再爬山路往上走，就能到邮政总局旧址。

我出了小区再往回走，在刚才下车的地点看到了“黄葛古道”的指示牌。越过施工工地，找到了黄葛古道的临时入口，拾级而上，没几分钟就如走进了静谧的荒野中，而看地图这地区分明在重庆城区比较中心的位置。重庆这座城市没有明显的城、乡分野，山在城中，城在山中，城乡之间的切换是如此之快，多数人如我习惯了北京、上海那种核心区、主城区、近郊区、远郊区从内向外分布的城市格局，行走在重庆时常常有想不到的惊异。

黄葛古道之“黄葛”应是西南官话中“黄桷”之谐音通假，据说唐代即有此古道。我脚下的石板，很长一段应该是清代铺设的，已被脚夫的双足磨砺得光滑。暮春空气潮湿，石板也湿漉漉的，白色的女贞花和红色的刺桐花落满古径，山野里飘来很好闻的香味，隐约感知是樟树和花草味道的混杂。嘉陵江和长江在朝天门码头处汇合，从南向北再绕一个大弯浩荡东去。南山就在长江拐弯处的东南一角，呈南北走向，成为长江东岸临江的一大天然屏障。在没有高楼的旧时光里，在南山西边山坡上往下打望，能看到朝天门码头和海棠溪码头。通过两条江运来的货物，在海棠溪码头上岸后就必须靠人力或者马帮驮运，走黄葛古道翻越南山，运送到重庆府东南腹地广袤的山区如南川、綦江，甚至远到贵州的遵义。

◀抗战时期重庆嘉陵江上的船舟（徐传贤摄，具体拍摄时间不详）

◀抗战时期赴重庆北碚缙云山途中（徐传贤摄，具体拍摄时间不详）

果然名不虚传，古道两旁处处可见黄桷树，它们从石头缝里生出，却能长得高大粗壮、枝繁叶茂，真是太不容易了。大约走了二十分钟，总算在山坳坳上找到了抗战时期邮政总局的旧址。这是一幢砖木混合结构的建筑，一楼一底，混合了中国建筑和西洋建筑的风格，设有四个老虎窗，檐下木枋出挑，面阔四间，进深三间，拱形门洞，雕花木门，青砖抹缝，室内设有壁炉。大楼正面墙上有一铭牌，标明这是重庆市南岸区的文物保护单位。整幢楼主体结构尚完整，但门窗、地板已破败不堪。楼的左下方，有一株年岁久远的黄桷树，合抱的躯干，虬劲的枝丫，见证着往昔的峥嵘岁月。这棵树应该在建楼前就早在此扎根生长。破楼与古树的西边便是一个斜坡，坡上长着一片片叫不出名字的野花，野花丛中还残留着清明节扫墓挂青的白色纸幡和没有燃烧完的香烛——这倒是和我湘中的风俗一样。四周阒然无声，偶尔传来一两声鸟鸣。很难想象，在八十年前，这里是中国邮务的中枢。或许，选这样一个僻静点作为中华邮政的指挥中心，是为了应对日本军队飞机肆虐的轰炸。由此可见一斑，抗战是何等的艰苦卓绝呀！中国的军民就如这南山上的黄桷树一样，无论身处多么贫瘠的土地，依然不放弃活下去的希望，不屈服，不绝望，在一点点缝隙中吸收营养和水分，倔强地存活、生长。

我在中华邮政总局楼前的石阶上坐了良久，把自己置身于八十年前正处在抗战最艰苦时期的重庆，想象着我是徐传贤的同事，每天要从山背后黄桷垭老街附近的总局员工宿舍沿黄葛古道一步一步地爬到这座楼来上班。总局的员工多数是家在上海、南京的下江人（指长江下游一带的人，包括江苏、安徽、浙江、江西等省），他们处理着紧急公务，维系着沦陷区和大后方命若游丝般的邮路，在闲暇时也必定思念着留在沦陷区的家人。

▲抗战时期的重庆中华邮政总局黄桷垭邮电所

▲抗战时期重庆邮电学院前

▲抗战时期重庆邮村住房

▲抗战时期重庆邮村住房一侧

山脚下的海棠烟雨属“古巴渝十二景”。抗战时期，流入到长江的海棠溪应该还没有填埋吧。也是这个季节，巴渝风光最为旖旎的暮春——岸边没有双塔入云的喜来登大酒店——徐传贤坐在这棵黄桷树下往下望，能看到染绿江岸的树林，吊脚楼的黑瓦屋顶，还有江面上的片片白帆。他会不会想起杜甫那几句诗呢？“青春作伴好还乡”“即从巴峡穿巫峡”，巴望着战争早些结束，自己可以买舟东下，顺着眼前这条大江回到阔别数载的上海，希望那时候父母身体还康健，妻子和四个孩子一切都好，而他离开上海后才出生的女儿应该会叫爸爸了吧。

对于徐传贤在重庆工作、生活的具体细节，今已不可考。这段“陪都”的经历，在其1956年的《自传》中浓缩成了短短的两段文字：

我初调重庆伪邮政总局（注：指中华邮政总局）时派业务处运输课，为课员，那时处长是霍锡祥（后任伪总局局长，解放时去香港辞去伪职，1956年初回上海，为上海政协1956年特邀代表），副处长陈肇坤（现西安邮局副局长），另有一帮办王仲闻（现在北京邮局某支局），课长是王裕光。我除同王裕光过去在上海一度同事外，其余多不相识，但在工作中受到霍锡祥（广东人）的鼓励，并为他做一些秘书工作。

在这期间我认识了现在的爱人章一涵，那时我在重庆黄桷垭伪邮总的一个单身宿舍里，她就在宿舍隔邻伪储汇局（注：指邮政储金汇业局）会计处工作，在统一膳团中伙食。[①]

① 钱益民编：《传邮万里　贤达人生》，2020年，第30页。

霍锡祥（1894—1980），字汉韶，号子祯，广东番禺人，毕业于中国公学和南洋大学。抗战时上海、广州沦陷后，霍锡祥奉派赴香港开办中华邮政分信处。1939年秋，越南情势紧张，日军有登陆企图，交通部于9月19日派霍锡祥（时任邮政总局业务处副处长）及顾问李齐（原为英籍邮务长）前往缅甸，商洽中缅互换邮件事务：派员在缅甸腊戍地方设立邮件转运处，办理交接邮件事务；滇越铁路中断以后，以仰光代替海防为吐纳港口。霍锡祥是徐传贤职业生涯中重要的伯乐，他俩的交往容后文再述。

王裕光是与徐传贤一起加入邮社的老同事，他在1949年5月解放军进驻上海时和徐传贤做出了相同的人生选择。帮办王仲闻（1902—1969），浙江海宁人，是清末民初大学者王国维的次子，他本人亦是造诣很深的学者，尤其用功于宋代文学，唐圭璋先生对其赞赏有加。

徐传贤来到“陪都”重庆时，全面抗战已进行了六年。其时，中国为了应对这场战争竭尽全力，已到了极端国穷民困的地步。哪怕是国家机关的职员，徐传贤的生活也是十分清苦的，但是比起辗转在越南和缅甸处处是风险，到了重庆后生活毕竟安定下来了。太平洋战争爆发后，由于美国参战并支援中国加强了重庆等大后方城市的防空，日军飞机不再能像以前那样飞抵重庆等城市的上空投掷炸弹如入无人之境。到了1943年8月，重庆的被空袭危险完全消除了。

孤身一人的徐传贤住在黄桷垭正街西侧200余米的邮政总局宿舍区，在集体食堂就餐，因此结识了同一个伙食团的邮政储金汇业局会计处职员章一涵。

中国自有了现代邮政后，即通过邮政系统开展货币汇兑业务，自光绪三十四年（1908）起兼办储金业务。由于邮政机构遍布全国，其储金汇兑业务亦伸展到全国各地。1930年3月1日，国民政府在原来邮政局经营汇兑储金业务的基础上成立邮政储金汇业总局于上海，直隶于交通部。1935年3月1日公布《邮政储金汇业局组织法》，根据这一法律改组邮政储金汇业总局为邮政储金汇业局，改隶邮政总局。邮政储汇局和中央信托局、中国银行、中央银行、交通银行、农民银行合称“四行两局”，是由国民政府控制的官办金融机构，业务上接受财政部领导，行政上归属邮政总局。

邮政储汇是邮政系统收益最好的一项业务，能进储汇局工作，那是百里挑一的精英。1941年5月和9月，邮政储金汇业局先后两次在重庆市招考职员。第一次报名者近千人，录取60人；第二次报名者逾2000人，录取200人。这两批职员260人进行培训后就很快上岗了，而章一涵很可能是通过这两次招考捧到了“铁饭碗”。

章一涵是江苏常熟人，和徐传贤同属下江人，算是苏南同乡。她出生于1918年，比徐传贤小10岁。这位上海长大的同乡前辈，才华出众，穿戴洋派，对人温和体贴，又有着为国家在越南、缅甸历险的传奇经历，自然对一个工作不久的姑娘是颇有吸引力的。章一涵长得端庄秀丽，善解人意，其能在那么多人里面脱颖而出考入储汇局，可知她学识也是不错的。于是，两人一来二去，情愫暗生。我揣度一开始徐传贤大约有“恨不相逢未娶时”的遗憾，毕竟他深受传统的道德教育，也不是一个处处留情的浪子，而对章一涵这样的新职场女性来说，也不可能接受“妾”的身份。

那么，他俩究竟是如何最终挑破那层窗户纸而走到一起的呢？听徐传贤的后人介绍，有一次徐传贤生了重病——想必是在越南、缅甸那样闷热潮湿、瘴疠横生的环境中工作多年，又加上时时处在日寇威胁下神经高度紧张，健康受到了损伤，到了重庆紧绷的弦一松弛，疾病随之而生。这场重病让徐传贤差点丧命，而章一涵不顾自己是个大姑娘，一直守护在徐传贤身边悉心照料。就这样，一对因战争漂泊到山城的下江男女，在特殊的时期相互慰藉，彼此依靠。——这是动乱时代很容易发生的故事。

2021年4月20日那晚，我在重庆邮电大学北门对面街边吃了一顿万州烤鱼后，顺着崇文路向北走了几十步，向左拐进了黄桷垭正街。这条街在不久前整修过，但仍然能看出几十年栉风沐雨的衰败。可在抗战时，这条如今看上去狭窄的街道是南山下最为繁华的商业街，随着国民政府西迁的许多下江人都聚集在黄桷垭地区，因此黄桷垭有“小江南”的美名，当时这条街牵连着上海、南京、苏州、安庆等一个个长江下游的城市。在正街向西的一条小巷子进去，经过三毛故居，很快就到了中华邮政总局别墅旧址。旧址被一堵灰色的墙围住，墙内有几幢房子，最高的一幢黄色的房子外墙正在整修。说是别墅区，其实就是当时总局职工的生活区，徐传贤和章一涵应该生活在这里。闲暇时，他们或许会结伴轧马路（西南官话，有“谈恋爱”之意），一条短短的黄桷垭街来来回回不知道走了多少趟。他们肯定不会料想到，在他们住处同一条巷子东头100多米的一户姓陈的人家，于1943年3月26日降生了一位后来声名远扬的女孩。这家人也来自下江，男主人陈嗣庆籍隶浙江定海，毕业于东吴大学法学院，在上海教过书，后开设律师事务所。1948年，小女孩随父母去了台湾，再后来她成了蜚声中外的作家三毛。

万里飘蓬后的徐传贤，在异地他乡遇到了自己深爱的人，两人有情感的共鸣，能有思想的交流，这是他的幸运。可是，这份爱情给他带来了莫大的难题，因为他已有妻儿在上海。或许，他在重庆思量过一旦战争结束回到上海，如何面对发妻、儿女和父母，如何解决这个难题。

徐传贤并没有在重庆等到抗战胜利，1944年幸运之神又垂青了他。

人生的高光时刻

徐传贤在重庆的中华邮政总局工作了一年即1944年时，他的顶头上司霍锡祥升任邮政总局副局长，仍兼业务处处长，王裕光升任帮办。于是，水涨船高，徐传贤升任课长。

早在1941年3月，为了支持英国及英联邦国家和法西斯国家的战争，美国总统罗斯福签署了《租借法案》(*Lend–lase Act*)；4月，这一法案适用范围扩大到苏联和中国。太平洋战争爆发，中国战场重要性凸显，罗斯福希望中国能够拖住日本，使其不能更多地分兵去和美国军队作战，同时予以增加分配给中国的物资。1942年1—4月，美国向中国起运租借物资42 000余吨，其中有飞机298架、各种火炮共505门、机关枪13 795挺、步枪20 000支、炮弹40多万发、子弹4000多万发、卡车660辆、机油187万加仑、医药用品900吨、铁路材料5000吨，等等。美国除向中国抗战提供物资援助外，还帮助中国培训军队和其他人才。

根据《租借法案》，中国选派工、商、农、医等各个领域的人才赴美实习，费用由美国政府资助。1944年，中、美、英、苏等盟国对德、日、意法西斯同盟的战争，已看到了胜利的曙光。中国从各机关及高校选派的人数达到了1200名，选拔去实习的人才有50岁左右的教授，有三四十岁的中年技术骨干，更多的是大学毕业时间不长的年轻人。其中，交通运输、邮政电讯、农业技术是人数较多的领域，而这显然是国民政府在为战后重建做人才准备。

这是个千载难逢的好机会，很器重徐传贤的霍锡祥建议其报考。于是，徐传贤投考了邮政管理项目，一考便中。其时，徐传贤已30多岁，工作了二十年，资历、职务优于多数年轻的实习生，故交通部授予其研究员的学术职务，以便到了美国后更受尊重。邮政领域当时赴美实习的专业人才中有研究员身份的只有两位，另一位是学习邮政机械的蔡文法。

徐传贤在《自传》中回忆赴美的过程：

> 招考分两批进行，第一批邮政方面录取蔡文法、沈鑫（现邮电部计划司）二人先行。我们第二批于1945年7月25日自重庆飞印度，在印度住了一个月，候乘美轮绕道地中海、大西洋赴美，邮政方面被录取同行者有李雄（现在邮电学院）、张凤鸣（在西南区）、王叔明（逃往台湾）、吴敬业（第一汽车厂）、斐清平（解放时在南京）、谢惠霖（回国后在伪储汇局工作）。同轮赴美的有伪交通部其他部门的实习人员，伪农业部及其他部的实习人员，总数300余人。根据国内指定我的实习项目（邮件运输、国际邮务及储汇业务），上半年在华盛顿美国邮政部第二及第三司内实习。后半年赴纽约，转赴加拿大、芝加哥、洛杉矶、旧金山等邮局观摩实习，于1946年10月回国。①

徐传贤一行离开重庆时，纳粹德国已经投降，欧洲战场已经停战了，但日本还在负隅顽抗，中国东南沿海各港口及香港仍由日军占领，故实习

① 钱益民编：《传邮万里　贤达人生》，2020年，第31页。

人员不得不先飞印度，然后绕道印度洋、地中海和大西洋赴美。一位由农业部选派的实习人员柳克令比徐传贤早三个月赴美实习，他于浙江大学（抗战时迁贵州湄潭）毕业后留在贵州工作。柳克令所走的路线和徐传贤这批学员完全一样，很有可能其所乘运送该批学员的船赴美国后，再返回印度接送徐传贤这批学员。柳克令在晚年曾撰文回忆这趟旅行，从他的文章中大约能猜想出徐传贤在漫漫航程中的情形。

柳克令（1920—2009），湖南长沙人，著名农业机械专家、农业系统工程专家。1942年毕业于浙江大学，1942—1945年历任贵阳防空学校修理所、西南公路局机车厂技术员，贵阳企业公司中国机械厂、中国农业机械公司贵阳厂工程师。1945—1946年，在美国爱荷华大学农业工程系进修。中华人民共和国成立后，先后在湖南大学、交通部、北京农业机械学院工作。柳克令在文章中回忆道：

> （1945年）4月底在重庆集中，分批（每批约40人）搭乘美军运输机飞越喜马拉雅山（驼峰）到印度北部的一个小镇，等候美军运输船。住在帐篷里，每餐以罐头食品充饥。5月初，乘火车到加尔各答上船。船是美国为战争需要快速生产（全部用焊接）的“自由型”货轮“Pachik将军号”，甲板上层住的是船长、政府官员和美军军官。我们和印缅战区回国的美国大兵则住甲板以下一、二层的货舱内，不准跑上甲板，开饭时在货舱两侧长廊上排队，由美军分发热食。因为改运乘客，厨房人员不够，故须轮流帮厨，主要是当厨师的助手，烤面包、剖土豆和其他一些杂活。
>
> 原定航线是经太平洋到旧金山，因沿途可能遭遇日军飞机和潜艇

的袭击，上船后举行过几次演习，即听到警报后迅速穿上救生背心到指定地点排队。

开船不久，就让我们受到一次歧视有色人种的教育。有天开晚饭时，前面排队的人中有位大约嫌少了一点，和分食的美国大兵发生争吵，他们就把剩下的饭菜倒到海里，害得后面的几百人都饿了一顿。与此同时，还有一位交通部的因病勉强上船但身体不支去世的。我们公推了一代表和船长交涉，他亲自出席了死者的海葬仪式，算是表示道歉。

5月8日德国投降，遂改道苏伊士运河、地中海、大西洋去美国东岸，并准许大家上甲板观海。一路都未停船，月底抵达弗吉尼亚州诺福克港，下船后乘火车到华盛顿，农口人员（注：指农业方面的人员）被安置在一个健身房内。①

邮政总局选派的这两批实习学员，回国后几乎都成了中国邮务系统的骨干。1949年后留在大陆的，大多数在业务方面依然受到了重用。略举几例如下：

蔡文法，广东香山（今中山）人，1937年毕业于上海雷士德工学院机械系，曾任中华邮政总局机务课课长。中华人民共和国成立后，历任邮电部邮政总局主任工程师，邮电部邮政科学研究所副所长兼总工程师、高级工程师，中国通信学会第一届常务理事。主持了北京市自动化邮局工程、广州及北京邮政枢纽工程的设计工作；主持研制成功邮件分拣设备，为我国邮政通信机械化、自动化起了开创作用；编著有《邮政机械化与自动化》《国外邮件处理中心的工艺设计》等书。

---

① 柳克令：《“租借法案”留美的回忆》，《求是》2001年第27期。

沈鑫和李雄回国后留在邮政总局工作。1949年初，国民党军队节节败退，蒋介石下野，李宗仁代理总统。当时，南京政府提出和平谈判，提出实现“三通”，国统区和解放区实现南北通邮是谈判重要内容之一。交通部邮政总局派出代表梅贻璠（梅贻琦之弟）、翁灏英、沈鑫、李雄、王震百等人与华北邮电局代表苏幼农、成安玉经过十余天讨论，确定了通邮暂行办法，并在4月27日正式签署协议。后因两党和平协议未能达成，南北通邮协议亦作废。①

很快，解放军过了长江，大陆宣告解放。沈鑫、李雄和徐传贤北上北京，或进邮电部，或参与北京邮电学院创建，而苏幼农则成了他们的上司。沈鑫后来成为民革中央委员、第六届全国政协委员，1987年去世，终年72岁。

吴敬业，河北滦县人，1939年毕业于西南联合大学机械系。1945年赴美国实习，1946年回国后曾任邮政总局和云南、贵州、上海邮政管理局助理机工监事、机工监事。中华人民共和国成立后，历任长春第一汽车制造厂首任技术处处长、总设计师兼设计处处长，洛阳第一拖拉机制造厂副总工程师、总工程师，第四、五届全国政协委员。

徐传贤和他的同事在美国的学习时间只有短短一年，这一年内他们可谓是争分夺秒，非常努力和认真。邮政总局选派的实习人员定期约定在美国某地相聚，召开座谈会，报告学习收获，交流学习心得，并轮流担任主持人和记录者。徐传贤奉命学习的项目是邮件运输、国际邮务和储汇业务，故其数次报告皆围绕这几方面的业务展开。从今存于南京第二历史档案馆的座谈会记录中徐传贤的发言可看出，徐传贤的学习、思考在逐渐加深，

① 金观群:《忆南北通邮一段往事》,《百年潮》2003年第9期，第35页。

早期座谈会主要报告所了解的美国邮务的情况，到后期则多结合中国邮务状况谈及自己的看法。

例如，1945年12月31日下午，诸同仁在华盛顿安多尼街1857号召开第三次座谈会，出席人有沈鑫、张凤鸣、徐传贤、李雄、赖蜀生、王叔朋。徐传贤报告的是美国的火车邮件事务，“自火车邮务成立之后，利用在运输途中之时间分拣邮件，对于处理邮件之加速，贡献殊大。现在火车邮务人员共达二万五千七百余人，每年分拣邮件达二百万万件（一九四五年估计数），火车邮局共达三千四百余辆。此项邮务均由邮政部第二司长辖下之火车邮务科管辖督理。全国分设十五个区机构，直接对该科负责指挥相关区内火车邮务及人事”[①]。

1946年2月26日下午，邮政留美实习同人在华盛顿西北区第22街第622号召开第五次座谈会时，徐传贤已赴美国各地考察回来，对美国邮件运输、转送、分拣观察仔细，对其优点及对中国的借鉴作用很有过一番思索。兹摘录如下：

> 徐传贤报告：本月份，本人曾往华盛顿邮局火车终点分拣处、转运处研习处理邮件方法，并乘坐汽车邮局往Hanisorbury（注：疑Harrisburg［哈里斯堡，属弗吉尼亚州］的笔误）火车邮局以至费城，沿途顺便与各邮局长讨论各局业务及处理邮件情形，兹将观察所及略作报告。
>
> 一、华盛顿邮局与火车站仅一街之隔，上有悬桥相通，接送邮件非常便利。此后我国邮局寻觅地点，应顾到与车站或轮埠之联系，以节省运邮费用及时间。……

① 钱益民编：《传邮万里　贤达人生》，2020年，第89—90页。

二、美国邮局分拣口均甚多，但并非每口有直封邮袋，此项邮件大都经分别捆扎后，封入转口袋内。我国近年以来各邮局每将大量转口邮件散装，中途邮件重新分转。此种习惯不仅增加中途邮局手续，耗费人工，抑且延误邮件。……

三、分拣人员手臂活动范围有限，我国之拣信木格，每格子之高宽度均甚大，故每人经管口子不能过多。美国邮局之分拣格子每格宽度仅大于普通信封，此或为分拣速度较低之原因。但每人经管格子则较多，此点颇值得研究。

四、美国之普通邮件既无清单，亦不用路单，封发邮件者亦兼分拣邮件工作，节省人工甚巨。唯挂号邮件大部分不与普通邮件合封，邮袋之授受，均须当面点交（hand to hand），远较普通邮件为慎重。……将来我国邮件数量日增，交通发达，似亦可以按照美国封发邮件办法办理。[①]

对于美国的先进做法，徐传贤并不认为可以照抄照搬，他时时在考虑和中国的实际情况如何结合起来。1946年4月10日，徐传贤在座谈会上谈到，“同人等来美实习已逾半载，在各方面深觉美国邮政足资我国借镜之处，确属不少。唯因美邮组织与我国颇有不同，过去诸同人常谈及此问题，佥认为如果能有机会一睹其他先进国家之邮政，藉作比较，则获益更多”[②]。当时，美国掌管全国邮务的邮政部，是内阁中的一个独立部门，位高权重（1971年将其降格为邮政署——United States Postal Service，简称

① 钱益民编:《传邮万里　贤达人生》，2020年，第92—93页。

② 同上书，第93页。

USPS）。中国当时的邮政总局是由国家交通部管理的国家局。加拿大的邮政组织与中国类似，因而后来徐传贤等能得以赴加拿大做短暂考察。

美国的经济与科技的发达以及管理之先进，当时大多数赴美实习生是真心服气、虚心学习。柳克令多年后说："各人在美国一年的经历与体会都有各自的记述。但我相信每个人都会有相同的感受：一（方面）是目睹美国先进的生产技术和管理方式，以及社会上各种服务行业的细致和周到；但是另一方面也看到了资本主义社会的许多阴暗面，如金钱至上、贫富悬殊、种族歧视，等等。因而这次实习，对众多的知识分子而言，也激励了他们发愤图强、振兴中华的信念。"[①]

当时，中美两国是共同抗击法西斯的盟国，两国关系处于历史上最友好的时期，故徐传贤这些赴美实习人员受到了美国政府和人民热情、细致的接待与关照。徐传贤在1956年那样的政治气候下写《自传》呈报组织，仍然不避讳这一点：

> 在美实习期间，曾参观邮政部制邮袋厂、制锁厂、办公用具机器制造厂、邮用机器制造厂、道奇汽车制造厂。在邮政部中，我们与计划委员会主任高德兰接触较多，我们的实习地点都由他调度介绍。他是一个从普通职员提升起来的负责人，待人接物都很和蔼。另一个是第三司包裹科科长哈利曼。这两人那时都已将近退休的年龄。高德兰则已在1949年去世。张凤鸣实习的第四司内有一位老太太辛浦生夫人喜与中国实习生和学生来往，也常请我们去玩。此事而外，我在邮政部办公室、各邮局接触过的美国邮政人员，一般是经过介绍，表现得

① 柳克令:《"租借法案"留美的回忆》,《求是》2001年第7期。

很热情，并详细地解释我们提出的问题。由于在国内，特别在抗战时期，把一切的希望都寄托在蒋管区内，亦已受到相当深刻的崇美亲美思想影响，在美国又看到这个国家的物质文明，又接触到一些美国普通的职员，更加深了我的崇美亲美的糊涂思想，看不到这（样）一个事实——美国一切物质都是美国人民的劳动成果，而美国的政权还操在依靠战争来发财的垄断资本集团手中。①

这段话最后几句显然是为了“政治正确”而找补的，以此来平衡留美时所遇美国官员和普通职员表现出亲善的感念。

大致在1946年8月，徐传贤回到了中国。当时，中国山河光复，并成为世界五大强国之一。柳克令是这一年6月回国的，由旧金山坐轮船直达上海，而徐传贤回国的航线应该也是这般。

自1938年6月离开上海，徐传贤已在外飘荡了八年，从越南海防到缅甸，再到重庆，而后经由印度过印度洋、地中海、大西洋到美国，此番横跨太平洋再回到上海。八载时光，南北东西奔走，整整绕了地球一圈。归来时，徐传贤看到父母身体尚康健，弟弟妹妹都好，三个儿子茁壮成长，而从未见过面的小女儿已到上学年龄。为了照顾他抑或是对其在抗战时期所做贡献的酬劳，上峰并未让徐传贤去南京的邮政总局上班而是让他回到上海邮政局担任运输股股长。

与无数个饱受战争摧残的家庭相比，徐家无疑算是幸运的。一家人团聚后，徐传贤有一件很重要的事情要处理，那就是他和章一涵的恋情。他俩不是逢场作戏，章一涵对其有婚姻的期许，自他从重庆去美国实习，章

---

① 钱益民编:《传邮万里　贤达人生》，2020年，第31页。

一涵一直痴痴地等着他。

现在难以知晓徐传贤究竟何时向父母禀告他和章一涵的事，如何决定把这件事告诉发妻盛希珍。不过，还没等到徐传贤腾出空来处理后半辈子最大的一个人生难题，一项更重要的任务又在等着他——邮政总局命其赴法国巴黎参加国际邮政联盟第十二届大会。国事为重，家事只好暂且放置一边。

国际邮联（亦称“万国邮联”）第一次大会于1874年在瑞士首都伯尔尼召开，中国在1914年加入了万国邮联。长期以来，法语是万国邮联的正式用语，会场上发言需用法语，后来允许各国代表用母语发言，但必须由本国随行的译员译成法语，大会并不提供同声翻译服务。中国于1920年、1924年、1929年、1934年分别参加了第七、八、九、十届大会，但这几届大会中国邮政总局皆委派法籍“客卿”在会上发言。

第十二届大会于1947年5月7日在巴黎开幕，会期两个月。中国作为战胜国，国际地位得到了很大的提升，如果再派法籍职员代表中国发言会让人观感不雅，说严重点是有损国格，因此这次中国政府代表团组成人员全部是中国人。首席代表为驻法大使钱泰；代表有邮政总局联邮处处长刘承汉、视察梅鼎、邮政储金汇业局保险处处长汪一鹤；邮政总局课长吴之远和上海邮局股长徐传贤为随员。刘承汉于本年3月才接任联邮处处长，动身前往巴黎前又患病高烧不退。等徐传贤等人先期抵达巴黎后，病愈的刘承汉才只身来到巴黎，连开幕典礼也没有赶上。

会后，徐传贤以《邮政月刊》驻法通讯员的名义撰写了一篇题为《国际邮联会议花絮》的通讯发表在《现代邮政》第一卷第三期上，对此次大会做了较为翔实的报道。兹节选如下，亦可见作为邮政业务精英的徐传贤其中文写作水平并不亚于专业记者：

第十二届国际邮政会议根据布诺赛尔（注：指今阿根廷首都布宜诺斯艾利斯）国际邮联公约规定应于一九四四年在巴黎召集，因战事关系延至本年五月七日始行开幕。会址设于巴黎大宫（Great Paris），该大宫是因一九〇〇年巴黎世界博览会而建，宫之正厅长二百公尺，宽及顶高各四十五公尺，为欧洲类似建筑物中最大者，屋顶全用玻璃，光线充足，最适宜于集会及展览之用。巴黎光复时民军首先占领该宫与德军巷战于其附近，宫之建筑，颇受损坏，经修复后改作本届邮会之会址。巴黎景物之美，冠甲天下，大战中双方均知保存此美丽之城市，故破坏极微，今邮会独假用此枪弹累累之大宫举行会议，用意深长。

邮会开幕典礼，于五月七日下午三时在卢森堡宫举行（该宫现为法国务会议议场），由法国总统奥利欧氏（注：指法兰西第四共和国第一任总统樊尚·奥里奥尔［Vincent Auriol］）亲自主持，各国代表团于开幕前纷纷到达，由大门沿两旁罗列总统府卫兵之长廊进入会场，各卫兵服装鲜明，头戴铜盔，平添几分壮丽景象。会场内各代表座次是依各国国名首字字母排定，代表依次入座，初次会面，均各微笑为礼，状况愉快。三时正，法总统偕各部部长入主席台，全体起立，奏《马赛曲》，主席随即宣布开会。奥氏穿长礼服，架开边眼镜，身体魁梧，精神矍铄，发言宏（洪）亮而有力。会场中最受人注视者为缅甸及沙特阿拉伯代表，彼等身穿本国服装，颜色鲜艳，步出大门时，新闻记者均上前争为摄影。

开幕后首致开幕词者为法邮电部总秘书法莱氏，法氏先述上届开幕后人类文化思想交流之重要，祝颂会议成功为国际合作之楷模，语词深切动人博得全场热烈鼓掌，足见人类饱受战争惨痛之教训，热望世界和平之殷切。次由邮汇年长、比（注：比利时）代表薛嘉氏代表邮会全体向法政府申谢，描述法国对邮联会之贡献并祝本届会议之成功。最后由法总统致颂词，第一日之开幕典礼，于焉结束，历时仅三十分钟，礼节简单而隆重。当晚法莱氏在外交旅馆欢迎邮会代表，到各国代表及眷属一百余人。法邮政高级人员全体出动接待，并由法邮局乐队奏乐以娱来宾。

五月八日起邮会正式大会在大宫举行。会场大门设在大宫左角，上挂邮联会徽，入内为穿堂，穿堂门上挂法文豪伏尔泰名诗一首“Fla Doste est le lien de toutes les affairs，de tuotes les negociations ；les absents par elle deviennent presents. Elle est la consolati on la vie”，意思是“邮政是各种事物思想之媒介，别离的人藉此相系，人生藉此得到安慰”。穿堂内设衣帽、问询、旅行兑换配给证各柜台，再内为女宾室、阅报室、食堂、大会几个委员会正副主席办公室、医药室等，会议厅设二楼，共分三室以备各委员会同时会议之用。大会邮局电报电话速记员秘书室及国际邮政公署区时办公室亦均设二楼，以便与各会议室取得联络。各国代表及随员均由大会邮局分别特设专用信箱，每当会前会后代表募集开取邮件及邮会各项通知，颇有人满之患。

会议室之布置中为主席团，台前为速记员席，两侧及正面为代表席，均依各国名首字字母次序排列。发言时用扩声筒传播。法人最擅长室内布置，因大宫建筑损坏时修复未能如前之富丽堂皇，但各室内所悬油画照片及彩毯等琳琅满目、美不胜收。[①]

多年后，已在台湾退休的刘承汉回忆这次邮联大会（当时徐传贤已经

① 钱益民编:《传邮万里　贤达人生》，2020 年，第 57—58 页。

故去），和徐传贤所描述基本一致，只是更为简约。刘承汉未能参加开幕式，其对开幕式之介绍想必即从徐传贤这篇文章转述而来（刘本人不懂法语）。刘承汉对伏尔泰的那首诗以五言古体诗改译了一次，颇为可观，其曰："事物往还能，赖邮作媒介；相离如亲晤，慰藉欣然来。"①

刘承汉对徐传贤在这届邮联大会上所起的作用做了很高的评价：

代表中除首席代表钱大使外，其余代表三人均不谙法语，唯随员吴之远与徐传贤两君均为法文邮员，一长于文字，一长于语言，吴君法文文书之典雅，屡为钱大使所赞许，而徐君发言之流利畅达，应付会场亦游刃有余。尤其徐君擅长于交际，能于跳舞、游泳场合中，结识不少国际友人，后来我国修正案之能提出，得力于其交际，亦复不少。平时开会除重要场合事前邀请钱大使出席外，均由本人主持，在会场上之席次，仅各国代表团系按各国国名首字字母之次序排列，而在每一代表团以内座位，孰前孰后，则一任自由。我乃以吴君居于右，徐君居于左，徐君之左则紧接梅代表仲彝兄之座位，因梅代表曾三度出席会议，且其人精于谋略，随时磋商，颇为便利。每遇议案进行讨论时，吴君将发言者之大意以中文或英文译之纸上，我认为我国有发言必要时，乃将要点写出交于左方之徐君，同时梅代表仲彝兄亦可阅及，如认为有所不妥或需补充之处，亦随时征得我之同意后，一并交由徐君起立发言。吴、徐两君均服务邮政有年，且对国际邮务素有经验，仅须略示要点，即能自动发挥，与单纯做翻译工作者情形有

① 刘承汉：《中国邮政的缓慢发展》，载彤新春编《民国经济：亲历者口述实录》，中国大百科全书出版社，2016 年，第 514 页。

别，以是会场工作，颇能因应得宜。及至组织理事会案提出后，会中引起热烈争辩，我虽不谙法语，但以吴、徐二君之助，随时均能获得了解，尤以赞成与反对者，会后争来觅取联络，深觉问题之严重。①

中国驻法国大使钱泰法语娴熟，但他作为首席代表只是以示中国对此次万国邮联会议的重视，钱大使公务繁忙，除了出席开幕式、闭幕式以及召开酒会招待来宾外，不可能参加长达两个月的各项会议议程。代表团里只有吴之远和徐传贤二人懂法语，二人各有分工，吴重点是文字翻译，而徐传贤则是会上口译，其“发言之流利畅达，应付会场亦游刃有余”，可见其发言水平很高。作为上海滩上长大的“文艺青年”，徐传贤擅长交谊舞、游泳，性格活跃、喜欢交际的优势派上了用场。徐传贤服务邮政界多年，业务出色，又远非寻常的职业翻译所能比。中国在此次会议取得的几大收获，徐传贤贡献甚巨。

其中，第一大成就是中国当选为国际邮联常务理事会理事和副主席（“常务理事会”为刘承汉回忆文章中所言，应和徐传贤所述的“组织执行及联络委员会”为同一机构名称不同的中文翻译）；第二大成就是邮联出版物增加中文版本；第三大成就是中国提出的重要修正案被大会采用。特别是第三大成就，几乎是徐传贤凭一己之力促成的。

据徐传贤在《自传》中讲述：“由于中国代表都不熟悉业务，我和吴之远又忙于翻译他国代表的发言，中国代表团很少发言，唯在组织执行及联络委员会问题上，各国代表意见纷歧（分歧）。有些认为英美所提交的

① 刘承汉：《中国邮政的缓慢发展》，载彤新春编《民国经济：亲历者口述实录》，中国大百科全书出版社，2016年，第526—527页。

草案[①]以五大国（注：美、英、苏、中、法五国）为当然委员国，不符合平等原则。有些认为苏联提案赋予这个组织的权力太大。有些根本反对成立这个组织。中国代表唯恐组成这个委员会而不能当选为委员，乃联合埃及、巴西等国提出了一个组织这个委员会的修正提案，获得通过。中国以提案人的资格，被选为这个委员会的委员并为委员会的副主席。”[②]

大会上，已见到了“冷战”格局，而中国作为亚洲唯一的大国，适当其时地提出了折中的修正案。徐传贤在对组织递交的《自传》及回国后在刊物上发表的通讯中，毫无一点自我夸耀，根本不提他个人所做出的贡献。幸亏有刘承汉的记述，他很生动地回忆起徐传贤费尽心力地游说他国代表支持中国提案的经过：

> 大会中最初收到关于理事会之提案计二件，一为前英法联合提案，一为苏联所提出者。英法提案主张理事会职权为维持邮盟与联合国及其他国际机构间之联系，监督邮政公署，召开特别大会，并于国际间发生急要事故时，采取必要措施等；苏联提案则将理事会职权更加扩充，除接收邮政公署各项职务外，主张有权采取一切必要措施，以保持邮盟事务之赓续。此两案送达各代表团后，以其关系邮盟组织，性质重要，为全体代表所重视。大多数代表在原则上虽赞成有此机构，但对该机构之人选及职权，意见颇不一致。一部分代表又深恐理事人选为大国所独占，邮盟大权将为数大国所操纵。故在会外交换意见时，未能获得妥

---

① 刘承汉先生的回忆是“英法两国的提案”，徐传贤在写《自传》时完全凭记忆可能出现错讹。

② 钱益民编：《传邮万里　贤达人生》，2020 年，第 32 页。

> 洽，其中尤以苏联提案集权气味浓厚，要根本变更邮盟组织，让人殊感不安。加拿大代表则联络阿根廷等国，坚决反对此项提案，甚至不惜退出邮盟以示决心，因之此案在讨论时几陷僵局。大会主席不得已宣告暂行休会，由法政府招待作地中海滨利市（Nice）之游。[①]

法国作为东道主，当然有支持本国代表提案的优势。在休会期间于海滨城市旅游时，英、法常在晚上举办娱乐活动招待各地代表，实为拉票。被邀请的主要是欧洲国家，因为不少欧洲国家有海外殖民地，宗主国一票赞同将带来殖民地跟随。苏联代表后面，也有一些“小弟”。中国势单力薄，没人搭理。

中国代表团认为无论是苏联提案还是英法提案，都有显而易见的弊端，于是商议决定，“不若利用此项鹬蚌相持之机会，以争取我国外交上之自立，成则固可为邮盟所重视，败亦与我无损。因就英法提案提出折中方案，在原则上为邮盟组织理事会确有必要，其组织、职权、人选等，应尽量采纳大多数代表之意见，避免任何可以引起流弊及分裂之因素。并深知本案引起双方争论之焦点，在理事会之职权问题，苏案之权力过大，因为大多数国家所不取。英法主张在紧急期间得采取必要措施，亦足引起顾虑，盖其所采之决定，难免为政治因素所左右，不能坚持邮盟向来之中立态度也。因此，我国代表团认为遇到此种紧急事故，理事会必须拟具一个对于邮盟及大部分会员国最有利之决策，但此决策之实施，须先征得大多数会员国之同意。换言之，理事会之工作，在推动而不在决定，在照大多

① 刘承汉：《中国邮政的缓慢发展》，载彤新春编《民国经济：亲历者口述实录》，中国大百科全书出版社，2016年，第529页。

数会员之意旨，而不独自行动。此项原则商定以后，乃嘱吴之远君草拟法文提案，定稿后深夜与钱大使接通电话，说明原委，并将所拟修正案逐字在电话中宣谈，请其核定。钱大使除在电话中核定数字外，深表赞同”[①]。

提案拟出后，中国代表团明白单独一国递交，受重视程度不够，必须拉上其他国家。想来想去，决定游说巴西、埃及联署，一为南美洲大国，一为非洲和伊斯兰大国，代表性充分。“因首先利用徐传贤君之交际能力，征得巴西、埃及两国代表之同意，列名为联合提案人。”[②]后来，又征得欧洲的葡萄牙同意，四国联署递交中国起草的修正案。英法得知此事后，愿意支持中国的提案，将自己的提案撤回。到了大会复议时，苏联看到自家的提案支持者少，也撤回了原提案，中国修正案以53票超过2/3票数通过。

大会结束后，东道主法国组织参会代表去诺曼底参观。徐传贤归国后撰写了一篇游记《吊诺曼底战场》，抚今追昔，笔调沉郁，亦可见一位知识分子当时对国际国内局势的忧虑：

> 远在八九世纪时，北海的移民在法国本部登陆，居留在塞纳河的下游，诺曼底因此得名。这些诺曼底人，性好冒险。他们于1066年在威廉征服者的领导下，出发征服英格兰。百年战争时，英法两军在诺曼底境内留下不少战迹。第一次世界大战盟军在此登陆，决胜败于此；这一次（注：指二战诺曼底登陆）登陆战的展开，规模伟大，集人类智力与勇敢，造成亘古未有的海、陆、空大战，奠定了覆没纳粹主义

① 刘承汉：《中国邮政的缓慢发展》，载彤新春编《民国经济：亲历者口述实录》，中国大百科全书出版社，2016年，第530—531页。

② 同上书，第531页。

的基础。可是大战结束不久，国际间新的纠纷一天天在增多，我们带着沉重的心（情）凭吊此新战场。沿途经过累累战迹，其损坏的惨烈，使我觉得人类历史的演进还逃不出悲剧的圈子。

…………

将晚，车抵Deinvile（注：疑Deauville笔误，即法国海滨小城多维尔），我们在预定的诺曼底旅馆中过宿，该地为一避暑胜地，除有不少旅馆外，还有一个著名的Casino游乐场，内有酒吧、舞场和赌间等。大战后，法国经济状况也很见艰窘，可是有钱的富有阶级已在寻消闲之道了。

…………

这次凭吊的战场，复原的工程固然已在积极地进行中，勇敢的诺曼底人正想恢复加昂的旧观，可是惨烈战争过去未久，国际的局势又日见暗淡，前途如何，实足启人殷忧也。①

在法国参加会议期间，徐传贤虽然公务繁重，但其正值精力旺盛、知识与经验充足的职场鼎盛期，又加上中国取得了抗战胜利，洗刷了百年来的国耻，国际地位有了空前的提高，他的心情十分舒畅，在会议期间应付裕如。为了让国内的亲人分享这种喜悦与风光，1947年6月25日徐传贤从法国寄回一张明信片给上海正在念大学的胞妹徐毓英和徐传珍（大妹徐珠英当时已出阁）。幸而明信片得以保存至今，上书：

此次来法，当地邮政殷勤招待，先后参观凡尔赛宫、历代皇宫、诺曼

① 徐传贤：《吊诺曼底战场》，《现代邮政》1948年第3卷第4期，转引自钱益民编《传邮万里　贤达人生》，2020年，第84、85、87页。

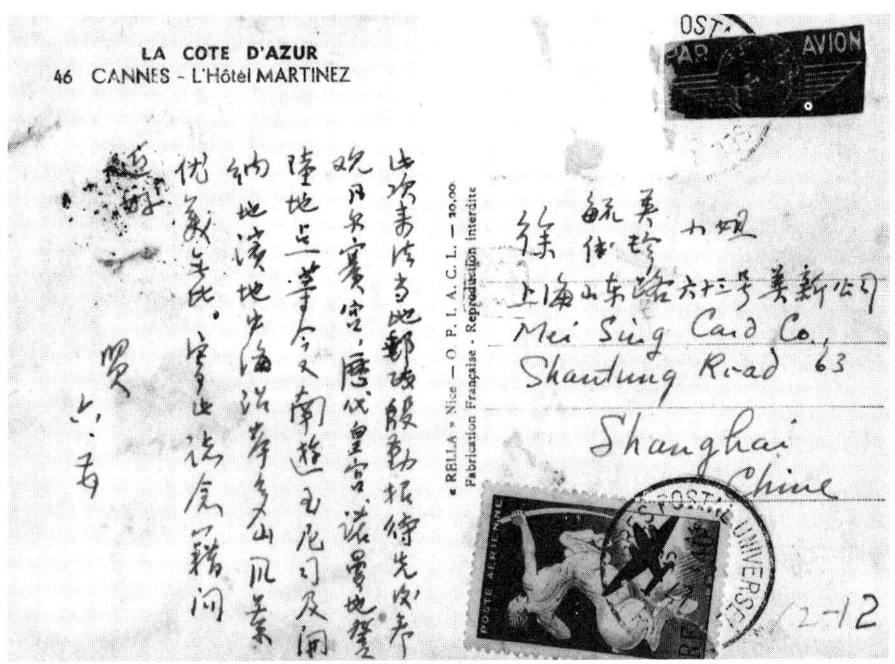
LA COTE D'AZUR
46 CANNES - L'Hôtel MARTINEZ

PAR AVION

徐毓英 徐传珍 小姐
上海山东路六十三号美新公司
Mei Sing Card Co.
Shantung Road 63
Shanghai
Chine

▲1947年6月25日，徐传贤自巴黎给妹妹徐毓英、徐传珍寄来的明信片

底登陆地点。今又南游至尼司（注：尼斯）及开纳（注：戛纳［Cannes］），地滨地中海，沿岸多山，风景优美无比。寄此志念，藉问近好。

寥寥数语，略有晋人风韵。所言“尼司”及刘承汉回忆录中说的“利市（Nice）”，即法国南部海滨城市尼斯。

从法国回到中国后，徐传贤因在邮联会议上的出色表现一时声名鹊起，成为中国邮政界的一颗业务明星——上峰器重，同事佩服。这应该是徐传贤一生中的高光时刻。

回国后，徐传贤即被调到南京的中华邮政总局，担当翻译巴黎万国邮联会议所通过的公约及各个协定的工作。1947年冬天，徐传贤又被派往上海，去接待美国邮政部第二助理部长保尔・艾根。艾根赴菲律宾访问途经上海，向中国邮政当局提出要求，商谈两国之间有关邮政事项。法语、英语娴熟且在美国实习一年的徐传贤，不仅是奉命接待艾根，而且是和艾根谈判。会谈中，艾根要求降低中国国内的航空邮费。当时，美国在华的机构和人员很多，其在中国境内的邮件也因此繁多，所费邮费不菲。这个要求牵扯到了中国的邮政主权，徐传贤毫不客气地对美国提出了一个先决条件，要求美方降低中美之间航空运费，并且要求美国邮局没有歧视地利用中国航空公司的中美航线带运美国邮件，如此中国可以考虑降低国内邮件的运费。这一要求很有针对性，当时中美之间邮件来往颇多，但美国由于运输业发达，运力远超中国，因此两国的邮件来往更多的是搭载美国航空公司的飞机，所以美国邮政当局维持两国之间的高昂邮费以赚取暴利。这一点上，艾根不愿意让步，于是双方议定以后再讨论，可随着局势的变化，这事也就没了下文。

到了1948年，徐传贤又接到了命令，出国参加国际会议。上一年在巴黎召开的万国邮联会议上，中国当选为闭幕期间的常务机构国际邮政理事会（即徐传贤所说的执行及联络委员会）的副主席。1948年执委会连续召开了两次会议，中国派出了已升任为邮政总局局长的霍锡祥与会，而霍当然要带上他历来很关照、器重的徐传贤随行，另一位随员是和徐传贤一同在美国实习一年的沈鑫。

《中央日报》在1947年8月30日曾以《国际邮政理事会我国当选副主席　霍锡祥将赴瑞京任职》为标题刊登了一则报道：

我国邮政在不断的改进革新中已逐渐获得国际声誉，第十二届国际邮政大会在巴黎开幕时，我国邮政当选为常务理事会理事，并经互选为理事会副主席，任期五年，实开联邮史上之新纪元，亦为远东国家之共同荣誉。交通部俞（大维）部长为审慎人选起见，闻已内定遴派现任邮政总局局长霍锡祥氏亲自出席，以昭郑重。按霍氏服务邮政达三十六年，极为适当，将于本年内放洋，前往瑞士京城伯尔尼出席理事会会议，担任该会副主席职务，唯因国内邮政事务仍待主持，约四个月后即将迁返云。

霍锡祥的孙子霍达仁曾撰文《霍锡祥与国际邮政联盟》介绍这两次会议：

1947年国际邮政联盟大会后，原计划于当年12月在法国巴黎召开第一次理事会，霍锡祥也奉派即将前往参加并担任国际邮政联盟理事会副主席，不料届时法国发生了大规模工潮，法国雷诺汽车厂工人掀起罢工浪潮，随即蔓延全国还波及英国、意大利、比利时等国。邮政联盟理事会只得展期于次年4月改在瑞士首都伯尔尼举行，与霍锡祥同往出席会议的还有中华民国邮政总局联络处处长徐传贤以及沈鑫。

1948年国际邮政联盟理事会共有两次会议，第一次是4月6日召开的临时会议，第二次是10月11日的正式会议，10月23日闭幕。第一次理事会的议决事项有：（1）制定会议办事规则；（2）对于巴黎会议通过的与联合国关系合约在实施技术等问题上加以研讨；（3）监督“国际邮联公署”的工作（国际邮联公署是1874年在瑞士伯尔尼举行的第一次会议上通过设立的，公署设在伯尔尼）；（4）交换邮用机械化设备的技术知识；（5）国际航邮问题；（6）修改“邮联”公约及规定等。[①]

① 霍达仁：《霍锡祥与国际邮政联盟》，《档案春秋》2019年第8期。

徐传贤忆及此番公干，“在两次会议休会期间曾参观英、法、瑞士、比、荷、意等国的邮政建设”[①]。霍锡祥的回忆则更为详细：

在粤区视察邮务完毕后，即取道香港，准备出国。3月17日由港起飞，当晚宿仰光。18日晚十时抵喀喇基（注：卡拉奇，巴基斯坦第一大城市），次晨一时继续飞行十五小时，于19日到达埃及首都开罗，访问埃及邮政总局局长，并至开罗邮局考察。22日飞抵罗马，考察意大利邮政设施和一般情形。然后抵达瑞士首都伯尔尼，参加万国邮政联盟理事会会议。4月初会议结束，应瑞士邮政当局邀请，赴瑞境各重要邮局参观考察。离瑞时，因当时欧洲无船行驶远东，故取道美国返国，遂顺道考察意、法、比、荷、英、美、加诸国邮政。[②]

霍达仁文中对徐传贤评价很高，其主要依据应来自其祖父霍锡祥的回忆。文中曰：

与霍锡祥一同赴瑞士参会的徐传贤当时担任中华民国邮政总局联络处的处长，抗战时期他和霍锡祥等人曾奉邮政总局之命，同赴越南海防、缅甸仰光等地以及我国滇西一带开辟国际邮件线路，确保了战争期间国际邮件和国际援华物资通道始终畅通。

徐传贤精通英语，业务精湛，深得邮政总局上层的信赖和栽培。交通部和邮政总局为战后邮政复兴储备人才之需，曾推荐他报名投考赴美一年进修，考察美国邮政部的邮件运输、国际邮务及储汇业务的机会。徐

① 钱益民编：《传邮万里　贤达人生》，2020年，第32页。

② 霍达仁：《霍锡祥与国际邮政联盟》，《档案春秋》2019年第8期。

▲徐传贤1947—1948年在国外参加公务活动时留影（上图为美国纽约乔治·华盛顿桥；下图为美国华盛顿银泉，其中右一为沈鑫、右二为徐传贤，图中雕像为第20任美国邮政部长蒙哥马利·布莱尔［Montgomery Blair，1813—1883］）

▲徐传贤1947—1948年在国外参加公务活动时留影（上图为瑞士洛桑日内瓦湖（莱芒湖）畔；下图为英国伦敦温莎城堡诺曼门，进入城堡“上区”庭院的入口）

▲埃及开罗尼罗河中的帆船（徐传贤摄，拍摄时间为1948年3月19—22日间）

▲瑞士少女峰（Jungfrau，位于因特拉肯市东南）某处风景名胜（徐传贤摄，拍摄时间为1948年4月21日）

经考试合格后于1945年7月成行，届时还被任命为交通部研究员。

回国后，霍锡祥撰写《欧美各国邮政概况》一书，也得到了徐传贤、沈鑫等人的鼎力相助。”[①]

霍达仁的文中有一处信息不确，据徐传贤自己所述，这两次随霍锡祥参加会议，“回国后派任伪邮政总局联络处副处长”。[②]这算是论功行赏吧，此前徐传贤并非霍达仁文中所说的“总局联络处处长”。

在南京任职未久，1948年11月中旬，徐传贤奉命赴沪，筹备邮政总局驻上海办事处。这是为了应付国共两党之间的战争所带来局势的变化，国民政府已在做再次从宁沪地区撤离的准备，而在上海邮政局效力多年的徐传贤是适当的人选。

因为徐传贤的出色表现，名声传播到邮政界之外，遂成为国民党有关部门关注的对象。与徐传贤同年（1924年）考入上海邮局的陆京士，此时已成为上海滩能量非凡的大人物。一方面，陆京士是杜月笙最为器重的大弟子，常以杜先生的私人代表身份参加各类活动；另一方面，陆京士是国民政府要人，是陈果夫、陈立夫兄弟CC系的健将。在抗战期间，陆京士又是戴笠组织的军统的别动队——忠义救国军的重要人物，为五大支队长之一。日本无条件投降前夕，陆京士持戴笠亲笔信找到大汉奸周佛海，令其维持宁沪地区的治安，等候重庆政府的接收。抗战胜利后，身任负责控制群众团体的“中央农工部”副部长陆京士到上海大肆收买、打击工人组织。1946年6月，在上海市政府主持下，陆京士牵头成立了用来操纵工会活动的官方机构“工人

① 霍达仁：《霍锡祥与国际邮政联盟》，《档案春秋》2019年第8期。另见霍锡祥：《欧美各国邮政概况·序》，现代邮政月刊社，1948年，第2页。

② 钱益民编：《传邮万里　贤达人生》，2020年，第32页。

Class specifications & Statements of Allocation
standards. For Position subject to the classification
Act of 1923 as amended. Gov. Printing Office

Appendix to the Cost Ascertainment Report 1942
Instructions for the organization for mail handling two-office
two-division plan (4th Assistant P.G. letters of 1.7.1942)
Finance letter & modified finance letter of 1.7.1942
Organization charts
Domestic Registry System (Itself outlined)
— C.O.D.
— Insured —
Terminal Railway P.O. Rules & regulations
Rules & Regulations for the guidance of clerks in
charge of the Railway Mail Service
Instruction for field officers relative to
Star Route Service
Instructions to chief clerks & Assistant chief clerks
Postal Savings System Printing office
International Postal service, Postal Guide Part II
Rules & Regulation for Accounting — Government-owned Motor
Vehicle Service
Government Owned Motor Vehicle Service — Rules
& Regulations
The Truth about the Postal Contracts G. Printing office
Laws relating to Postal Air Services.
Postal Employees' Guide.
Instructions & Rulings with reference to Transportation of
mails by Railroad.
The Navy Mail Service. Instruction for the guidance of Navy
mail clerks & Assistant Navy mail clerk
Instruction manual for Incoming mails, Air Mail
Substitute P.O. clerks & letter carriers.
Postal Laws & Regulations, Seniority rules, Service rating System
& special rulings applicable to the Railway Mail Service
Operations of the Postal Savings system 1943 Document
#373 of House of representatives.
Annual Report of the
[illegible]

▶徐传贤英文手迹

福利会”（简称工福会），主张“协调劳资关系，安定生产秩序”，规定1945年以来新建立工会的干部必须参加工福会接受其领导，并组建了上万人的武装“护工队”且附属于工福会。除“中央农工部”副部长这一党内职务外，在政府序列的陆京士身任社会部京沪办事处特派员，他在上海可谓权势熏天，负有联络社会名流、控制社会团体、渗透社会各阶层的重任。对徐传贤这位前同事，陆京士伸出了橄榄枝，联络感情，加以笼络，并主动给予一些补贴。于徐传贤而言，他不可能得罪这位发达的故旧，因此接受了陆京士的约见，一起吃饭叙旧，收下他给予的补贴——这也是顺理成章的事。陆京士这种广撒网的社会工作模式能见成效的少，他也不指望徐传贤真的能给他做什么事，而用国民政府的公帑做顺水人情则是那时候官场的常态。但是，徐传贤与陆京士这段短暂的交往，后来却给徐传贤带来了大麻烦。

回到上海，徐传贤需要解决的一个最大问题是婚姻问题。章一涵等候他多年，已经是一个30岁的大龄女青年了，他不能辜负人家。对于奉父母之命结婚的发妻盛希珍，虽然没有什么情感和思想上的共鸣，但人家已经给他生了三儿一女，并在他为国事在异国他乡奔波的八年期间抚养着几个孩子等着他归来。如今，半路仳离，于情于理说不过去。徐传贤虽然心怀深深的内疚，但他最终还是做出了艰难的决定，与妻子盛希珍离婚，和章一涵结婚。

民国初年的多数旧式婚姻没有政府颁发的结婚证，因此离婚也不需要去民政部门申领离婚证。徐传贤采取的是民国时上海、南京等城市通行的离婚方式，登报公告他与盛希珍的婚姻结束。结束这段婚姻之前，徐传贤想必费了很大的周折，他也承诺继续供养盛希珍和还没有自立的儿女，而盛氏和未成年的孩子仍然住在延安中路的家中。

徐传贤的女儿徐家敏是他和盛希珍所生的最小的孩子，她在2017年给侄儿徐建新的信中说道："我不太愿意回忆小时候的情景，因为留给我印象很深的是母亲整天号啕大哭，我也在一旁哭。那时也意识到母亲的心很苦，所以对父亲是一种责怪的思想。"[①]

徐传贤和章一涵的婚礼在上海操办，场面还不小，两人的婚房设在南京路上四大百货公司之一的先施公司在大楼上半部分开设的"东亚旅馆"，这是当年华人开设的国内第一家高等旅馆。

徐传贤的次子徐家良，在年近九旬高龄时曾回忆起这段往事。在父亲徐传贤新婚后第二天，徐家良去东亚旅馆看望父亲和其新夫人，当时他是一个16岁的少年。对于前妻所生子女对自己离婚再娶的态度，徐传贤肯定猜得到，而这回看到儿子竟然登门探望，很是高兴。大约也为表达歉疚之故，徐传贤当场给了徐家良20多块鹰洋。——1948年底，国民政府金融体系已然崩溃，法币成了废纸，于是上海等地重新流通银元，鹰洋再次成为硬通货。

与章一涵组成新的家庭后，徐传贤在虹口长春路启秀坊租了一套房子。启秀坊修建于1930年代，和北四川路一带的长春公寓、北端公寓、狄思威公寓（今溧阳大楼）、余庆坊都是犹太人沙逊家族[②]的产业。这是一片

---

① 钱益民编:《传邮万里　贤达人生》，2020年，第293页。

② 沙逊家族是一个国际知名的家族，起源于中世纪从西班牙逃难到中东巴格达的犹太人家族，有"东方的罗斯柴尔德家族"之称。沙逊家族创始人是沙逊·本·塞利（1750—1830），其子大卫·沙逊（1792—1864）在孟买成立沙逊洋行，并将从巴格达带来的家族成员安置在印度、缅甸、马来亚和中国的各个分支机构。大卫·沙逊之子伊利亚斯·大卫·沙逊（Elias David Sassoon，1820—1880）在1844年第一个来到中国，后回到孟买成立新沙逊洋行。维克多·沙逊（Elias Victor Sassoon，1881—1961）是伊利亚斯·大卫·沙逊次子爱德华·伊利亚斯·沙逊（Edward Elias Sassoon，1853—1924）的长子，1918年取得新沙逊洋行经营权，1923年来上海主持业务，并建造了沙逊大厦、河滨大楼、华懋公寓、格林文纳公寓、都城大楼、汉弥尔顿大楼等当时上海最高的建筑，以及凡尔登公寓、仙乐斯产业等房产和罗别根花园、伊扶司乡村别墅等产业，又相继开设了华懋洋行、业广地产公司、祥泰本行、安利洋行等企业，为旧上海的首富。

新式石库门里弄住宅，里弄大门门框已不用条石而是钢筋水泥建成，门洞里面是一一相对的约二十户人家，皆一楼一底。在当时，新式石库门住宅是比较时尚、舒适的住宅，而今看来，风流已被雨打风吹去，处处显露出衰败。这是徐传贤在上海最后一处住宅，也是现在唯一保持原貌的住处。

启秀坊距离徐传贤曾经租住过的福德里也就500多米，他成立新家后到启秀坊租房，除了考虑交通方便、房屋舒适外，我想还有一个原因是他熟悉也喜欢北四川路周边的环境——这里是文化氛围浓厚的高雅街区，留下过他青春的梦想。

抗战胜利后那几年，徐传贤的父亲徐熙春毕生为之费尽心力的公益事业也迎来了谢幕前的最后辉煌。

青浦红十字会于1946年恢复正常活动，是抗战胜利后中国较早恢复会务的分会之一。为此，青浦红十字会向社会发布了《复员宣言》：

> 慨自倭夷肆虐，华夏沦胥。“九一八”蚕食于前，关外不见天日；七月七鲸吞于后，国中几遍腥膻。蕞尔弹丸青邑，从兹沦陷。危哉硕果红会，于以飘零。因救护而捐躯，孙队长惨遭轰炸；感办理之棘手，诸会员大半流离。虽亡羊补牢，曾于瓦砾场中收尸无数；奈恶狼当道，已是忠奸派别合污难甘。叹善后之未完，雅不愿轻离故土；为孤芳而自惜，计惟有暂息申江。寇氛终必荡平，来苏待复；会务暂行结束，征信宜先。岂知夜长梦多，停顿至九年之久；所幸风平浪静，胜利已一载有余。各机关理事如常，返旆业经多日；本团体当仁不让，复员岂肯后人？年复一年，却恨蹉跎于既往；痛定思痛，如何补救于将来？无党无偏，救济是其天职；再接再厉，奋斗一禀初衷。盍兴乎来，

所望于旧时袍泽；相助为理，尚求诸当代璠璵。庶几卹死救生，浩劫虫沙得以稍挽；更愿绳愆纠谬，良箴药石是所乐闻。谨此宣言，伏惟公鉴。[①]

救护队长孙子扬之殉难，是徐熙春和同仁永生难以忘却的伤心事。从1924年青浦红十字会创立以来，孙子扬即追随徐熙春，并担任救护队长。每次战乱，孙子扬一秉巨大的勇气和仁心，率员冒着枪林弹雨救助灾民，最终以盛年死于日寇之轰炸。1947年11月，在孙子扬殉难十周年之际，徐熙春和同仁在县城中山公园（曲水园）为孙子扬举行了盛大的追悼仪式：园内凝和堂的大门上方，悬挂着挽联的横幅——上书“舍身成仁”，青浦县各界人士派代表前来参加追悼会，以慰忠灵。

1946—1950年间，青浦红十字会主要做了两件大事：一为建医院，二为血吸虫病防治。徐熙春变卖私产筹钱，以购买房屋来办医院。陆轶隽先生的论文对此二事有详细论述：

> 1930年代至1940年代，青浦县多个乡镇饱受血吸虫病流行之苦，成了当时全中国血吸虫病流行最严重的十个县之一。尤其是青浦县沿淀山湖地区，由于受河道、湖荡淤塞较严重，使钉螺滋生，导致处于该地区的金泽、西岑、北任、任屯等村镇情况最为严重，青浦县东部、北部也有较高的感染率。以任屯村为例，该村从1930年起至1949年的近二十年间，全村人口由1930年的275户、960人，至1949年仅

① 《中国红十字会青浦分会复员宣言》，载《中国红十字会青浦分会第四次征信录》，上海市青浦区档案馆藏，档号W-93-191。

剩154户、461人，村内死绝121户。由于大量青壮劳动力受到感染，丧失下田劳动的能力，妇女患病后很多不能生育，导致全村2800余亩田少人打理，荒芜近一半。当地居民面对血吸虫病近乎束手无策，遇到的医生也多为游医或江湖骗子，治疗上也只是敷衍地抽抽腹水、捏捏香灰。为了治病，这些村民耗费大量钱财不说，病痛反而更剧。而放眼整个青浦县，有一定规模与能力收治血吸虫病患者，特别是晚期患者的医院，只是一所县城内拥有11位医护人员和少量设备的卫生院，要收治县内如此多的血吸虫病患者显然是杯水车薪。

…………

青浦县严重的血吸虫病疫情，使青浦红十字会的干部们难以坐视不管。会长徐熙春在复员不久后，就与红十字会的理事进行商议，计划以红十字会的名义创办一所医院，即中国红十字会青浦分会医院（以下简称青浦红十字会医院）。在1948年8月，《青浦新报》记者采访徐熙春时曾写道：

> 胜利来临，徐氏积极整顿会务，筹备复员。虽有鉴于青邑无一设备，较完臻于慈善性医院。贫病者因无力求医，因此误命亦不在少数。故红会复员后，以创立医院为最大任务。

徐熙春有感于青浦县血吸虫病患者，特别是重症患者，常出于经济原因不能求医问诊，因而确立了“公益立院”的理念。

在医院筹备的过程中，设备、药品方面，徐熙春向中国红十字会总会申请支持，总会也适时地予以拨给；经费方面，徐熙春首先向社会各界呼吁，同时红十字会理事也出资捐助。其中最有价值的一笔认捐，来自上海纸业巨贾詹沛霖（1900—1991）。詹氏早年与兄长詹雨田共同在上海经营纸张、油墨等业务，在1931年与兄长分家后，詹沛霖在上海闸北一带开办“益记纸行”，其以优质的产品和相对低廉的价格，使得詹氏的纸行迅速成为上海同业中的翘楚。抗战胜利后，詹氏建立了益中、建中纸厂，收购江南造纸厂，更是成了上海纸业大亨。由于徐熙春在上海的产业涉足油墨、印刷等，使得他与詹沛霖的“益记纸行”有较多的业务往来。徐熙春利用自己的商业关系，因而执上海纸业之牛耳的詹沛霖成为他优先考虑的赞助商；加之詹氏素有赞助公益的传统，曾捐款赞助上海广慈、仁济等医院，因而这笔认捐的到来水到渠成。然而，来自徐熙春商业关系、红十字会理事等的认捐及群众的募款，较之医院所需之启动资金，仍然是不够的。因而徐熙春将自己的私产投入其中，补足了医院启动资金的缺口，并使用私产变卖所获的钱款，在青浦县城西边的公堂街购买了一栋有二十余间的楼房，作为医院会址。在医师与管理人员的招募上，徐熙春的考量十分慎重。经过理事会议的商议，青浦红十字会决定延聘青浦籍著名医师顾学箕（1911—2007）担任红十字会医院院长。顾学箕先生为美国哈佛大学博士、国立中央大学教授，他也是中国著名的公共卫生领域之专家。尽管顾氏由于职务关系常旅居外地，但他对于故乡青浦的事务颇为热心，因而对于接任院长一事欣然同意。在其他医师的聘请上，徐熙春及其他红十字会干部注重医师的专业能力，在此基础上优先延请青浦籍医师。例如，妇产科延请的女医师马韵芳，她出生于青浦县，于1929年毕业于上海同德产科学校，从医近二十年，在上海、青浦两地都有设产科诊所，且有一定的名望。马医生在妇产科有着丰富的医疗经验，无论产妇平、难产，都能进行稳妥的手术。此外，红十字会医院聘请的护士也有较高素质，护士长赵仪清原为北平协和医院护士、上海市第二医院护士长。经过徐熙春和诸位理事的努力，在开院前，青浦红十字会医院共计招募了18位医师、护士及其他工作人员。

1948年4月4日10时，青浦红十字会医院成立大会在公堂街医院院址隆重举行。成立大会邀请了中国红十字会总会办事处主任冯子明，以及上海医界的一些著名医师、教授，如圣约翰大学外科教授徐崇恩、上海肺病中心诊所肺科专家靳宝善等。同时，青浦县长刘劲，以及青浦红十字会理事吴克昌、吕允等也莅临大会。此次大会共计百余人参加，大会由青浦红十字会主席徐熙春主持，在报告筹备经过后，院长顾学箕致辞，向参会者报告了两大建院目标：

> 1.提高医务技术标准。一般医师都不肯到乡僻地方工作，以致除了大都市以外，内地医药缺乏，今后要更多医务人员往乡下去，应当替他设立一个良好的工作环境，这样医院便肯有人来工作，而地方人民可以得到更好的保护。
>
> 2.现在世界各国都在推行公医制度，即医学生读书不要钱，医生、护士由政府雇用。人民看病不要钱，中国现在做不到，也要做到出钱的医疗可以普遍，贫民可以得到免费。所以，本院成立的目的，不是在无条件的救济，而是要做到病人花了钱可以得到保障，穷人也可以得到同样的享受。本院除了器械、药品由总会拨发外，其余均向各界募集。今后还希望各界募集，还希望各界给予物质及精神方面的支持。同时，本院可向各界保证，一颗药片要到每人嘴里，捐来一个钱花在一人身上。今天到会有许多

上海知名的同道，以及本城的医界，还委请指教，使这棵小树能扶植起来。[①]

为了维持青浦红十字会的运转，徐熙春想尽了一切办法，曾经在红会经费十分紧张时当掉了自己的金表来解燃眉之急。徐熙春自奉甚俭，对家人要求严格。一位同邑人士称道徐熙春，“谋事之忠，任事之勇，在其字典上无一难字，无一私字”。[②]女儿徐传珍回忆道：“从小我父亲就教育我们要勤俭节约，不浪费一分钱财，穿着力求整洁朴素，饮食以素食为主，不许孩子暴饮暴食。他常说‘少吃多滋味，多吃坏肚皮’，并教育我们说‘一粥一饭当思来之不易’，不许我们随意浪费东西，使我们从小养成不乱花钱，不丢弃粮食、菜蔬等食物及其他可用之物的习惯。他自己也十分节约，没有什么奢侈的消费，不喝酒，不抽香烟只抽水烟（这也许是他曾从事过水烟生意的职业病），不看戏，不打牌（只玩个人娱乐的三十二只竹牌）。余暇只有三种个人消遣，即‘打五关’、抽水烟和听广播。”“在我上初中时，父亲从拍卖行买来一架缝纫机，虽说是一种名牌，但已经相当旧了，踏起来咯哒咯哒响声很大，地板都为之震动。他自己先学缝一些小东西，如手帕、鞋垫、被单等，又教给我们从直线缝起。从此，我们姐妹学会了机器缝纫，一般日常穿着的内外衣裤都在这机器上自己缝制，而他自己还用此缝补一些衣裤。直至父亲去世，我家仍用着这架‘老爷’缝纫机。

---

① 陆轶隽：《从江苏省青浦县分会看中国地方红十字会之运作（1924—1951）》，2020年，第68—71页。

② 徐家益、徐建新编：《青浦徐氏族谱考正集暨纪念徐熙春先生130年华诞》，2015年，第143页。

父亲每月为家里留下伙食费数十元，有时候不到日子钱花光了，问他再要些，他必定认真查问原因，并教导我们要节约开支，量入为出，不能‘寅吃卯粮’，他对家人的花费可谓‘斤斤计较’。但如果亲友有困难向他求助时，他却毫不吝啬地慷慨解囊，总说‘谁都可能遇到困难的时候，看到别人受难怎忍心不帮他一把？’”①

在那个时代，徐熙春着力培养两个儿子，为儿子的教育不惜钱财可以理解，而他不同于一般家长的是，对三个女儿的教育也一视同仁，舍得花钱。其大女儿徐珠英毕业于师范学校，后做了一辈子的小学教师，嫁于朱家角的蔡家；二女儿徐毓英毕业于上海交通大学；三女儿徐传珍毕业于震旦大学。徐传珍回忆说：“父亲教导我们要有自力更生的精神，尤其要求女孩子要有独立自主的意识，并为我们姐妹三个创造了自强自立的条件。他主张男女要达到真正的平等，首先要给予平等受教育的机会，让女孩子受到一定教育，掌握一门知识或本领，使其拥有独立生活的能力，与男子平等地参与社会各项工作，取得经济上的独立，才有家庭生活的平等地位。”②

日本占领上海期间，徐熙春不但要供三个女儿读书，维持一大家子的生计，还要照料几个孙儿孙女。长子徐传贤离开上海八年，其长子徐家善、次子徐家良在这个阶段正处在青春期，等抗战胜利后他才从美国归来，但又立马三番奉命去法国、瑞士开会，其子女的抚养全交给了父亲徐熙春和母亲董氏。对孙儿孙女特别是长孙徐家善，徐熙春很是钟爱，也要求特别严格。据徐家善回忆：

---

① 徐家益、徐建新编：《青浦徐氏族谱考正集暨纪念徐熙春先生130年华诞》，2015年，第146—148页。

② 同上书，第146页。

抗日战争的胜利和二次大战（注：第二次世界大战）的结束，曾给我国人民带来了无比振奋和巨大希望，都以为苦尽甘来，迎来了太平盛世。一时间，百废俱兴，万业俱盛，祖父经营的印刷业也有了生机，而我离别八年之久的父亲得以从国外归来，我更是欣喜若狂。斯时，正值我步入青年时期，便不觉忘乎所以，贪于玩乐而疏于学业，花费也大手大脚起来。祖父见此，便严正地对我说："你别以为你父亲从国外回来会带给你什么，他只是一名公务员；你也别以为我会有什么产业给你，我的一切都是要捐给红十字会的。你还得靠你自己！"①

历史的时针走到了1949年5月。人民解放军已横渡长江，于4月23日晚占领南京，并包围了上海且于5月12日对上海发起进攻。国民党军队守不住上海，这大概是包括徐传贤在内几乎所有市民的共识。何去何从，徐传贤又面临着选择。

当时，若要离开上海，徐传贤是可以办到的，由沪去港、台远比从其他城市走便利，他的不少同事就去了台湾或者南下香港。不知道徐传贤是否有过彷徨和犹豫，最终他还是决定留下来。

今日分析原因，我猜测大约有这么两条：一是他对国民政府的前途失望，跟着走能走到哪儿呢？二是上海有他一大家子，如果只有自己和新婚夫人去港、台，于心何忍？再说，抗战期间他离开上海后，从越南到缅甸重重关山，诸多艰苦，他厌倦了再次飘荡。

徐传贤是否还受到了他多年的同事、时任上海市邮政局代局长王裕光的

① 徐家益、徐建新编：《青浦徐氏族谱考正集暨纪念徐熙春先生130年华诞》，2015年，第163页。

▲徐传贤在上海最后一处住址——启秀坊

影响不得而知，但两人做出了相同的选择：留在上海，迎接人民解放军。

在人民解放军攻打上海的战争中，王裕光为保护上海邮政大楼做出了巨大的贡献。

1949年3月，王裕光代理上海邮政局局长。在此风雨飘摇时，掌管这个国内分量最重的邮局，对他而言很难讲是一件喜事。早在解放军占领南京后，中共就对上海各行业的接管制订了计划。中共地下党组织指示上海邮政局接管小组保护好资产、设备和档案，保障邮局在特殊时期保持正常工作状态。接管小组经研究决定，由中共地下党员戴孝忠负责做王裕光的工作。

某日晚饭后大约七八点钟，戴孝忠抵达披亚士公寓（今浦西公寓）王家的住宅敲门，开门的是王裕光的夫人。她听说要找王裕光，说："他有事出去了，不在家。"第二天早晨8点钟左右，戴孝忠再次来到王裕光家，见王裕光后就直接地说："王局长，现在是什么形势，你一定很清楚，上海解放已是指日可待，希望你保护好邮局的设备财产，保护好邮局的所有档案，包括放在四楼的邮政总局档案，不要让它们遭到任何破坏。"王裕光回答："好，我一定尽力而为。"

代局长王裕光和工会理事长王震百在中共地下党的运作下，以局、会双方的名义成立了“护局委员会”，王裕光任主任，王震百任副主任。为避免引起国民党警备司令部的注意，“护局委员会”对外的公开名称叫消防队。消防队拟定了工作纲要，并以局谕发出号召，广泛吸收职工参加。纲要提出：“本队以保护局屋设备、资产、公物，并谋整个邮政安全为宗旨。”王裕光为消防队总队长，凌鸿钧、王震百两人为副总队长。下设总务、消防、防卫、交通、救护、供应六组，组下设各个分队，其中不少中共地下党员为各组队的负责人。

1949年5月25日凌晨，苏州河以南地区已全部由解放军占领，国民党军队退至苏州河以北。上海邮政局大楼居高临下，且墙体厚实，被国民党一个营约200人固守。从上海邮政大楼上发射的火力可以完全覆盖整个四川路桥的桥面，邮政大楼成了国民党守军的重要防御据点。

上海邮政局地下党组织通知党员紧急赶赴大楼，参加“护局”工作。四川路桥已被封锁，桥北各条马路开始戒严，邮政大楼通往天井的大门也在早上7点后被关闭。在关门前进入大楼的职工共200多人，其中有邮局党总支委员、支局负责人以及地下党员等共14人，还有代局长、“护局委员会”主任王裕光和工会理事长、“护局委员会”副主任王震百等。党总支书记周清泉因未能及时进入大楼，在天潼路一职工家中与大楼内的同志保持电话联系。周清泉在电话中传达上级指示，要求团结群众，配合“护局委员会”劝说国民党驻军缴械投降。地下党员事前在大楼内存了米面、酱菜和咸肉等食品，保证了参加“护局”斗争职工的吃饭问题。

苏州河南岸的解放军进攻部队执行中央军委指示，为保护上海市区建筑不用重炮炸药，而是采用“快速跃进、勇猛穿插、迂回包围”的战术突进，约40米宽的苏州河成为一道天然屏障。进攻苏州河以北地区的战斗打响后，人民解放军第二十七军与国民党军队形成对峙局面，敌军占据邮政大楼制高点用枪炮猛烈射击，致使进攻部队付出重大人员伤亡。

在大楼内，王裕光带头做国民党军官的工作，同时安排留守职工努力做士兵的工作。大家分头找国民党士兵谈心，劝他们要顾及家里的老小在等着他们回去养家糊口，不要再为国民党卖命了。

5月26日下午，王裕光委托住在四楼宿舍的职工唐弢（著名文学家，1929年12月考入邮局为邮务佐［邮务辅助员］，后升任乙等邮务员、甲等邮务员，1950年离开邮局）与苏州河南岸通话，通过熟人联系上了当时的国民政府上海市代市长赵祖康。王裕光和赵祖康通电话，让他向国民党守军转达解放军的五点“劝降”指示：（一）停止战斗；（二）放下武器；（三）愿留下的予以整编；（四）不愿留下的资遣回家；（五）尊重他们的军人人格。限定投降时间不迟于当天下午4时。王裕光把这些转告给大楼里的国民党军官，并和王震百等人做他们的劝降工作。守军邓姓营长看到大势已去，在限定时间以前缴枪投降。

5月27日晚9点，这一营国民党士兵排着队离开了邮政大楼。经过如此大规模的战役，邮政大楼内没有丢失一件邮件、损失一件设备、遗失一份档案，四川路桥和邮政大楼也完好无损。军事接管工作于1949年11月完成后，华东邮政管理总局任命陈艺先为上海邮政管理局局长，王裕光为副局长。

作为旧政权的一位业务能力突出的公务员，徐传贤对自己留下来有过一番比较现实的分析。他在1956年的《自传》中说：“1949年5月间上海解放。这对我说来是我生命中最重大的转折点，使我从黑暗走向光明。但在那时，我只是这样想，跟伪总局一小撮人跑毫无意义，自己一向不问政治，共产党来了也不致就不要我了，而对新政权会对中国带来多大好处，却没有存着好大希望。”①

带队来接管邮政局的是上海市军管会邮政处处长赵志刚。赵志刚（1908—1990）和徐传贤同年同月出生，河北阜城县人。1927年3月，赵志刚加入中国共产党。不久，赵志刚到东北从事党的地下工作，相继担任中共吉林和龙县委书记、中共东满特委总书记等职。1931年11月起，赵志刚先后担任中共辽宁安东县委书记、中央交通局满洲分局负责人、吉东局委员兼穆陵中心县委书记等职。抗日战争爆发后，奉派到山东诸城开展抗日救亡活动。1937年10月，赵志刚与董昆一、其爱人王辩在该县相州镇建立中共诸城临时特支，并任书记。12月，赵志刚又到县城成立中共诸城临时县委，任书记。1938年，赵志刚到国民党第五十七军做党的秘密工作，曾任中共日照县委书记。

1941年夏天，赵志刚从中共山东第一期高级学校结业后，有过地下交通工作经验的他被委派组建山东战时邮局。1942年2月，赵志刚被任命为山东战时邮政总局局长。日寇投降后，八路军接管了一些城市，赵志刚提出了对中华邮政人员“留者欢迎，走者欢送”的方针。1949年，赵志刚领导对南京、上海、杭州等地中华邮政的接管工作，坚决执行了中共中央制定的“三原则”政策（对国民党企业的留用人员实行“原职、原薪、原工作”），保证了接管工作顺利进行。②

赵志刚后来担任华东邮电总局局长，成为徐传贤的上司。中华人民共

---

① 钱益民编:《传邮万里　贤达人生》，2020年，第33页。

② 张衍霞:《抗战时期的山东邮务局局长赵志刚》,《文史精华》2008年增刊1，第39页。

和国成立后，赵志刚先后担任国家邮电部邮政总局副局长、供应局局长、办公厅主任、部长助理、邮电部副部长，第五、六届全国政协委员等职务。对赵志刚接管邮局后的态度，徐传贤“存很好的印象”。华东邮政总局成立后，原中华邮政驻上海办事处的职员全部留任，徐传贤被任命为总局业务处运输科科长。

对自己在民国时期邮局工作的那段经历，徐传贤在《自传》中做过一番真诚的、可曰“触及灵魂，有些自诬”的剖析：

> 自进邮局到解放，在邮局内工作了二十五年，几乎整整地占了我的青壮年时代。在这期间，我们国家内进行着最激烈的革命与反革命的斗争，不能不引起我思想上的波动。对于反动统治，流露出一些不满的情绪，但是由于自己的阶级出身和个人主义的作祟，思想十分糊涂，对当时局势的看法也很不正确。例如，曾经把蒋介石看成英雄，把当时的政治腐败归结为他的爪牙，幻想蒋介石走上改良者的道路。归根到底，（我）自己站在反动的立场上。我能够从一个普通的邮件封发员、分拣员，提升到伪邮政总局的副处长，在当时的情况下，与这种反动立场分不开的。而反动统治者把剥削人民得来的民脂民膏用作引诱，例如配售美金储汇券、出国津贴等，更使我甘心为他们服务，不能离开这个反动的立场。但是，由于某些片面的现象，使我本能地看不见自己的这种立场。例如，我在很久以前就与国民党无联系，在日本投降后都不屑去登记，自以为政治清白。又如，为了工作的顺利，我常喜与同事们建立感情，有事也肯与他们商量，自己就以为有群众观念。其实在那个时候，（我）在思想上、实践上为反动统治服务，至于与同事的交往，也不过

是在当时情形下为自己打算而已。

总之，我是一个平庸、懦弱、自私、缺乏勇气的资产阶级类型的知识分子，长期生活在旧社会中，有浓厚的主观唯心一类的思想，有时成为宿命论者，安于现状，有时又成为幻想者，脱离实际。在工作中，稍有成就就自鸣得意，偶尔不成又悲观失望。特别在后期，由于受到鼓励，滋长了一种自高自大的情绪，并以为自己凭能力工作，超然于政治之上，等等。这些缺点是十分严重的，影响到我在解放后不能很快进步。[①]

① 钱益民编:《传邮万里　贤达人生》，2020 年，第 32—33 页。

沪才北上，拥抱新时代

徐传贤在华东邮电总局担任业务处运输科科长半年后，中华人民共和国中央人民政府宣布在北京成立。1949年11月，徐传贤接到调令调往北京，成为“沪才北上”中的一员。这一次，徐传贤算是彻底和生活了大半辈子的上海告别了。

对徐传贤来讲，奉调北京，并不意外。

中央人民政府成立后，邮政电信的管理体制和国民党政府统治时期有了很大的改变。在国民党时期，邮政总局和电信总局隶属于交通部，各地设有邮政局和电信局，二者是平行关系。中华人民共和国成立后，根据中国人民政治协商会议第一届全体会议通过的《中华人民共和国中央人民政府组织法》第十八条的规定，成立邮电部，并成为中央人民政府政务院的组成部门。邮政和电信管理合一，各大区和省、县成立邮电总局和邮电局（不久后大区一级的邮电总局被撤销）。当时，苏联也是邮、电合一，有邮电部。

与徐传贤同于1924年考进上海邮政局的“老邮工”、民主人士朱学范被任命为首任邮电部部长，王铮被任命为副部长、党组书记。王铮（1909—1978），江苏武进人，黄埔军校第六期通信科毕业生，1930年参加红军，1934年加入中国共产党。王铮是红军第一个无线电台的队长，是中央苏区和我军无线电通信事业的创立者。

据《朱学范传》记载：

1949年9月7日，周恩来在北京饭店向已到达北平的新政协代表作关于中国人民政治协商会议的报告，当晚又将《共同纲领》草案分送各代表，《共同纲领》草案中规定“改善并发展邮政和电信事业”，在《中华人民共和国中央人民政府组织法》草案中规定政务院设邮电部。朱学范参加了这个报告的分组讨论。

会后，陈云到北京饭店看望朱学范，告诉他：中共中央希望他在新中国中央政府里担任邮电部部长。朱学范听了感到有点意外，诚恳地对陈云说，部长一职还是让共产党的老同志担任，他还是做一个副手，协助工作为好。陈云说：你是邮工出身，懂邮政业务，你在1936年就去苏联考察过邮电建设，这件事中央已经定了，请你不要推辞。朱学范听陈云这样一说，觉得中共中央这样信任他，他应当为新中国人民政府努力工作才对得起人民，也就应允了。

10月19日，中央人民政府委员会第三次会议，任命朱学范为政务院邮电部部长。10月29日，朱学范在第一次部务会议上说：“过去的人民邮政、电信业已有光荣的历史，伟大的成功。随着今天伟大的建设，也可以预知，一定有着伟大的将来。我们怎样去创造将来，这就必须遵照毛主席的指示，为人民服务，把邮政电信搞好。”[①]

10月21日，部党组书记王铮到朱学范办公室，商讨邮电部的办公选址

---

① 陆象贤、刘宋斌：《朱学范传》，团结出版社，2005年，第327—328页。

等事项，确定在西长安街3号院（今西长安街13号院，工业与信息部地址）办公；研究了办公厅和总务处两个机构的人选，确定申光担任办公厅负责人，李乾担任总务处负责人，由二人牵头开展部机关前期的筹备工作。

10月24日，邮电部开始在北京市西长安街3号院挂牌办公。这个大院在国民政府时期属于“北平广播电台”所有，人民解放军进城后由军管会接收。1949年5月30日，在此大院成立了军委电信总局，王铮任总局局长，李强、王子纲、钟夫翔担任副局长。邮、电合一后，此院顺理成章地做了部办公地址。11月3日，中央军委电信总局改为邮电部电信总局，李强任局长，王子纲、孙俊人任副局长。

邮电部的组成人员大致是人民解放军培养的通信战线的骨干，各根据地的红色交通线的领导者和地下战线的邮务、电信工作人员，以及民族战线有影响的人物，还包括部分留在大陆的旧邮政总局、旧电信总局所辖的、愿意为新政权工作的业务能手。

上海是国民政府时期中国邮政、电信最为发达的城市，故也成为全国邮政、电信系统领导者培养的骨干来源地。徐传贤那些1930年代在上海邮政局的同事，在抗战胜利后纷纷成为各省和重要城市的邮政局局长或副局长。政务院邮电部成立后，许多重要岗位的业务人才便从上海抽调。徐传贤这种服务邮政二十五年、在美国学习过、参加多次国际会议的邮政人才，在全国范围内亦属凤毛麟角，将他选拔到邮电部也是对他业务能力和对新政权态度的认可，何况现在的部长是和他有多年交情的“同级生”。王仲闻亦被调到邮电部机关，被委任为秘书处副处长。

调到北京进入邮电部，徐传贤当时的心情想必是欣喜的，欣喜之余也不无复杂的情绪。离开熟悉的上海，离开父母和孩子，徐传贤总归是有种种担心。但是，徐传贤现在进京是受到重用，再说他自己和章一涵刚组建了新家庭，和前妻盛希珍仍然待在同一座城市易发生各类纠葛，而如果现在带着新组建的家庭去一座新的城市，供职于新组建的国家邮电部，相当于和旧时代做一告别，去拥抱新的时代。

与徐传贤一样，中华人民共和国成立之初从上海各行各业调到北京的人才还有很多，可以说，1950年代有一拨接一拨的“沪才北上”。自国民党北伐成功后，首都南迁，北京变成了北平，丧失了全国政治中心的地位，成了一个以文教业为主的旧都，衰落了二十多年，对各行业的人才缺乏吸引力。中华人民共和国成立后，北京重新成为首都，要维持首都的功能（当时首都的定位不仅仅是政治、文化中心，还要大力发展工业），必须从工业和服务业发达的地区抽调人才进京，东北和上海成为重点地区。上海不仅仅是一些工业、金融业、科技、文教人才被调到北京，连关系到市民吃喝拉撒的服务业也大量从上海调人、搬迁机构。

据《看历史》杂志一篇文章讲述：

> 1956年初春，印度新任驻华大使小尼赫鲁一纸“投诉信”递到了外交部。这已经不是外交部第一次接到类似的投诉了。作为一国之都，北京的服务业确实差强人意。当时，北京的服务业仅有两万多家，其中一半是饮食业。鸡毛小店、通铺大炕、食品担子、剃头挑子和提篮叫卖的串街小贩，支撑了人们的日常生活。
>
> 为了挽回影响，外交部派人陪小尼赫鲁专程到上海改西服。清嘉庆年间，上海就有专门的西服店。当年，国人称外国人为“红毛”，为“红毛”做衣服的裁缝就被称为“红帮裁缝”。上海市政府特意找

到有“西服圣手”之称的余元芳为小尼赫鲁改衣。余师傅不负众望，只花了两天时间就把西服改好了。

小尼赫鲁非常满意，当场要余师傅再做一套，并且为他的妻子、儿子、兄弟、岳父也都各做一套。后来，小尼赫鲁在给外交部的表扬信中说，他到过很多国家，也买过很多西服，但从来没有这么漂亮、舒适、挺括的。

“红帮裁缝”为新中国挽回了面子，但偌大一个北京城竟做不好一套西服，引起了高层的关注。1956年，为了“繁荣首都服务行业”，中央决定迁上海名店进京。

…………

服装业迁京后，理发、照相、洗染、餐饮等行业也陆续来京。当年，北京市分管这些行业的是北京市社会福利局。据档案记载，1956年5月社会福利局副局长王崇续专程赶赴上海，与有关方面洽谈照相、洗染、理发等名店的迁京事宜。经过协商，双方敲定将“中国”“国泰”两家照相馆，“普兰德”“中央”两家洗染店，“华新”“紫罗兰”“云裳”和“湘铭”四家理发馆迁到北京。

中国照相馆的老人儿都记得，最初这份名单中并没有中国照相馆。一天，王崇续在街上无意中看到中国照相馆的橱窗最精美。一打听才知道，中国照相馆不但技术力量雄厚，而且员工平均年龄只有三十出头，很有发展潜力。于是，他把中国照相馆的名字也加了进去。①

上海迁到北京的老字号服装店有21家共200多名技术人员，来京后在

① 萧婷：《1956：北京来了上海师傅》，《看历史》2012年第10期。

王府井、前门、西四等繁华商业区，先后开设了造寸、雷蒙、蓝天、鸿霞、波纬、金泰、万国等时装店。上海普兰德洗染公司，来京在王府井大街开店。理发业四家名店的100多位技师，伴随火车托运的烧水锅炉、理发转椅以及一应理发用具来到北京，在王府井东安市场北门的金鱼胡同开设了著名的四联理发馆。“一五”期间前后，上海迁京的名店还有义利食品公司、浦五房南味肉食品店，餐饮业的一些名店如老正兴菜馆、美味斋饭庄也迁到了北京，出版社由上海迁北京的有商务印书馆、中华书局、三联书店。

徐传贤进入邮电部后，被委任的第一项重任是参加与朝鲜签订邮电协定的谈判。中华人民共和国成立后，朝鲜即予以承认和建立外交关系，成为中国非常重要的友邦。中朝正式签署通邮、电报电讯和有线电话通讯协定，是两国经济合作的第一个政府间协定，因此两国领导人非常重视。《人民日报》于1949年12月26日对协议签订予以报道：

中朝通邮通电协定签字

两国代表致词充满友好精神

【新华社北京二十五日电】中华人民共和国与朝鲜民主主义人民共和国互通邮电谈判已圆满结束，中朝通邮通电协定已于今日由双方代表正式签字，一俟双方政府批准即行生效。代表我国签字者为参加此次谈判的我国首席代表邮电部电讯总局副局长王子纲、代表徐传贤、黄如祖；代表朝鲜民主主义人民共和国签字者为朝鲜首席代表递信省国外通信部部长车秉亨和代表宋礼贤。在签字之前，中朝两国首席代表相继致词，我国首席代表王子纲对朝鲜代表在谈判中的友好合

> 作表示谢意，朝鲜首席代表车秉亨对中国方面的友谊帮助表示感谢，并表示回国后将切实履行协定。我国邮电部朱学范部长亦于签字完毕时讲话，他说：这一协定是在中朝两大民族平等互利的基础上，在友好和谐的精神下签订的。它对于加强中朝两国的友好关系将大有帮助。参加这次中朝通邮通电协定签字典礼的尚有中华人民共和国中央人民政府政务院副总理兼财经委员会主任陈云、中央人民政府外交部副部长章汉夫、中央人民政府政务院代秘书长齐燕铭、政务院财经委员会秘书长薛暮桥、外交部办公厅副主任阎宝航等。

在与朝鲜的谈判中，徐传贤负责的是邮政方面的事务，黄如祖负责的是电信方面的事务。黄如祖是江苏江阴华士镇人，毕业于上海交通大学，是我国著名的电信专家，曾做过武汉电话局局长、天津市电信局局长，在人民解放军攻占天津时为保护电信设备做出过贡献。

1950年初，邮电部邮政总局成立，徐传贤担任邮联处处长。1950年9月起，邮电部进行机构改革，进一步减少了职能的层级，将大区邮电管理局的职能转化为督导为主，强化省、部两级职能。邮电部机关的厅司局处增加到11个。其中，6个职能厅司处为办公厅、计划司、财务司、人事司和劳动工作处、国际关系处；5个业务局分别邮政总局、长途电信总局、无线电总局、市内电话总局和统一的物资

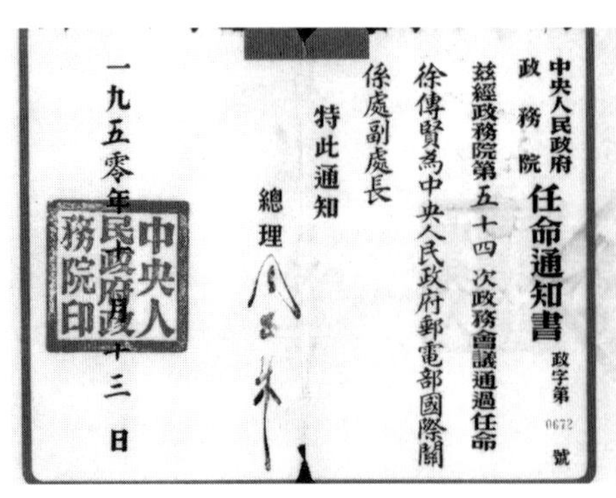
中央人民政府
政務院 任命通知書 政字第0672號
茲經政務院第五十四次政務會議通過任命
徐傳賢為中央人民政府郵電部國際關
係處副處長
特此通知
總理
一九五零年 月十三日
中央人民政府政務院印

▲徐传贤担任邮电部国际关系处副处长任命书

供应局。徐传贤被任命为国际关系处副处长，任命书由政务院总理签发。当时，国际关系处属于邮电部下辖的二级机构，与司、厅的地位差不多，相当于后来的外事司或外事局。徐传贤以邮电部国际关系处副处长兼任邮政总局邮联处处长，确实地位比国民党时期的交通部邮政总局联络处副处长重要。

1950—1951年两年间，徐传贤参加了两次重要的国际会议。据其《自传》叙述："是年5月，万国邮政联盟执行及联络委员会在接到周外长的声明后，苏联及捷克斯洛伐克代表的力争下，驱逐蒋帮代表，我随同苏幼农局长前往出席，并在会上作了发言。……1951年1/2月[①]，又随同苏局长前往开罗出席万国邮政联盟与国际航空运输协会的联席会议。在这个会议上，美代表企图阻挠我出席，并指使蒋伪代表参加会议。我们在会议上坚决力争，得苏联和捷克斯洛伐克代表的支持，终于战胜了美方的无理阻挠，蒋伪代表又一次被逐出会议厅。我在会议上力争降低航空运费，使美国代表限于很大的孤立。"[②]

徐传贤随同邮政总局局长苏幼农参加的这两次万国邮政联盟的会议，在中华人民共和国的外交史上有着重大的意义，颇值得大书一笔。

中华人民共和国成立后，先后向联合国大会、安理会、经社理事会、国际电讯联盟、亚洲及远东经济委员会、国际红十字会、万国邮政联盟、联合国粮农组织等国际性机构发出电文，否认国民党的代表资格，并任命了一批新的国际组织代表。因"冷战"加剧，美苏两大阵营对立，"中国

① 原文如此，指1951年1月、2月连续两个月。

② 钱益民编:《传邮万里　贤达人生》，2020年，第33—34页。

▲1950年5月，瑞士蒙特罗万国邮政联盟执行及联络委员会会议现场。这是中华人民共和国代表第一次出席国际组织会议

▲徐传贤（右四）在瑞士蒙特罗举行的万国邮政联盟执行及联络委员会会议会上

▲1950年5月，徐传贤（上图右一，下图左一）随同邮电部邮政总局局长苏幼农出席万国邮联会议

代表权之争”演变为牵涉国际政治特别是东亚政治格局的重大问题。由于美国为首的西方国家支持败退台湾的蒋介石，阻挠中华人民共和国取得这些国际组织的代表权，以致中国政府任命的代表不能参加各类国际会议。1950年的万国邮政联盟会议有了突破，中华人民共和国中央政府派出的参会人士首次代表中国参加了这次国际会议：

1950年5月5日，中国外交部长致电联合国秘书长赖伊和万国邮政联盟执行及联络委员会秘书长赫斯，告知中国已派邮政总局局长苏幼农为代表，出席该委员会在瑞士举行的蒙特罗会议，并要求驱逐国民党集团的所谓代表出会。

根据苏联代表和瑞士代表的建议，万国邮政联盟执行及联络委员会于5月15日以秘密投票方式通过中华人民共和国的代表为中国出席蒙特罗会议的唯一合法代表，国民党集团的代表遂被逐出会议。万国邮政联盟秘书长赫斯于16日将这一决定正式通知中国政府，并请中国方面电告苏幼农局长到达的日期。

中国全权代表苏幼农及随员徐传贤（曾任华东邮政总局业务处运输科科长，后任邮电部国际关系处副处长）于5月21日起程赴会。抵达蒙特罗时，万国邮政联盟国际局顾问台勃莱兹、捷克斯洛伐克代表苏库布等人到机场迎接。

在5月24日的会议上，苏幼农代表中国政府指出：“在去年（1949年）10月1日我政府成立之后，我外交部周恩来部长即电告联合国，声明我中央人民政府是唯一代表中国及中国人民的合法政府，并要求必须把国民党反动残余集团的所谓代表从各个国际组织和会议中驱逐出去，随后对联合国许多专门组织的会议也发出同样的要求。我政府的这种要求是完全合理而且是必需的，不幸一部分国家代表对中华人民共和国参加这些会议多方阻挠，使国际间的合作受到阻碍。必须指出，万国邮政联盟是在这方向推进了一步的第一个国际组织。”

但是，当会议讨论《万国邮政公约》时，中国代表有关将公约中“中国”改为“中华人民共和国”的提议被会议以10票对3票否决。苏联、捷克斯洛伐克和荷兰投了赞成票。

12月5日，苏幼农奉中央人民政府之命，致电伯尔尼万国邮政联盟国际局局长赫斯（兼任）：中国人民邮政当局自即日起接受1947年在巴黎签订之万国邮政公约、汇兑协定、保价信函和箱匣协定、包裹协定、代收货价邮件协定及公约和各该协定之随附细则，唯其中包裹及代收货价邮件两项业务暂时停办。[①]

5月15日在瑞士蒙特罗召开的会议上，关于中华人民共和国的代表权问题，两大阵营的代表争论非常激烈，火药味十足。韩长青、姚百慧所撰的一篇论文较为详细地叙述了这一过程：

蒙特罗会议第一天，立即展开关于中国代表权的激烈争论。经过苏联和捷克代表的会外活动，由捷克提出提案，主张“永久开除国民党代表”，并“允许中华人民共和国的代表为中国唯一合法代表出席会议”。

① 宗道一：《1950年新中国在万国邮政联盟打开缺口》，《党史博览》2010年第9期，第21页。

苏联代表支持捷克提案，宣布“在国民党代表参加期间内，苏联代表不入理事会，同时苏联不承认未经其代表参加之一切决议”。南斯拉夫、印度也支持新中国代表权资格。瑞士提出修正案，主张新中国代表“为中国唯一合格的代表”出席“本届会议”。瑞士修正案得到瑞典、英国等国支持。然而，美国拒绝讨论捷克和瑞士提案，宣称“对于取消中国国民政府代表权，及准许中华人民共和国中央人民政府代表出席理事会之任何提案，美国均将投票反对”。葡萄牙、荷兰认为执委会对中国代表权问题不应采取任何决定。经过剧烈辩论后，会议用秘密投票方式，以3票赞成、7票反对、5票弃权否决了捷克提案，以6票赞成、5票反对、4票弃权的结果通过了瑞士提案。决议全文如下：“鉴于万国邮政联盟的严格的技术性，复鉴于中国现存的事实情况，在摒弃任何政治考虑之下，兹决议准许中华人民共和国代表为中国唯一合格的代表，出席执行及联络委员会本届会议。”此项决议通过后，“国民党代表乃不得不遵从主席的提议，离开会场”。而苏联和捷克代表认为，瑞士提案只是解决了新中国在本届执委会会议上的代表权，而没有根本解决中国代表权问题，不能令人满意，也退出了会场。[①]

对于中华人民共和国的代表和国民党的代表在瑞士蒙特罗的交锋，已在1949年后随“中华邮政”去台湾的刘承汉曾在《刘承汉先生访问记录》里以一章的篇幅——《我误外交？外交误我？》——专门叙述之。1947年5—7月，徐传贤随同刘承汉参加巴黎万国邮政联盟大会，那次会议上两人精

① 韩长青、姚百慧：《新中国对万国邮政联盟的政策初探——以1950年蒙特罗会议为中心》，《清华大学学报（哲学社会科学版）》2009年第6期，第33页。

诚合作、一心奉公，使中国当选为理事会的常务理事和副主席。短短三载，徐、刘二人又来到了瑞士，分别代表中华人民共和国和国民党政权，成为争夺中国代表权的敌对者，想必两人心中都有无限的感慨吧。

瑞士的折中提案只是解决中华人民共和国代表在瑞士蒙特尔那一届执委会的合法资格问题，果然留下了隐忧。在1951年1月22日开罗召开的万国邮政联盟执行及联络委员会与国际航空运输协会商谈的联席会议前六天，万国邮政联盟秘书长赫斯致电苏幼农，说中国代表权问题需要在开罗会议上决定。1月25日，当苏幼农、戈宝权、徐传贤步入开罗万国邮政联盟执行及联络委员会会场时，看到了会场里坐着国民党驻埃及“使馆”的几名官员。对此，中华人民共和国代表团发表严正声明并据理力争：

> 苏幼农当即在会上发表声明：“这一事实再一次地指明了一小撮坚持与四亿七千五百万中国人民为敌的美国独占资本家的代表们，固执地企图阻挠中华人民共和国在所有国际组织中取得合法的地位，并阻挠中华人民共和国与上述组织之间的合作，甚至于在像万国邮政联盟这样一个纯技术性的机构中也是如此……”
>
> 苏幼农继而斥责美国代表引为借口的联合国大会1950年12月14日的决议案称：“至于1950年12月14日联合国大会所通过的关于会员国代表权的决议，本身即是非法的，因为这个决议违反了《联合国宪章》中所规定的尊重各国的政治独立与自主的原则。事实上，上述决议的通过是美国代表团非法操纵的结果，因此它是非法和无效的。此外，这个决议是在没有中华人民共和国代表的参加下和在中华人民共和国已与万国邮政联盟建立正式关系之后非法通过的。本会对于这个

决议根本没有什么可以讨论的，并且不应为这些政治阴谋所影响。”

苏幼农最后严正指出：中华人民共和国代表是万国邮政联盟唯一合法的中国代表。

新中国代表这一回有惊无险。美国关于承认国民党代表为中国“代表”的提案被大多数国家否决，苏联代表承认中华人民共和国代表为合法代表的提案获得通过。[①]

开罗会议后，万国邮政联盟国际局于1951年3月8日发出通知函，将国民党集团与中华人民共和国邮政总局相提并论，并征求各会员国对中国在万国邮政联盟中代表权的意见。4月21日，万国邮政联盟国际局通知，此次征求意见的结果是：在86个会员国中，包括美国在内的33国支持国民党集团，23国赞成中华人民共和国，其他30个会员国弃权或不作答复。

对这一结果，中国政府当然表示坚决反对。5月13日，苏幼农致电万国邮政联盟提出严正抗议。但是，万国邮政联盟不顾中华人民共和国邮电部邮政总局的屡次抗议与警告，拒绝中国代表参加5月21日在瑞士圣加棱召开的万国邮政联盟执行及联络委员会会议。自1951年5月之后，中华人民共和国断绝了与万国邮政联盟的一切往来。此后，国民党集团占据万国邮联的“代表”中国的席位一直到中华人民共和国取得联合国席位以后。1972年4月13日，万国邮政联盟通过决议，承认“中华人民共和国为唯一合法代表”。然而，此刻徐传贤正身患重病，处在监管之中，一个月后便

① 宗道一：《1950年新中国在万国邮政联盟打开缺口》，《党史博览》2010年第9期，第22页。

撒手人寰了。

在那样的国际局势之下，身为邮电部国际关系处副处长兼邮政总局邮联处处长，徐传贤的工作重点对象主要是社会主义国家。为了工作需要，徐传贤开始自学俄语，而很有语言天才的他很快就能阅读、翻译俄文书籍了。继法语、英语之后，俄语是徐传贤通晓的第三门外语。

话说徐传贤和章一涵夫妇来到北京后，先被安排居住在东单栖凤楼胡同的邮电部宿舍。

栖凤楼胡同是一条与东长安街平行、东西走向的胡同，今已不存。它西起东单北大街，东与春雨胡同相交叉，大约500米长。“栖凤楼胡同，明朝属明时坊，称门楼胡同。清朝属镶白旗，乾隆时称‘骑凤楼’，宣统时称‘栖凤楼’。民国后沿称。1965年整顿地名时将扁担胡同并入，改称栖凤楼胡同。”[①]胡同南面与长安街之间原先还有一条西观音寺胡同，在中华人民共和国成立后不久扩建长安街时被拆掉了。

“七七事变”后，日寇占领北平（北京），因为栖凤楼胡同和东单机场相邻，便被日本人占据住进了许多日本侨民，整条胡同的店招也呈“和风”。日本投降后，这些日本侨民被遣送回国，国民党派的接收大员跑马圈地，占了胡同里一些大院。例如，前几年很火的电视连续剧《北平无战事》里的保密局北京站，当时就占据了栖凤楼胡同和西观音寺胡同之间的一个大院，院里不是北京四合院常见的平房，而是有三幢楼房。中华人民共和国成立后，此大院归文化部，昔日“二流堂”（1940年代抗战时，重

① 芮法彬：《东单栖凤楼：胡同里的故事》（电子版），生活·读书·新知三联书店，2018年，第14页。

庆一批左翼文化人的沙龙，自嘲为“二流子”聚集一堂）的一些重要人物如吴祖光、黄苗子、郁风等住了进去，后该大院便被人戏称为北京的“二流堂”。“二流堂”堂主唐瑜曾自豪地说过，“这个‘北京二流堂’，‘谈笑有鸿儒，往来无白丁’——齐白石、老舍、梅兰芳、程砚秋、欧阳予倩、洪深、阿英、阳翰笙、田汉、叶恭绰、胡风、章泯、吕骥、宋之的、叶浅予、张正宇、吴雪、金山……上海、广州、香港各处来人，如潘汉年、夏衍、黄佐临、张骏祥、柯灵、于伶、张瑞芳等，也都往栖凤楼跑”。

黄永玉先生曾回忆道：

> 一九五三年春天，我、梅溪①带着七个月的黑蛮到了北京。郁风那时候忙什么呢？是不是跟华君武诸公在筹备成立美协？苗子在国际贸易促进委员会当个什么什么……大概是这样。
>
> 那时北京的老街道还没有大动，连天安门广场都还未扩建。人民英雄纪念碑正在施工。东单牌楼面对长安街有一条名叫西观音寺的胡同。胡同口北边正是许麟庐开的和平画店。老许和他的画店很吸引人。老许当时是一位非常有趣的人，好客成性，加上他品画的见解坦率而老到，展出的作品大都经过精选，售价也体察人意，他的画店是个文化人喜欢的地方。往东再走百十来米，一个老旧的大门，门外以一根半斜着的电线大木柱为记，这就是鼎鼎大名含冤二十余载的“二流堂”的堂址、“总部”、“老巢”。苗子和郁风就住在这里。同住的还有盛家伦、吴祖光、新凤霞、戴浩诸位。
>
> 这是一座红砖砌成的、不成格局但适于居住的大宅院。冲着大门、

① 黄永玉的夫人张梅溪。

坐北朝南的屋子属盛家伦；东侧面一排房子属吴祖光、新凤霞夫妇；吴家房子靠北尽头上台阶左拐，楼上住着戴浩；楼梯右侧往北里走住的就是苗子、郁风。[1]

到了1957年，这些“二流堂”的人物皆遭遇覆巢之祸。据吴祖光回忆，“文化部曾做出过一个《关于“二流堂”组织活动情况的报告》，将‘二流堂’定性为‘反革命政治嫌疑小集团’”。1957年，吴祖光、丁聪、黄苗子、高汾、冯亦代等“二流堂”成员均被打成“右派分子”。其中，前四位流放至北大荒劳动，直到1960年代初才相继回京。1967年12月13日，《人民日报》第5版曾发表一篇题为《粉碎中国的裴多菲俱乐部“二流堂”》的文章，作者署名“南卫东”，公开点了夏衍、吴祖光的名字；另有一组肖像漫画题为《关于“二流堂”主要人物介绍》，6人分别是夏衍、唐瑜、吴祖光、叶浅予、黄苗子、丁聪。

▲中国农业银行前泰山石所在地即当年的栖凤楼胡同中间

之所以要花这些闲笔来介绍胡同里这些居民，是因为徐传贤在1957年和1967年与这些闻名遐迩的高邻遭遇了一样的命运。

① 黄永玉:《比我老的老头》，作家出版社，2009年，第43页。

2021年初夏，我特意去栖凤楼胡同的旧址，希望寻找某些遗迹，很失望，荡然无存。从地铁东单站东北口出来，那里是中国农业银行总部大楼的西门，门前有一块巨大的泰山石。据老居民回忆，这石头所压着的地方，正是栖凤楼胡同。原来胡同西口立着一块“泰山石敢当”，而这想必是拆掉胡同盖起这幢大楼后，主事者知道这个掌故后故意找来更大的石头放置在此处的。

中国农业银行总部的东边是一个大院，现在归中国联通公司使用，大院临长安街有一幢橘黄色的大楼，那是20世纪八九十年代很有名的东单电话局。徐传贤夫妇来北京第一个落脚处想必是这个院子，当时归邮电部所有。在农行大楼和东单电话局之间，有一条南北走向的街道，地名标牌上为“栖凤楼胡同”，但这只是借用了旧地名罢了，以纪念那条已经消失的老胡同。

徐传贤到北京后，他的长子徐家善、次子徐家良皆已成人，令他欣慰的是两兄弟都很争气，学业上取得了很好的成绩。大儿子徐家善最初考进上海法政学院，后来短暂地在香港某校念过一阵子书，回到上海后入同济医学院改行学医。大学毕业后，徐家善两次参加抗美援朝医疗队赴朝鲜工作。抗美援朝时，同济医学院系统的医务人员组织了第一大队，林竟成任队长；上海医学院系统组织了第二大队，黄家驷任队长；上海市卫生局系统组织了第三大队，张曦明任队长，黄家驷兼任总队长。

次子徐家良少年时颇为坎坷，但幸运的是最终逢凶化吉。据徐家良老先生回忆：“1945年8月15日日本侵略者投降，抗战胜利结束，举国欢腾。但和平生活没有过上多久，1946年后蒋介石又发动内战，广大民众又处于战争苦难之中，物价飞涨，社会动荡，社会各界人士‘反饥饿、反内战’呼声示威斗志高涨。在这个生活不安定的时期，1947年上半年我不幸左腿受伤，左膝部红肿，持续高热不退，出现败血症症状。当时，青浦医疗条件极差又无医院，仅几家私人诊所，在老宅周围拜神驱鬼、服用中药煎剂后左膝部出现脓肿，请老中医来家中开刀排脓。青浦无青霉素西药，历经半月余病情无好转，后转入上海仁济医院医治。由于在青浦延误治疗，又急性转为慢性骨髓炎，因股骨下端死骨面广，恢复漫长。医院为病床周转治疗便捷，建议截肢手术，祖父得知后拒绝截肢。后遇骨科专家叶衍庆医师，叶医师与我父亲在1947年英国伦敦相识并有友情，他建议保守疗法。1949年上半年叶医师亲自主刀为我第二次剔除死骨治疗，第一次住院半年，第二次住院一月余出院，但手术伤口延续九年余，直至1956年医学院毕业后过两个月才愈合。在这七年的漫长愈合期中，我一边上学又须每隔1—2日自行换药，要做到学习与治伤两不误。两次住院医病耽误学业两学期（初中、高中各1学期），但我在家中养病期间自学，以同等学力跳级考上高中，因而未耽误中学年限。我读初、高中只用了五年，读高中时浪迹于沪、宁、京三地，于1951年在北京一所教会学校崇实中学高中部毕业。”

崇实中学的地址一直没变，在东城区交道口地界，近国子监和雍和宫，今为北京市第二十一中。这是一所古老的学校，创办于1864年，创办人为美国牧师丁韪良（William Alexander Parsons Martin，1827—1916）。丁韪良是一位和中国近代史关系最为密切的外国人，他在中国生活了六十二个年头，曾经充任过清朝同文馆总教习、京师大学堂总教习，对中国引进西方思想、科学和教育制度居功至伟。

从徐家良这段回忆可看出，在那时候即使在上海的郊区青浦县医疗条件也仍然很差，传统医学的疗法对并不复杂的腿伤没能起多大疗效，反而延误治疗。但毕竟邻近上海，尚不至于如偏僻地区的伤患那样听天由命，最终能进上海的新式医院治疗。同时，其祖父徐熙春见多识广，又是青浦红十字会的负责人，很有决断力，坚决不让孙子截肢，否则徐家良的人生将会改写。当然，徐家的人脉关系在优质医疗资源匮乏的当时起到了决定性的作用，竟然能请出大师级的骨科专家叶衍庆来主刀。

叶衍庆（1906—1994），江苏苏州人。1930年毕业于山东齐鲁大学医学院，并获医学博士学位。1933年上海雷士德医学院研究生毕业，任上海仁济医院外科医师。1935年赴英国利物浦大学医学院进修矫形外科，获骨科硕士学位，并被选为英国皇家骨科学会会员。1937年回国后，曾任上海仁济医院骨科主任，上海女子医学院、上海圣约翰大学医学院教授。中华人民共和国成立后，历任上海第二医学院教授、医学系一部系主任、名誉主任，瑞金医院骨科主任，上海市伤骨科研究所所长、名誉所长，以及瑞士国际外科学会会员、卫生部医学科学委员会委员、中华医学会理事、中华骨科学会名誉会长。1937年，叶衍庆与牛惠生、孟继懋、胡兰生、朱履中、任廷桂一起成立骨科小组，而这是我国第一个骨科学术组织。为此，骨科界将叶衍庆和孟继懋教授并称为“北孟南叶”。徐传贤应该是在参加万国邮联会议期间，顺道到英国考察邮政时遇到了叶衍庆，他国遇到同乡，意气相投，遂成为朋友。当然，徐家良也真是有毅力，几乎整个中学和大学期间都以带伤之身参加学习；同时，在高中阶段，他随着父亲徐传贤的调动而不断转学。

1951年夏天，高中毕业的徐家良参加高考。这一年离中国高校院系大调整尚有一年，私立和公立高校之间竞争激烈，私立高校学费高，公立高校是免费的。当时，没有全国的统一考试，而是各大行政区在同一日分别组织考试。于是，不适宜北方干燥气候的徐家良选择了回到上海参加华东地区的招考，而足疾带来的痛苦使他立志学医——志愿填报的是医学院（五年制）。1951年8月，徐家良被江苏医学院（南京医学院，今南京医科大学）录取（当时在镇江），后来他了解到他也入选了老牌教会学校上海圣约翰大学医学院。在次年的院系调整中，私立高校纷纷被取消，上海圣约翰大学和同德大学、震旦大学三所学校的医学院合并，组成上海第二医学院（上海第二医科大学，今上海交通大学医学院）。

在次子徐家良考上大学的这一年，徐传贤先是在部机关参加“审干”。“审干”是干部审查的简称，这是为了保持党内纯洁性和战斗力的重要方式。在1949年前，党内亦有过数次审干，比较有名的是延安时期整风运动中的审干。但是，自中华人民共和国成立后，审干就不限于党内干部，而扩大到各级各类干部，包括非党派和民主党派的干部。据徐传贤回忆：

> 1951年机关内进行审干，我对于大张旗鼓地进行这个运动，开始确实有些不了解。但是使我大吃一惊的是，在我的很小的一个单位里，就潜伏着一个过去犯过严重罪行的反革命分子。在部中心组的直接领导和兄弟单位的协助下，我们对这个反革命分子进行了反复的揭发和斗争，终于使他基本上交代了问题。这运动使我基本上划清了敌我界限，提高了警惕性。①

---

① 钱益民编:《传邮万里　贤达人生》，2020年，第34页。

土改和“三反”的触动

1951年冬天，徐传贤参加的第一次审干刚结束，便随中央组织的土改工作组派往湖南与当地干部群众一起进行土地改革（简称土改）运动。当时，许多从旧时代过来的著名知识分子、民主人士、起义将领或官员，都曾参加过中央派往各省的土改工作组，这些人与其说是去参加土改，不如说是去学习，从而提升自身的政治意识和政治立场。

当时，许多知名的民主人士和知识分子都离开北京、上海等大城市，到全国各地参加土改运动。例如，冯友兰作为清华大学哲学系教授，于1950年1月27日第一个报名参加京郊的土地改革。沈从文在1951年10月25日随北京土改团启程去四川参加土地改革，在重庆停留几天后被分到一个工作队，于11月13日下到内江县（今内江市）第四区烈士乡驻地，住在由一个大地主的大糖房改成的乡公所里。“他接触当地农民，体会他们的哀乐，觉得这些人在好多方面和他写的三三、萧萧、翠翠相似，在土地关系的变化中又有了些新的内容。他自己的感情浸入得深，不免就会觉得同来的人用情浅。‘对于那么好的土地，竟若毫无感觉，不惊讶，特别是土地如此肥沃，人民如此穷困，只知道这是过去封建压迫剥削的结果，看不出更深一层的一些问题，看不到在这个对照中的社会人事变迁，和变迁中人事最生动活泼的种种。’”[①]

徐传贤参加的土改工作团去的是湖南常德地区的澧县。澧县处在洞庭湖西岸，澧水下游，此地平原占一半，主要在县境内东部的湖区，西部有丘陵、山地。该县河网密布，处处可见湖汊，土地肥沃，可耕地多，澧县湖区的地貌和徐传贤的故乡青浦颇为相近。对小半年的土改经历，徐传贤的回忆比较简略：

> 我们工作组派在澧县大围区大围乡。在土改期间，我们与地方干部相处很好，基本上贯彻了土改政策。土改对我这样一个出身地主家庭的人是有深刻的教育意义的，阶级出身使我本能地在参加土改前有和平土改的倾向，只有在参加土改工作组后，才认识到必须发动群众，不仅在经济上，而且在政治上打垮地主阶级的必要性。
>
> 在这次运动中我下了决心，同其他同志一起，与农民兄弟一起，并且同地方干部密切配合，接受他们的领导，缺点是想在土地改革过程中什么也做得有条不紊，并且重视形式，例如要农协搞一本详细的会员录和土地清册等。这是脱离实际和主观主义的表现，证明我们不如地方干部。[②]

“要农协搞一本详细的会员录和土地清册”，这是知识分子特别是徐传贤这类从事多年邮政专业工作的人的做法——推崇标准化和讲究流程，到了地方便就“脱离了实际”。究竟徐传贤在澧县那些日子如何度过的，我

---

① 张新颖：《沈从文的后半生：1948—1988》，广西师范大学出版社，2014 年，第 127 页。
② 钱益民编：《传邮万里　贤达人生》，2020 年，第 34—35 页。

只能通过实地考察和其他人的资料来揣测了。

2021年清明节小长假，我从长沙驱车来到澧县，在澧县人大常委会一位姓万的先生陪同下找到了大围村。——今天，大围区和大围乡已不存在，经过几十年行政区划的变化，已合并到了小渡口镇。

清明时节的洞庭湖平原，水渠纵横，满目翠绿。一条条厚实的土堤围成一个个垸子（湖南方言，指在湖泊地带挡水的堤圩），垸外是望不到边的田野，点缀着一丛丛树林，偶尔有几只白色的水鸟从田地里飞上半空。我所站立的堤坝南面，有一条河道叫哑河，当地政府正在整治环境，水质看上去尚可。在村道上见到一位正闲坐着的老先生，问他知不知道这地方早年间进行土改的事。——这么久远的事，我本来不指望对方能回答，没想到这老先生接过话茬，眉飞色舞地讲了起来。

▲在湖南澧县大围村偶遇土改那年出生的万先生

老先生说，他今年整整70岁了，正好是1951年年底快过年时出生的，一生下来赶上了土改，因为他的落生让他家多分了份田。对土改工作队的事，他当然一无所知。不过，他长大后听老辈人讲，田地被分的有家里上百亩的大地主，也有几十亩的小地主；大多数地主都是勤快人，也有在外面做生意的攒钱买的田。

告别了大围村的老先生，我去了几十公里之外、地处澧阳平原西北部的城头山。城头山古文化遗址在高出四周平原2～4米的矮岗上，岗上长满了野草和野花。据考古发掘表明，距今7000年前就有人类在这个岗地上居住和从事生产等活动。大约5000年前，人们在此筑垣为城作为防御，现存一段段时断时续的墙体。城址保存较好，平面呈圆形，由护城河、夯土城墙和东、西、南、北四门组成。据考古发现，距离城头山遗址1公里处，还发现了距今约8000年的人工栽培稻；距离城头山遗址10多公里处，发现了距今约8000年的大量稻田实物标本，其中40%有人工栽培痕迹，还有水坑和水沟等原始灌溉系统。专家认定，这是现存灌溉设施完备的世界最早的水稻田。

有了成熟的农耕技术，中国人对于田地的执念延续了几千年。在中国王朝时期，一次次改朝换代，起事者号召普通农民参与，往往以获得田地作为激励手段。对于徐传贤来此参加的这次土地改革，在中国漫长的历史长河中大概是规模最大的一次，对中国社会结构造成的改变也是史无前例的。

1951年，时任文化部副部长、党组书记兼中宣部文艺处处长周扬参加了这次土改工作团，从北京到了常德地区。“12月底，中央土改团大都分到澧县，唯有周扬分配在常德市城东郊东江乡（当时乡政府在马家吉）。”① 著名书法家、当时在辅仁大学任教的启功先生也是赴澧县中央土改工作团的成员，但他没有留下什么回忆记录。

土改工作团的另一位年轻成员、著名的表演艺术家于是之（1927—2013），来到澧县时刚结婚半年。于是之在澧县给妻子李曼宜写了多封家书，讲述了土改的亲身经历，诉说对妻子和北京的思念之情。当时，于是之被分配到大岩乡，这个乡是丘陵地带，在澧县的南部，现被并入澧南镇。

---

① 孙伟:《周扬在常德搞土改前后》,《湘潮》2011年第1期，第53页。

1990年代，于是之撰文回忆这次参加土改的经历，从中可一窥这批从北京来到洞庭湖畔的旧知识分子所受的震撼和诸多感触，亦可看作徐传贤“共有”的经历：

> 1951年10月，歌剧《长征》演罢以后，我就参加了湖南土改。11月初出发，1952年3月回京，具体工作地点在澧县大岩乡，这是我有生第一次下乡。
>
> 走前先在北京听报告，依次汉口、长沙、常德一直听到澧县，越听越深入，越细致。我一路听一路看，火车上看，汽车上看，仿佛第一次睁开了眼：原来中国不光是北京、王府井、天安门，敢情望不到头走不尽的都是农村，过去书上教的中国是“农业国”好像根本没有学过。
>
> 从澧县到大岩乡30里，这就要步行了。我们的行李要请挑夫担，小件东西就要自己动手了。也买了扁担，两人一根，把自己的小件挑起来。开始挑起一走，还甚自得，走来走去，见挑夫挑得重走得远，我们担得轻落在后边，就不免惭愧下来。路上经过一个小镇，镇中的小学生与妇女出来欢迎我们，一直送我们出镇，他们一边走一边喊：“中央土改团来了”，“我们穷人可以翻身了……”。孩子们穿得确实破烂，看着他们，分外感动，不觉热泪盈眶。
>
> 我们这一带是1927年闹过农民运动的地方，再加上我们立国不久，所以进村首先要向群众讲明现在“不再是民国16年”，“这一次共产党不走了”，请农民放心；也告诫地主丢掉幻想，休想翻天。这里的地主也确实狡猾，比方土改工作队进村以前，他们已买下花炮，要出来欢迎；另外，他们背后早已做下了手脚，对于后进的贫雇农都给以小惠，

进行拉拢。所以在“扎根串联”、组织队伍、提高觉悟的时候，有必要在农民内部做一下“查上当”的工作，凡被拉拢拿了“好处”的，要自觉“放下包袱”，不要上当，以免在斗争中损伤自己的战斗力。

在斗争激化时，掌握政策、策略，掌握群众情绪十分要紧。处理不好，就产生消极后果。在这方面我就受过批评，那时我管大岩乡下玉皇村的工作。晚上我在乡里开会，来人报告玉皇村里的一批积极分子自发斗争了个地主婆。我于是赶紧回村处理，到了现场是不能贸然喊停的，这我懂得，要看火候解决。到了一看，我们的积极分子确实斗得起劲，然而围在外围的，人不少，但差不多只是看。积极分子的斗法就是“吊索”“摸鱼”“老虎凳”，完全是错误的、脱离群众的。一会儿，地主婆供出有光洋，她愿带人去取时，我只简单地结束了会，叫民兵带地主婆取光洋，我也跟着去了。半路上，走到一家药铺门口，地主婆要上厕所，这是民兵和我都无法同去的。就在这时，地主婆从药柜里拿出一把弯刀就抹了脖子，幸亏民兵看得紧没有死，出了血，但只割破喉管。一些人把她放在床上，就都散了，民兵也回去了，就剩下一个我和一个用喉管出气的半死的地主婆。政策上是要避免地主自杀的。半夜里根本无法找到医生，我不能叫她死了；另外我还得找个棍棒防身，防止地主婆一时性起向我垂死挣扎。就这么我看了一夜，我还觉得我够勇敢的呐。没想到回到乡里汇报，就受了批评——一位久经考验的区长对一个年轻知识分子的还算温和的批评。我应当组织民兵轮流看守地主婆，我更应当散会后召开积极分子会，用党的政策、策略的思想和他们一道总结，趁热提高他们的思想，不应当一个人“孤苦伶仃”地看地主婆。我按照他的批评第二天做了工作。后来我一直把玉皇村的土改做完，“划阶级”“没收分配”都做得很顺利。

农村的工作做不完。一个落雪的晚上，我接到还是那位区长的电话，要把我抽出去参加土改检查组，指定次晨去另一个乡集合、开会。次日出屋，看积雪刺目，一时不能睁眼。那里的雪景与北方不同，北方是所谓“山舞银蛇，原驰蜡象”，这里路上则是绿白相间，田中冬季作物绿色盎然，只周围落上雪。堰塘中，水被风吹皱，沟渠中则犹有潺潺水声。这在湖南算大冷天，对我们不算什么，只觉得路上景致很美。走25里到集合地点已是下午3点了。人齐即开会，组成检查组。上级电话又来：叫当天就下乡检查，一再叮咛，叫我们稳住阵脚，必须彻底。“查霸补火”，不得“走过场”“做夹生饭”。宁可晚收手，也要搞透。我们一组4个人，两个北京的，两个当地的，越5点钟上路，还发给我们一条枪，但没有子弹，只是为壮胆的。告诉了地址和走向，但大家都认不得路，边走边问。天，就黑了下来，这时也进山了。天阴路滑，“一去二三里，山村四五家”，问路也不易，在那座山上绕来绕去，绕到一个渡口，“前不巴村，后不巴店”，喊渡船的人，没有答应的，只得又回去，好容易看见一点灯亮，找到一个人家，进去表明身份，借宿一宵，第二天给了这家人记得那时是两千块钱（注：第一套人民币2000元相当于后来的2角钱）才又上路。

在北京学习的时候，对于“同吃、同住、同劳动”人们顾虑的是“同住”。这次可没有办法了，检查组是不带铺盖的，与老乡同住。那里的习惯是两个人盖一床被子，你头朝南，我就要朝北。必须这么住，否则老乡笑话你。还有，山区缺水，洗菜、淘米、洗衣、刷马桶，都是一塘水。先于我们在这里工作的同志，普遍患了眼病……总之生活条件是困难些，但大家都认得这次任务的严重，斗争精神还是昂扬的。

“查霸补火”是前段运动的深入。矛头主要继续打击大地主，尤其是恶霸地主，政治上要彻底打倒，经济上要赔够。对于中、小地主一般再加以审查，有些对他们没收过头的地方，还要算清退给他们。策略掌握得好，对敌人分化得好，敌人在斗争中是会投降的；敌人低头，群众看见了更多的果实，斗志也会重新发动起来，把运动进行到底。

这段工作，具体的我只记得我每于开庭轮审大地主，我就拿一本“惩办不法地主条例”对他们数罪恶、算徒刑、逼经济，结果甚好，其他的我已记不清楚了。

回顾参加土改运动，除了经过些风雨，知道些国情外，也悟出点问题：按说1951年、1952年的土改斗争已经大体是对末代地主的斗争了。斗争的胜利，就意味着打倒了这个封建阶级。那么，为什么封建迷信的意识形态到现在还处处可见到呢？而且偏偏还常常表现在那些反封建的斗士身上呢？为什么一些曾经被消灭的封建丑恶现象又故态复萌了呢？我不明白，这当是题外的话了。[①]

1927年大革命时期，澧县的农民运动开展得风风火火。到“马日事变”时，全县21个区共建立团（乡）农民协会500多个，会员20万人，而当时澧县的总人口70万人。大革命失败后，“地主还乡团”对农会积极分子进行了残酷的报复。“土地革命”时期，贺龙领导的红军队伍在澧县活动，动员不少青壮年参军。因此，中央土改团对当地农民一再强调现在不是“民国16年（1927）”了，不要怕地主的“反攻倒算”。

---

① 于是之：《“土改”小记》，《中国戏剧》1993年第1期，第34—35页。

诚如于是之文中所述和徐传贤《自传》中的自我批评那样，他们不熟悉农村情况，不可能成为土改的骨干。事实上，到了澧县时当地土改已进入收尾阶段，他们的主要工作就是中央统战部所要求的那样——学习、观摩为主，让疾风暴雨的运动增进他们对新时代和社会主义的认识，从而主动改造自己的思想，同时也是以中央工作团的名义给当地土改干部和农民壮胆。

澧县的土改成果斐然，如于是之先生文中所言“结果甚好”。据一位南下干部回忆：

> 一九五〇年九月二十五日，澧县土地改革委员会成立，由赵立春、左承统、蒋平社、张从由等十六人组成。
>
> 土改大致分三批进行，共没收地主土地十七万九千二百四十四亩，全部分配给少地或无地的劳苦农民。共没收地主稻谷九十一万九千六百斤。实物如金银等折谷一千四百万零二千二百六十斤。
>
> 土改运动大致经历扎根串联、斗争恶霸地主、没收地主土地财产、划分阶级成分、分配土地财产等几个阶段。在运动中，扣押地主两百多人，斗争恶霸地主一百五十人，判刑四人。依法判死刑八人。整个运动从一九五〇年冬开始，至一九五一年年底胜利结束。
>
> 经过土地改革运动，乡乡建立了乡人民政府和农民协会。发展基干民兵二万五千人。①

---

① 冯荣宝：《南下干部入澧四十年忆》，“人文澧州”（https://mp.weixin.qq.com/s/qEho3Ny6jCfVOmGRtmve6g），2019 年 10 月 19 日。另见《清河县南下干部入澧回忆》，载《澧州文韵》，“邢台市委党史研究室”（https://page.om.qq.com/page/OgBUQrMu4uVyyfvuE7kjG4Vw0），2020 年 3 月 16 日。冯荣宝，离休干部，南下前为中共清河县二区区委宣传委员。

徐传贤和土改工作团的同事在湖南度过了1952年春节。那年春天结束工作回到北京后不久，徐传贤喜事临门，他和章一涵的儿子出生，起名为章卫平。两年后即1954年，两人的第二个儿子章永平出生。至此，徐传贤两任妻子共为他生育了五儿一女。徐传贤和第二任妻子所生的两个儿子皆随母姓章，也不按照徐氏字辈“家”字辈起名。据说是因为章一涵女士是家中长女，弟弟夭折，只有两个妹妹，于是儿子随母姓，以承继章家香火。或许，这也可以理解，徐传贤从心底里希望和旧上海做一个切割，包括带有传统封建色彩的起名方式。“卫平”“永平”，即反映了抗美援朝的时代色彩，而对

▶1957年2月，徐传贤（右二）携家人在北京北海公园留影

徐传贤而言是不是还有一重含义呢？他希望在北京的新生活过得太平和睦。

话分两头，徐传贤留在上海的父母、子女也在积极地适应新社会的新生活。

徐传贤的父亲徐熙春创办的青浦县红十字会所必须完成的一件大事是进行改组。尽管在此之前，该会也曾有过四次人事改组，但不管如何有人事之代谢，青浦红十字会作为独立运行的社会组织这一性质没有变，地方绅、商始终是该会的领导群体，在具体事务中和地方政府只是协作关系，经费、人事并不受制于政府。中华人民共和国成立后，以前的运作方式显然已不合时宜，必须进行大力的改组，而红十字会的改组是从总会到分会逐步进行的。据研究这一课题的陆轶隽在其论文中所言：

> 1949年中，伴随着解放战争中国民党方面的失利，中国红十字会原会长蒋梦麟也随之前往台湾，造成中国红十字会“群龙无首”之局。总会秘书长胡兰生发布《注意要点》，表达向新政权靠拢之意。5月28日，胡兰生命留守南京的总会办公人员全部迁往上海，同时要求上海解放军军管会接管之，但由于红十字会国际性的特殊属性，军管会并未立即接管。1950年3月，胡兰生赴北京拜访中央人民政府卫生部、内务部、外交部，请求人民政府尽快接管红会，卫生部相关领导将胡的意见转告政务院总理周恩来。4月，周恩来指示红十字会迁北京改组，由卫生部及中国人民救济总会领导改组工作。5月初，胡兰生再次赴京商讨总会迁京与改组事宜，获周恩来指示：基于红十字会特点及历史情况，采取改组而非接管；总会迁京，现有职工除不愿赴京外全部留用；总会所有资产妥善保管；总会新办公地址为北京东城

干面胡同22号。8月2日至3日，改组协商会议正式召开，为中华人民共和国成立后中国红十字会的第一次全国代表大会，会议经表决通过了《中国红十字会会章》，明确规定“中国红十字会为中央人民政府领导下的人民卫生救护团体”，中国红十字会及各地方分会“协助各级人民政府，面向人民大众，宣传并推广防疫、卫生、医药及救济福利事业为宗旨”。卫生部部长李德全兼任首任中国红十字会会长。……

总会的改组，使得各地方分会纷纷跟进。1951年2月18日，青浦红十字会召开协商改组大会，成为全国范围内较早进行改组的地方红十字分会。大会由徐熙春主持，向与会人员报告青浦红十字会成立二十余年来所获得之成绩，及改组后青浦红十字会的目标。在徐熙春报告完毕后，青浦县民政科长牟凤沼、青浦县教育联合会主任委员姜有方发言。会议确立了青浦红十字会新的领导群体，原会长徐熙春继续担任会长一职，在原红十字会有职务的袁采华也继续留任，任新青浦红十字会的理事。牟凤沼、刘经国、徐正大担任红十字会副会长，江淑人、姜有方等5人担任常务理事，袁采华、顾学箕、何承志、董建华等11人担任理事，何承志、陈孟恒任干事。从人事安排上看，新的青浦红十字会改变了原先以地方绅、商为构成主体的领导结构，取而代之的是以卫生系统的官员及医务人员为构成主体的新领导集体。尽管原会长徐熙春按照总会尽可能留用旧系统人员的精神得以留任，但伴随着县人民政府民政科科长牟凤沼、青浦县医务工作者协会主席刘经国等官员进入红十字会的管理层，以及县红十字会医院院长顾学箕，青浦县著名中医何承志、董建华等医界人士担任红十字会理事，标志着由政府行政系统及卫生专业系统所构成的领导群体正式形成，红十字会领导成员专业化的程度得以提高。而从业务上看，改组后的青浦红十字会也毫不讳言自己将服务于新政权的一系列行动：

> 民政科科长牟凤沼发言：今天协商改组，是红十字会的新生，希望将过去的错误和缺点完全改样。根据卫生三大原则，树立为人民服务精神，以配合抗美援朝和生产救灾的任务。

同时，协商改组大会也在报告中呼应了新中国防治血吸虫病的防疫运动，指出红十字会改组后要扩展现有机构，培养医务人员，成为县内扑灭血吸虫疫情的重要力量。这表明，改组后的青浦红十字会，在业务上也正式成为国家卫生行政系统的一环。①

留任会长的徐熙春在会务报告中说："……抗战胜利，在总会辅导下，重建机构，筹划医院一所，以应地方需要。解放迄今，日本血吸虫病，为害甚烈，总会驻青之第六乡村巡回队，于去冬取消后，已遵照总会指示，组成农村医防队，深入农村，集体防治，唯恨实力有限，未能普遍，今后更要努力扩展，以赴事功。尚望在席各位代表多多协助，政府同志加紧督导，俾得易奏扑灭之效，以挽救农村劳力之泉源云。"②徐熙春念兹在兹的仍然是肆虐家乡的血吸虫病之防治。

1954年4月，中国红十字会青浦分会医院由县人民政府列为国家编制的全民医疗单位，改名为青浦县红十字会医院。徐熙春用个人财产购买的院址和院舍也一并无偿地捐献给政府，这也是他多年的愿望。

---

① 陆轶隽：《从江苏省青浦县分会看中国地方红十字会之运作（1924—1951）》，2020年，第106—107页。

② 徐家益、徐建新编：《青浦徐氏族谱考正集暨纪念徐熙春先生130年华诞》，2015年，第130页。

如前文所述，徐传贤的长子徐家善两次参加上海医疗队赴朝鲜战场救治伤员，回国后进入上海一家医疗机构工作，后调入华山医院。

次子徐家良在江苏医学院学习五年期满，1956年9月毕业分配，他被分配到安徽省卫生厅。徐家良不愿意去安徽，希望能留在上海或江苏。他们班一位陈姓同学分配到贵州，该生不愿意去黔地，提出和徐家良调换。单纯的徐家良心想反正没能留在苏、沪，安徽和贵州都一样，到贵州以后再想办法调回家乡，于是同意了。殊不知，与贵州比，安徽的工作、生活条件要强得太多，回沪探亲也比较容易。经过调换，那位陈姓同学后来分配在位于合肥市的安徽省人民医院，而徐家良在贵州待了二十五年，其中大半时间在黔东南的凯里市度过。

三子徐家达一直跟随着徐传贤在北京读书，只有和前妻盛希珍所生的

▲北京西直门内前半壁街邮电部家属院徐家所住的楼房

小女儿徐家敏待在上海陪伴母亲。据徐家敏回忆："记得早些时候父亲回上海，有一次在叔叔家，他让我出去走走。具体说什么，已记不清了。但我感觉他有点歉疚的意思，并且要我好好学习，并给我一块LONGINES（注：浪琴）金表。因此我下定决心，考取了上海中学，而且学习成绩数一数二，并参加学校体操队，在市里比赛取得好的名次，同时未影响高考。"[①]高中毕业后，徐家敏考入山东大学青岛校区（后改为山东海洋学院、青岛海洋大学、中国海洋大学），大学毕业后留校。

① 钱益民编：《传邮万里　贤达人生》，2020年，第293页。

加入“民革”到“反右”

中华人民共和国成立初期有三大重要的运动——抗美援朝、土改和镇反，徐传贤都较为顺利地度过了。在接下来的“三反”（反贪污、反浪费、反官僚主义）中，徐传贤被轻轻地触及了一下。

“三反”运动主要针对党政机关、国有企事业单位中掌握公共资源的人，可以说是中华人民共和国成立后掀起的第一次大范围的廉政风暴。1951年11月30日，中共中央根据同年秋季全国工农业战线开展的爱国增产运动中揭发出的大量贪污、浪费现象和官僚主义问题，向全党指出：必须严重地注意干部的贪污行为，注意发现、揭发和惩处。12月1日，中共中央作出《关于实行精兵简政、增产节约、反对贪污、反对浪费和反对官僚主义的决定》，把“反贪污、反浪费、反官僚主义”作为贯彻“精兵简政、增产节约”这一中心任务的重大措施，要求普遍地检查贪污、浪费和官僚主义问题。12月8日，中共中央又发出《关于反贪污斗争必须大张旗鼓地去进行的指示》。此后，一个全国规模的“三反”运动普遍地开展起来。①

发动群众是中国共产党革命和执政的法宝，“三反”也不例外。如何发

①1952年1月4日中央发出《关于立即限期发动群众开展“三反”斗争的指示》，中共武汉市纪检委官网（http://www.whdi.gov.cn/lz/ws/sh/zy/201505/t20150529_585864.shtml），2015年5月29日。

动群众，多年的革命实践中形成了一套行之有效的办法，同志之间、同事之间甚至亲人之间相互监督和揭发是题中应有之义。当然，传统的“亲亲相隐”在革命的原则面前是不应存在的。1952年年初，“三反”在邮电部机关开展时，徐传贤在湖南的土改工作尚未结束。据徐传贤《自传》中说：

> 由于我长期生活在旧社会里，而且习惯于取得一些不义之财，这个运动对我说来自然有更大的教育意义。但在这运动初期，那时我正在湖南参加土改，我对它的认识是不够的。
>
> 我回到北京，听说我爱人章一涵已把我在1950年、1951年出国时曾经用零用钱买过两只表的事情揭发了，才使我深刻认识到自己有患这种恶劣行为的历史根源，必须下决心在思想上肃清资产阶级思想。①

徐传贤所说的这两次出国参加的会议，即前文所述随邮政总局局长苏幼农1950年赴瑞士、1951年赴埃及所参加的万国邮联会议。利用公务出国的便利，购买外国的免税商品带回国，这对1949年前做过国民政府邮政总局联络处副处长的徐传贤来说是惯常的做法，他没觉得有什么不对。但在“三反”运动时期，这个问题一旦被揭露出来，那就是爱占公家便宜的资产阶级思想。如果没猜错的话，这次从瑞士买回来的两只手表中的其中一只，就是送给和前妻盛希珍所生女儿徐家敏的那块LONGINES（浪琴）金表。买手表的钱是徐传贤个人的零用钱，用的不是公款，估计他向组织上说清楚后检讨一番，也就过关了。

---

① 钱益民编：《传邮万里　贤达人生》，2020年，第35页。

在部机关过关的徐传贤，被派往北京邮局参加“打虎队”的工作。现在，媒体上报道查处贪腐的官员喜欢用“打老虎”来比拟，或即源于“三反”运动的“打虎”之说。此次运动，被打掉的两只最大的“老虎”，即是依法判处死刑的大贪污犯、原中共天津地委书记刘青山和原天津行署专员张子善。据当时中央研究室宣教局刘学礼的文章介绍：

1952年1月19日召开的中央直属机关总党委扩大会议，首先宣布“三反”运动进入“打老虎”阶段，当时“老虎”指较大的贪污分子。1月23日，毛泽东批评了认为党的机关、宣传和文教机关民众团体，用钱不多，必无大“老虎”的错误认识。1月25日，毛泽东又指出，“三反”运动的第三阶段是组织精干力量搜捉大贪污分子，捉大、小“老虎”（一千万元以上的为小“老虎”，一亿元以上的为大“老虎”。当时的1万元相当于现在的1元）。

随后，各地党委统一领导指挥“打虎”行动，研究“打虎”战术，掀起了轰轰烈烈的“打虎”运动。一些大贪污犯被严肃惩处。华北军区政治部一名副科长兼任电影院的经理后，两年多来贪污灯片费、包场费和盗卖公物所得共达1.266 9亿多元（相当于现在1.2万多元）。1月21日，这名副科长被开除党籍、撤销职务，交军法处严惩。到2月5日，仅华东军区就捉到大“老虎”108只、小“老虎”649只，挤出中小贪污分子9.7万多人。在“打虎”过程中，毛泽东要求严禁逼供信，严格检查核实，实事求是甄别，“打虎”工作和业务工作并举。①

① 刘学礼：《“打老虎”始于“三反”运动》，《人民日报》2015年1月6日第18版。

中央机关“打虎”也很有成果。1952年2月1日，北京市召开公审大会，公审7名贪污犯。原公安部行政处处长宋德贵、原中国畜产公司业务处副处长薛昆山，因贪污罪行严重（宋贪污6.4亿元以上，薛非法所得23亿元以上。当时的币值1万元，相当于后来的1元）又拒不坦白而被判处死刑。

这种发动群众参与，自上而下层层布置，对运动成果有明确要求的“打虎”，在具体实施中难免会出现扩大化。《国家人文历史》曾刊载的一篇长文记载：

> 各地纷纷成立“打虎队”，地方上提出口号：“要当景阳冈上打虎英雄，不当华容道上放走曹操的关公”。“打虎队”最常用的手段是“大会压，小会挤”，会上施展“三宝齐放”战术。所谓三宝即火力、材料、政策。群众在会上把贪污嫌疑分子团团围住，施加压力，这被叫作“火力”；对象不坦白，就向他抛出已掌握的材料；同时反复说明党的坦白从宽政策。“三宝齐放”的要点是连续轰炸，一个“打虎”队员回忆道：“我们当时还有一个战术叫作‘磨盘战术’，意思就是说，我们组织很多人来攻击一个人，当时我们都是年轻力壮二十多岁的小伙子，大家轮番对这一个人审问，不让他睡觉，非得让他说出贪污了钱不可，记得有一回一个人被我们逼得竟说自己贪污了两火车皮的黄金。”天津汉沽运输公司让“虎”立在中间，四面都放桌子，互相叫“虎”，让“虎”转头。上海天丰造纸厂群众对大贪污犯王克勤（业务科主任）发出了最严重的警告：“摆在你面前的只有两条路，要死要活，赶快决定。”在“打虎队”具有充足的弹药（材料）和群众声势浩大的围剿下，王克勤从数千万坦白到一亿

一千六百万元。[①]

在凌厉的攻势下，多地出现了刑讯逼供和不堪压力导致的自杀事件。“曾志时任中南局工业部部长，负责该部‘三反’运动。她回忆：‘工业部系统“三反”工作，同其他部门大同小异，搞极左那一套，采取延安整风“抢救运动”那种方式，比如开群众大会、点名批判、搞逼供信、吊打关押、威胁利诱、车轮战术等，无所不用其极，天天开群众大会，夜夜开小会，被斗的人晕头转向，精神受刺激，身体被拖垮。而参加批斗的同志也疲惫不堪，颇有怨言，搞得人心惶惶的。我参加了几场“打老虎”大会，都是大轰大鸣，不重调查，不实事求是。我们宿舍在工业部大楼，有时半夜三更听到楼下的办公室内“打老虎”，犹如鬼哭狼嚎，我实在听不下去，跑下楼严厉制止。’”“据甘肃省在1952年9月总结，‘三反’运动中自杀已死者共有65人。上海市增产节约委员会1952年7月统计，因‘三反’而发生的自杀身死者323人，未遂者440人。实际人数远不止如此。仅上海水山区公安局就统计出因‘三反’畏罪自杀者90人，工业部所属十一个工厂及纺管局所属各厂不完全统计，也有自杀者66人。”[②]

北京市是首都，“打老虎”运动比起外省市总体说来更能掌握政策。

在1957年以前，徐传贤的事业发展是顺利的，其政治身份上亦紧跟新时代，其中一个重要标志是加入“民革”（中国国民党革命委员会）。

1948年1月1日，中国国民党革命委员会成立大会在香港坚尼地道52

---

① 李响：《发烧发热　上吐下泻　“扩大化”的群众打虎运动》，《国家人文历史》2013年第10期，第32—33页。

② 同上。

号正式举行。这是民革历史上的第一次代表大会。大会选举产生了民革中央领导机构，公推宋庆龄为名誉主席、李济深为主席。选举中央执行委员会54人，候补执行委员17人；中央监察委员13人，候补中央监察委员5人。设立政治委员会、宣传委员会、组织委员会和秘书处等工作机构，由冯玉祥、陈劭先、朱学范、蔡廷锴分任四个委员会的主任，李章达任秘书长。在翌日举行的第一次民革中央执、监委全体会议上，选出李济深、何香凝、冯玉祥、谭平山、蔡廷锴、陈其瑗、陈劭先、王葆真、朱蕴山、何公敢、张文、郭春涛、朱学范、邓初民、李章达、李民欣16人为中央常务执行委员。

周颖（聂绀弩的夫人）长期在朱学范的领导下工作，抗战时期担任过重庆慈幼院保育主任、中国劳动协会重庆工人福利社主任。抗战胜利后，周颖在香港参与了民革的筹备工作，被选为民革常委，并与张克明、冯伯恒共同负责起草了《中国国民党革命委员会告本党同志书》。

1950年9月3日，民革组织部部长朱蕴山汇报了《八个月来组织工作总结》。他在《总结》中强调："以团结国民党中层分子为主，并注意吸收社会各阶层以及妇女界进步分子。至于国民党上层个别的进步分子，我们也要竭诚地争取他们参加组织。民革在统一战线中就在于团结这一部分群众来执行《共同纲领》。"①

邮电部组建后，周颖任邮电部劳动工资处处长，也成为民革在邮电部机关的组织实际负责人，而邮电部部长朱学范是民革的创始人。因此，在邮电部机关干部中发展党员，是"民革"一项重要任务。

---

① 陆象贤、刘宋斌：《朱学范传》，团结出版社，2005年，第379页。

1950年11月23日，民革邮电部小组举行了第三次小组会，周颖传达了民革中央的文件精神后，与会者讨论了发展组织的计划：“于11月底前，在部内12个单位普遍扎下根，每单位最低发展一人，每个成员最低发展一个；12月争取各单位普遍成立小组；争取完成50人的发展目标。”①

1951年2月，朱蕴山、吴茂荪和吴晗分别代表民革、民盟到邮电部向部领导提出发展组织的要求。“当天，邮电部的干部集中在大操场上，由邮电部副部长王铮首先讲话，然后吴茂荪、吴晗相继发言。吴茂荪强调民革对发展对象的要求：必须接受共产党的领导、坚持《共同纲领》、为新民主主义事业服务。参加民革不是与共产党远了而是近了。这次动员效果很好，邮电部原来只有周颖、游子甦等几个民革成员，一下子发展成为有20余人的组织，不久即成立了支部。”②

徐传贤在1927年参加过国民党，后脱离了关系。他的历史、身份以及和民革创建人之一邮电部部长的旧同事、好朋友的关系，符合民革发展成员的标准。他早就被列为民革党员的发展对象，因为不断地出国、到湖南参加土改和参加“打虎”运动，到1953年终于得以履行手续加入民革。很快，徐传贤成为民革在邮电部机关的骨干，他被选为支部组织委员，并曾任民革邮电部支部代理主任委员一职。这是徐传贤的荣耀，是其政治上积极要求进步的一种肯定。孰料，这却埋下了徐传贤日后罹祸的隐患，真是祸福相依！

1954年，邮电部在西直门内前半壁街35号的宿舍大院竣工，徐传贤一

---

① 陆象贤、刘宋斌：《朱学范传》，团结出版社，2005年，第381页。

② 同上书，第381—382页。

家搬进了这个家属院。这个大院北面是清代的恂郡王府，主人为恂郡王即康熙帝四子胤禛（雍正帝）同母弟爱新觉罗·胤禵（与雍正帝竞争皇位强劲的对手十四阿哥），现在是西直门宾馆；其西南面为国务院第二招待所。

2021年初夏的一天，我走进这个大院，满目是典型的老小区景象。一进门是一幢二十来层的塔楼，这应该是后来修建的。绕过略显破败的高楼往里走，别有洞天：还尚存三幢两层楼房，红砖清水墙面，斜坡屋顶带有一点欧式别墅风格，楼与楼之间的间隔较大，空地上有小花坛，还有居民种的菜蔬。每个门洞走进去，楼上楼下各两个单元的套间。据徐传贤最小的儿子章永平介绍，这样的两层红砖房原来有四幢，前后各二。在当时，这批新建的单元房设施先进，是提供给邮电部司局长级和重要的专家居住的，一共居住了二十四户。邮政总局副局长谷春帆（后担任过全国政协常委、邮电部副部长）曾在此居住，聂绀弩、周颖一家住前面一幢，徐传贤一家住在后面一幢。

聂绀弩当时在人民文学出版社主持第二编辑室的工作，其文名早著，但在官方序列所能享受的分房等福利待遇则不如一位邮电部重要的司局（处）长，只能依妻而居。聂绀弩给自己起了几个别号，一为“散宜生”，另一为“半壁街人”。在半壁街的家中，冯雪峰送聂绀弩的一幅岳飞《满江红》词碑文拓片，高高挂在客厅里；两边是前人所书的对联——“青山不厌千杯酒，白日惟消一局棋”。书房的斋额上写着“三红金水之斋”，为黄苗子所书。（注：“三”是《三国演义》，“红”是《红楼梦》，“金”是《金瓶梅》，“水”是《水浒传》。）黄苗子常来此处造访聂绀弩，两位先生有时候在附近找个小饭馆喝酒聊天。黄苗子在日记中提及聂绀弩，是“放浪形骸第一，自由散漫无双”。

徐传贤能够住进院内的四幢“专家楼”之一，可见他在邮电部机关的分量。1950年代初，干部由“供给制”改为“工资制”，一共划分为行政24级。徐传贤被定为行政11级，这是老资格司局长享受的级别，月薪195元（新币制，1954年学徒工是18元）；其夫人章一涵被组织安排到北京东郊酒仙桥地区的邮电部506厂（北京邮电通信设备厂，后更名为普天首信通信设备厂）从事会计工作。应该说，这个时期，徐传贤本人和全家沐浴着社会主义的春风，他本人也工作努力，表现积极。

对于长子徐传贤去北京后在新政权内得到的重用和取得的成就，远在上海的徐熙春颇为欣慰。据徐家善回忆：“当祖父得知父亲在新中国成立初期为我国的国际通邮、通电做了大量工作、成绩卓著时，感到非常高兴。祖父并为父亲能勤奋自学、艰苦奋斗，从一个未结业的中学生（注：徐家善先生对国立中法工学院学制的了解不是很清楚，故将徐传贤大学正科一年级辍学理解有误）成长为一个精通英、法、俄等多种语言，具有很高学识和专业能力，并为新中国的邮电事业有所建树的国家公务人员，感到欣慰和骄傲。祖父也经常以我父亲为榜样鼓励我叔叔、姑姑、我兄弟辈要向我父亲那样刻苦学习，努力工作，为国争光。”

由于“冷战”的加剧，中国和当时欧美等资本主义国家交往很少，徐传贤所从事的国际邮联工作的对象也主要是苏联、东欧和亚洲的一些社会主义国家。为了开展工作，英语、法语娴熟的徐传贤又开始自学俄语，很快他就具备了阅读、翻译俄文著作和用俄语进行会话的能力。

据章永平回忆，他的姑父（指徐传珍的丈夫）是一位建筑工程师，有一次拿到一本珍贵的俄文建筑资料却看不懂，闲聊时向徐传贤提及此事。徐传贤让他把资料给自己，几天后便将全文翻译成中文还给了这位妹夫，妹夫大惊道：“哥，你什么时候学会了俄语？”

可以作为徐传贤这个时期俄文水平和工作成绩的一个见证的，是由他翻译、人民邮电出版社于1956年8月出版的小册子《苏联邮票》。这本册子图文并茂，文字大约2万字，通过1955年布拉格国际邮票展览会中展出的苏联邮票这一角度切入，介绍了苏维埃国家的政治、经济、文化等诸方面的情况（大32开，26页，首次印刷11 300册）。该书的序言由徐传贤所写，从中可一窥这本册子的大致内容：

> 在1955年布拉格国际邮票展览会中展出的苏联邮票，反映了整个苏维埃国家的生活。
>
> 这些邮票题材具有如下的特点：它们是苏联政治、经济、文化生活中一切重大事件的直接反映。在苏联，邮票不仅被用作支付邮费，而且是作为时代文献和小型艺术珍品来欣赏的，特别是对年青的一代

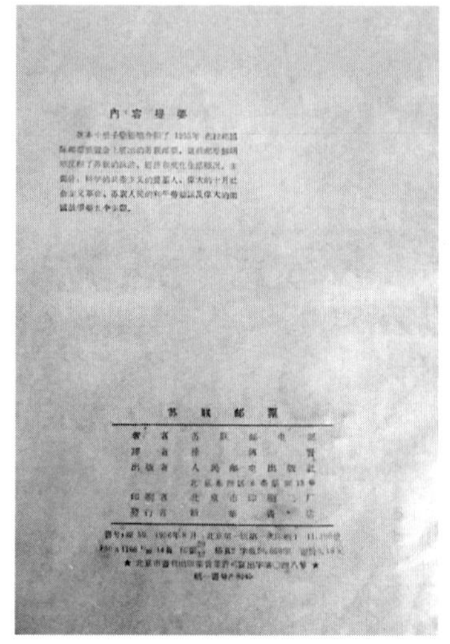

▲徐传贤唯一公开译作《苏联邮票》

更富有教育意义。苏维埃邮票在国内外集邮界都获得了很高的评价。

从展览会上这些陈列架上，人们可以看到很多苏维埃艺术家的原作品。苏联人民和共产党的伟大领袖列宁的肖像邮票是苏联人民艺术家、美术研究院院长A.盖拉西莫夫的一幅名画。马克思肖像邮票是由斯大林奖金获得者、美术研究院通信院士茹可夫所绘。斯大林像是苏联最好的印刷厂“国家票据制造厂”优秀艺术家们的金属雕刻。

很多邮票是苏维埃绘画艺术的优秀代表H.杜巴索夫和B.查菲洛夫的作品。查菲洛夫的儿子、艺术家亚历山大·查菲洛夫虽然从莫斯科苏里可夫美术学院毕业不久，但已很成功地创作了不少图案，例如纪念布留洛夫、茹科夫斯基的邮票图案都是他的作品。

此外，还有B.克利马辛、H.甘甫、E.洪多宾、C.波曼斯基、P.日特科夫、E.布拉诺娃等画家的创作作品。

有些邮票是俄罗斯著名油画的复制版。其中，有列宾的《查坡罗什人》、苏里可夫的《苏沃洛夫越过阿尔卑斯山》、什施金的《森林的早晨》和瓦斯涅佐夫的《古老的莫斯科》（一组）等。

每一个架子都有一个主题，主要有：

科学的共产主义的奠基人。

伟大的十月社会主义革命。

苏联宪法。

苏联人民的和平劳动——工业、农业、文化方面。

苏联的航空专业和征服北极。

苏联首都——莫斯科。

苏维埃青年、体育和运动。

伟大的卫国战争。

苏联——和平的旗帜。

这本小册子将依次介绍苏联在此次展览会上展出的邮票的一部分。①

试节选第九章《苏联——和平的旗帜》部分内容予以介绍，可窥中华人民共和国成立初期中苏的友好关系以及当时中国对国际事务的态度：

苏维埃人民在共产党和政府的领导下，把全部精力献给了建设共产主义和不断改善劳动人民物质和文化生活的事业。关心提高人民物质和文化生活水平，并与一切国家和平共处是共产党和苏维埃政府政策的基础。苏联政府始终不渝地奉行着维护和巩固世界和平的政策。这种政策在它为和国际紧张局势所采取的行动中充分地体现出来。

第七个架子上陈列着一枚邮票，表示苏维埃工人保卫着地球免受和平的敌人的蹂躏。他手中执着一面大红旗，上面写着“拥护和平！反对战争贩子！”

在其他邮票上，写着“我们拥护和平”“和平必定战胜战争”“民主和社会主义的力量是不可战胜的！”等字句。

这一套中的一枚邮票画着一个执着宝剑的苏维埃士兵保卫着一个扑到他身上的儿童。旗上写着“拥护和平”的口号，旁边写着斯德哥尔摩宣言：

“我们要求无条件禁止原子武器——这个恐怖的和大量毁灭人类

---

① 徐传贤：《苏联邮票·序言》，载苏联邮电部《苏联邮票》，徐传贤译，人民邮电出版社，1958年，第1—2页。

的武器。我们要求建立严格的国际管制来保证这个决议的执行。我们认为那一个政府，如果它首先使用原子武器去对付任何国家的，就是犯了反对人类的罪过，就应该当作战犯看待。我们号召全世界一切善良的人们在这个宣言上签名。”

另外一枚邮票的原图案上画着苏维埃劳动人民正在世界和平理事会的宣言上签名。上面写着：“如果各国人民将维护和平的事业担当起来，并且把这一事业坚持到底，和平就能够保持和巩固。”（斯大林语）下面写着：“苏维埃人在世界和平理事会宣言上签名，重申他们维护和平的不可动摇的决心。”

有一枚邮票画着奖给斯大林和平金获得者的纪念章。这种奖金是发给世界各国最优秀的和平战士的。

一套为反对战争保卫儿童而发行的五枚邮票，上面写着：“和平与儿童的幸福不可分割。”在另一套“和平必定战胜战争”的邮票上，写着：“从战争危机中拯救儿童！”

…………[①]

这本徐传贤唯一留世且公开出版的小册子印行时，正值1957年那场著名的大风暴到来的前一年，其时看起来风平浪静，各项事业也呈现兴旺的景象。徐传贤对新时代、新社会的感受是满意的，自我反省、思想上彻底改造的决心也是真诚的。在徐传贤1956年7月15日写就的《自传》里，最后两段话是这种心态的真实表达：

① 苏联邮电部：《苏联邮票》，徐传贤译，人民邮电出版社，1958年，第24—25页。

抗美援朝教育了每一个中国人民，对我特别有深刻的意义。在抗美援朝开始时，虽也响应号召，报名去东北支援，但是我对于战争的发展并不是很乐观的。我曾经在一次座谈会上这样说，美国人民不愿同中国战争的，战争不至于扩大，但是在朝鲜的战争将是持久的，而且是艰苦的。事实是，美国普通人民固然不愿战争，但是美国政权操纵在反动而好战的垄断资本手中，战争之所以没有扩大，主要是我们强大的力量，使美帝国主义者不得不放弃这个预定的侵略计划，在停战协定上签下字来。我国在抗美援朝中动员了全国人民，深入到社会各阶层。我大儿子徐家善连续两期参加了医疗队，我们在土改时也进行了抗美援朝宣传，我同最可爱的中国人民志愿军建立了通讯联系，相互鼓励。通过这次运动，使我深刻体会到正义的战争必然得到胜利，觉醒了的人民是不可欺负的。因为只有中国共产党和人民政府指导我们全国人民组织起来，所能发挥的巨大力量，而真的把中国人民组织了起来，这是任何别的政府所办不到的。

通过这些运动，使我一步进一步得到提高。但是由于我长期生活在旧社会中，属于这个社会的所谓中上层阶层，已经深深地印上这个阶层的烙印，要肃清那些资产阶级个人主义的思想残余，还需要做很大的努力。有利的条件是，时代的前进，整个国家所走过的道路，社会主义阵营的巩固与壮大，已经给我很大的影响，今后一定要给我更大影响。我生长在祖国危急存亡之秋，我也目睹无数革命烈士前仆后继为国家民族的独立牺牲生命，今天祖国在各方面的建设已经取得了空前伟大的历史性胜利，国际地位得到空前的提高，我愿为这个伟大的祖国的社会主义建设贡献出自己的一切力量，我决心要加强学习，克服缺点，努力改造，做一个人民的好干部。[①]

为什么徐传贤要在1956年7月向组织写一份一万多字的《自传》交代历史，剖析思想呢？有其历史背景。在“胡风事件”后，1955年7月1日，中共中央发出《关于展开斗争肃清暗藏的反革命分子的指示》，决定在全国范围内开展“肃清暗藏反革命分子”运动。“9月1日，中央直属机关党委关于贯彻中央搞光一切暗藏反革命分子的指示传达后，范式人（注：当时邮电部党组书记、副部长）随即主持成立了邮电部‘五人小组’，决定到年底分4批进行内部肃反，后延到1956年上半年随即转入审查干部。”[②]

从徐传贤《自传》结尾这些真诚的套话里看得出来，他当时大约以为经过八个年头的改造和学习他已经脱胎换骨了，在新的社会里找到了人生的坐标，一切看起来还不错。哪知道刚过了一年，徐传贤便遭遇到“一夜风雨花满地，数声啼鸟已春归”。

“反右”扩大化，肇因于1957年春天开始的“鸣放”。这年4月27日，中共中央发出《关于整风运动的指示》，旨在全党重新进行一次普遍、深入的“反官僚主义、反宗派主义、反主观主义”的整风运动，要求各界人士向中共提意见和建议，即“鸣”“放”。民主党派和知识界在诸多积极分子的鼓动下，加入了“大鸣大放”的队伍，而且很快出现了不少过于激烈偏颇的言论，于是最高层判断“事情正在起变化”，“右派在猖狂进攻”，

① 徐家益、徐建新编:《青浦徐氏族谱考正集暨纪念徐熙春先生130年华诞》，2015年，第35—36页。

② 缪慈潮、顾铭主编:《范式人传》，中共党史出版社，2002年，第212页。

危及政治安全，帮助整风变成了“反右”扩大化。

在“反右”中，民革和民盟一样是重灾区。陈铭枢（民革创始人之一，曾任中央人民政府委员会委员、全国人大常委会委员、全国政协常委）、龙云（民革中央副主席，曾任中央人民政府委员、国防委员会副主席）、黄绍竑（民革中央常委，曾任政务院政务委员、全国人大常委会委员）、谭惕吾（民革中央常委，曾任政务院参事）是民革的“四大右派”，受到了批判。

徐传贤在民革只是一名基层干部，在邮电部也不过是一位中层干部，且他平时谨言慎行，并不是那种喜欢“放炮”的人，那他怎么在1957年秋天也没有逃过劫难而被划为“右派”呢？这和当时民革邮电部支部的负责人周颖的“大胆放言”有关，如果进一步分析，也可能和他与民革创始人之一、当时的邮电部部长多年的私人交情相关。

1957年6月6日，《人民日报》以题为《民革中央小组继续举行扩大会议》报道了前一天民革中央组织的“鸣放”。在这次会上，民革中央常务委员李任仁、中央委员周颖和中央常务委员谭惕吾做了发言，其中周颖的讲话颇为大胆奔放。据报道：

> 周颖认为：共产党内有些重大问题被锁在“保险柜”内，必须内外夹攻才攻得出来。
>
> 周颖在发言中联系邮电部的实际情况提了一些意见。她说，这次邮电部的同志们揭发了很多问题，这些问题我们都不知道，有些问题，比如某些领导同志作风不民主。家长式的领导问题，我认为早就应该在党内揭发出来的，为什么一直没有揭发呢？难道党员同志不知道吗？难道党员同志就没有意见吗？不是的。我认为这是由于党内的批评和自我批

评，特别是自下而上的批评不开展，党内民主没有很好发扬的关系。党内民主发扬不够，势必影响到党外也不能很好地发扬民主。

周颖又说，过去历次运动中都是共产党员打冲锋，现在共产党员为什么“坐阵以待”？她要求共产党员“立即出马”。她还认为，共产党内有些重大问题被锁在“保险柜”内，这些问题必须党的负责干部出来揭发，必须党内外夹攻才能攻得出来。

周颖说，在现在这个时期，民主党派应该作（做）些什么呢？她认为在机关应该成立一个组织，这个组织有共产党、共青团、工会、民主党派参加。她说，在肃反运动中，我们民主党派不闻不问，不提意见，民革的成员被斗争，自己的组织袖手旁观。现在在整风运动中，我们应该改变作风，该作（做）的要勇敢地去作（做），要和共产党分担责任。这个组织要负责把群众揭露出来的问题加以研究，提出处理的意见，监督共产党快一些解决问题。她要求整个民革中央也应该考虑怎么办的问题。她还谈到社会主义学院的学员相当普遍认为，民主党派这几年干的工作主要是：歌功颂德、锦上添花、火上加油。因此她认为，这次整风中对共产党提出的批评，民主党派也负有责任。[①]

周颖如此这番的发言，在后来的“反右”中自然逃不过一顶“右派”的帽子。1957年9月11日，《人民日报》刊发报道，揭发了周颖的“罪状”，其题为《连续施放毒箭攻击党的领导　周颖原是康泽的密友胡风的亲信——邮电部职工正对这个凶恶的右派分子进行说理斗争》。这篇报道为周颖的“鸣放”定调：

---

① 李任仁等：《民革中央小组继续举行扩大会议》，《人民日报》1957年6月6日第2版。

> 邮电部职工和民革邮电部支部成员们，最近向右派分子周颖进行了严肃的说理斗争。
>
> 周颖（女）是民革中央委员及北京市委委员，现任邮电部劳动工资处的处长。这个右派分子，在今年4、5、6月份，在以所谓帮助党整风的幌子下，向党进行了猖狂进攻。在邮电部、社会主义学院、民革中央、民革北京市委，以及她所在的邮电部劳动工资处的座谈会上，无中生有、颠倒黑白，对党、对党的领导、对社会主义制度，连续施放了一系列极其凶狠的毒箭。
>
> 她曾和储安平的“党天下”一唱一和，在社会主义学院、在邮电部民主党派座谈会上，她一再叫嚣什么“看来就是一个人解决问题，以党代政，以人代党，不仅非党员无权，就是党员也无权”，并狂妄地说：“这个问题根本上要从中央考虑。”①

报道的最后一段说：“邮电部反右派斗争开始以后，她不但没有老老实实交代自己的反动言行，反而跑到北京矿业学院一个熟人家里躲了一个星期；回到邮电部以后，至今仍是吞吞吐吐没有彻底交代。根据邮电部的工作人员和民革邮电部支部成员们初步揭发的材料，不但周颖本人是个反党反社会主义的右派分子，在她的周围还有一批同谋者，她在社会主义学院向党进攻的发言稿，就是她和她的丈夫聂绀弩共同草拟的。这些同谋者至今也像周颖一样并未彻底交代。”②

从《人民日报》时隔三个月的两篇报道来分析，周颖曾在多处“鸣

---

①《人民日报》1957年9月11日第2版。

② 同上。

放”，其中最重要的发言显然是《人民日报》予以报道的那次民革中央组织的会议。但每次发言的内容应该大同小异，这些意见不仅仅是代表周颖个人的，而是她事先在邮电部民革支部开会征求过意见。作为支部组织委员，徐传贤是周颖的重要助手，在支部开会征求意见时哪能想到数月后的“严重后果”，本着群策群力的想法就知无不言了，当然，徐传贤也就成了“同谋”之一,一起成了“右派分子”。徐传贤究竟在哪几次会上说了那些话，而最终由哪一段话“触发”而被划为“右派”，因为相关档案被封存，不能查询，依然是个疑问。但笔者认为，在那样的大形势下，大多数被错划的“右派”为“欲加之罪”，并不需要如法庭上那样质证、辩护，追究到底是哪些话惹祸，其实是无关紧要的事情。

受到周颖牵连的有徐传贤等邮电部的同事，她的丈夫聂绀弩更是难逃此劫了。由于聂绀弩长期和胡风的亲密关系，又加上他恃才傲物、不受拘束的性格，聂绀弩本来就处境艰难。从1954年开始，聂绀弩就开始没完没了地写检查，交代个人问题。在“鸣放”中，聂绀弩“竟然”替向党猖狂进攻的妻子周颖修改发言稿——这等于加工“毒箭”了。既然已有和胡风纠缠在一起的“历史旧账”，又有这一笔“新账”，聂绀弩自然必须得给戴上一顶“右派”大高帽。聂绀弩为此写了好几份材料，交代他为周颖修改发言稿的过程以及修改的内容，其中一份如此检讨：

> 但我的问题，决（绝）不在周颖的发言稿哪些字句章节是与我有关的，哪些是与我无关的。这都是枝节问题。根本问题，在于她的发言稿，那么猖狂地向党进攻，作为一个党员的我，怎么能听，怎么能看，怎么能动笔替他（她）改！改一字与改一千个，看一遍与看十遍，

> 叫她发言与她自动发言，其中并无质的区别！现在我为了找出那（哪）些字是我改的，我把发言稿拿出来看一下，并未看全文，只看那与我有关的部分，也看得心惊胆战，一字一汗。但在当时听她念以及看他（她）原稿的时候，却一点这种感觉都没有。这除了表示我至少在那时候与她有同等程度的反党的思想意识以外，不能是另外的什么。现在我与周颖共同追究这问题，提到：如果我当时阻止她去发言是否会有效的问题。她认为，我也觉得，是会有效的。但我当时一点也未阻止，也未想到阻止。我们又追究下去：如果我们还是分居，她独自一人的时候，她会不会去发这言？她认为，我也觉得，她不可能有这勇气去发这言，不可能有这样坚强的“自信”去发这言。还不仅如此，我说过，那发言稿里的某些意见，是我在一年以前就谈到过的，不过她也和我的见解相同，也就变成她的意见了。①

聂绀弩以“认罪”的姿态剖析了他的“反动思想”影响了周颖，从而让周颖有了“疯狂向党进攻”的主观意识和胆量，这实际上把一部分责任揽在了自己身上。

虽然周颖、徐传贤和聂绀弩都成了“右派”，且周颖是上了《人民日报》挨批的关键人物，但最后的处理让许多人料想不到——对聂绀弩的惩罚远比周颖严重。被牵连进去的聂绀弩处理最重，他被开除党籍，遣送至黑龙江密山农垦局所辖的850农场垦区进行劳动改造（简称劳改），后来又遣往更加偏远的虎林。与聂绀弩一起发配到此地劳改的，有1300多名中央国家机关的“右派分子”。

---

①《自诬与自述：聂绀弩运动档案汇编》，武汉出版社，2005年，第217页。

农场所在地俗称“北大荒”，处在高寒地带，生活条件很差，像聂绀弩这样年已55岁的书生，要在垦区从事诸多繁重的体力劳动——伐木、种地、放牛、牧马、挑水、淘粪、推磨、搓草绳等，极其艰苦。不过，乐观而坚韧的聂绀弩熬过去了，并就北大荒的流放生活写下了多首脍炙人口的旧体诗。北大荒冬天漫长，必须烧炕取暖，湖北人聂绀弩哪干过这活，有一次甚至烧炕引起火灾把宿舍给烧毁了。于是，农场天天开聂绀弩的批斗会，说是他故意纵火。聂绀弩当然不承认，他对劳教队的党支部书记说：“如果党要我承认火是我放的，如果承认了对工作有利，我……可以承认。”[①]1959年农历除夕（公历2月7日）傍晚，两位民警把聂绀弩带到招待所，妻子周颖在房门口迎接。由于周颖的力争、疏通关系，农垦局局长开恩，新年刚过聂绀弩被提审了，并被判处一年徒刑——已提前执行，等于“实报实销”。判决后即释放，周颖在招待所等到结案，陪着这个刚刚释放的“纵火犯”一起离开虎林——聂绀弩回到850农场生产队，周颖回北京。此前，聂、周夫妻俩关系不融洽，聂绀弩有过婚外情，两人分居过，也离婚后再复婚；此次一同打成“右派”，倒是不离不弃，患难之中见真情。聂绀弩为此赋诗一首《周婆来探后回京》：

行李一肩强自挑，日光如水水如刀。
请看天上九头鸟，化作田间三脚猫。
此后定难窗再铁，何时重以鹊为桥？
携将冰雪回京去，老了十年为探牢。[②]

---

① 方瞳：《聂绀弩诗全著全解》，北方文艺出版社，2019年，第29页。
② 同上。

周颖只是被降职降薪，保留公职和政协委员身份，所以她能远赴北大荒探望聂绀弩，并将其救出生天。作为邮电部机关最著名的“右派”周颖如此，那“共谋”之一的徐传贤只是附和周颖而已，加上平时谨小慎微，待人、处事周全，则处理不可能更重。徐传贤亦被降职降薪，保留公职，在邮电部机关边工作边改造，接受广大干部群众的监督。这算是不幸中的万幸了！——设想一下，如果徐传贤和有些“右派分子”一样，被押送到农场去劳动教养，能不能在接踵而至的三年“大饥荒”中活下来，还很难说。

聂绀弩被处理很重，与其“历史旧账”有关，也与他处在文化单位里且又和人民文学出版社社领导关系不谐有关。周颖和徐传贤被处理较轻，或与邮电部是业务技术部门而非意识形态部门有关，还有一个重要的原因是邮电部当时主政者尚属宽厚。当时，邮电部党组书记、副部长范式人（1909—1986，福建寿宁人）是一位1930年就参加革命的老干部。“范式人在邮电部工作期间，非常关心爱护干部。特别是在他主持的肃反和反右派两次政治运动中，作为部党组书记，他积极贯彻中央的部署，发动群众参加阶级斗争，清除坏人，但同时又注意吸取历史上内部肃反扩大化的教训，注意防止‘左’的倾向，注意掌握党的政策，尽可能保护了一些干部。对此，有些干部后来一直念念不忘。”①

范式人在“反右”运动中情况，《范式人传》是这样写的：

> 随之是1957年的反右派斗争。在这场斗争中，范式人认为反党反社会主义的右派势力必须给予坚决打击，但又认为对右派状况的估计过于严重，要实事求是，防止扩大化。在当时“左”的错误思想指导

① 缪慈潮、顾铭主编：《范式人传》，中共党史出版社，2002年，第211页。

下，范式人在他力所能及的范围内，保护了一些干部，特别是知识分子、党外高级民主人士。当时，有些人提出要把党外的部领导人划为“右派”，范式人不同意，并专门找邓小平总书记汇报，说明该人士是建国前在关键时刻同共产党合作的有功人士，不应划为“右派”，得到了邓小平的同意。在范式人和党组成员的共同努力下，三级以上的工程师没有一个被划为“右派”。当时几位部长的秘书，从爱护首长的角度出发，写了几张较为尖锐的大字报，对机关工作中的一些问题提出批评。为此，有的主张予以严肃处理，但范式人认为一定要分清界限，掌握政策，从而保护了一批干部。①

可见，在当时黑云压城的严峻局势下，那位德高望重的党外人士部领导已自身难保，差一点和民革的同志龙云、陈铭枢一样成了“右派分子”。徐传贤和这位部领导在1924年一同考入上海邮政局，又曾经他介绍加入过国民党，即便徐后来没有加入民革成为周颖的助手，在这场运动中恐怕也难以漏网。

虽说在“反右”中邮电部的小气候还不算严酷，周颖、徐传贤被留在了北京，但也不是部机关所有的“右派分子”都有他们的好运气。财务司的会计蔡恢，就是一位命丧劳动教养农场的“右派分子”。

蔡恢，生于1909年，江苏昆山花桥鹭鸶浜人——此地处在昆山、嘉定、青浦三县交界处，其父蔡璜做过江苏省咨议局议员，曾在家乡创办过震川学堂，兴办华兴砖瓦厂，后受黄炎培的影响投入职教社创办的徐公桥乡村改进区试验。蔡恢算是徐传贤的同乡和同龄人，此人的求学经历很是

① 缪慈潮、顾铭主编:《范式人传》，中共党史出版社，2002年，第214页。

传奇，先在上海美专学习绘画，后考入中央大学数学系学习，毕业后进入上海电信局工作。抗战后撤离到重庆，蔡恢担任交通部川藏电讯管理局会计科科长兼川西伐木公司副总经理。在此期间，蔡恢结识了在成都上学的薛崇纶，两人成婚。抗战胜利后，蔡恢调任青岛电信局会计科科长。1950年，蔡恢上调至邮电部，任财务司科员。——他的职业经历与徐传贤也颇为相似。

在邮电部时，蔡恢不仅本职工作——财会职业做得很好，他的绘画水准也声名在外。作家、历史学者维一（黄其煦）回忆其少年时跟随在邮电部工作的父亲去部机关参加新年晚会观看京剧演出，看到观众席里的一位长者抽出一张纸，寥寥数笔就将舞台上的演员形象栩栩如生地画了下来，并随手将画作送给了在旁边看他作画的维一。这位长者就是蔡恢。

这样一位才华横溢的人，在1957年被打成“右派”，开除公职，押送到东北兴凯湖农场劳动教养，后转往北京清河农场（在渤海之滨的天津郊区），于1960年12月21日因饥饿致死。《老照片》刊发的一篇文章考证了蔡恢罹祸和死亡的过程：

> 整风运动开始，蔡恢又一次卷入政治漩涡。在鸣放气氛鼓舞下，他画了三张题名为“党的教育家”的漫画。第一张画了个形象凶猛的狮子坐在崖石上，周围有一群竖耳静听的小兔子；第二张画了一个头戴棉干部帽的狮子，在办公桌正面坐着，手握大印即将盖下；第三张画了一个身穿干部装、青面獠牙、肚大耳肥的人在指手划脚，背景一片漆黑。这三幅漫画，不过是讽刺邮电部会计司个别领导居功自傲、自以为是的霸道作风。而《调查表》（注：指公安部门造册的《右派

分子死亡情况调查表》，后流落到北京潘家园市场，被姚小平先生购得）却将此上纲为“污蔑党为统治人民的暴君”“人民是受统治受压迫的小兔子”。《调查表》还记录：“报纸上批判储安平的反动言论时，他以‘批评党不是推翻党’为名，写了一张大字报，为储辩护。污蔑反右斗争是限制人家言论自由，并画了一张‘隔墙花影动，疑是敌人来’的漫画，污蔑党的反右斗争是捕风捉影，大惊小怪。”这些在今天看来的大实话，被邮电部领导反右运动的五人小组作为罪证，老账新账一起算，将蔡恢开除公职，送往劳改农场。蔡恢在极度饥饿与劳累中送掉了性命。

北京市地方国营清河农场寄给蔡恢家属的死亡通知书上这样写道：“我场于家岭分场教养分子蔡恢因患心脏病、老衰病，久治不愈，已于1960年12月21日6时病死。尚遗留一些物品，希于十日内来我场于家岭分场领取。”[①]

改革开放后，蔡恢被落实政策，恢复名誉，文章如此记述：“1979年5月7日邮电部政治部补发的‘革命工作人员死亡证明书’，上面写道：‘蔡恢同志不幸于1960年12月21日因病死亡，特向革命家属表示慰问。望化悲痛为力量，在社会主义革命和社会主义建设中作出贡献，除给予抚恤外，特发此证。’”[②]

徐传贤的老同事、与他一起从上海邮政局奉调进京的王仲闻同样被划

① 姚小平：《死亡右派蔡恢的唯一影像》，载冯克力主编《老照片》（第65辑），山东画报出版社，2009年，第35—37页。

② 同上书，第37页。

成“右派”，他遭遇厄运比徐传贤早了好几年。

王仲闻在民国时期曾有“邮政总局第一支笔”之美誉，曾担任过处长。1950年王仲闻刚调进邮电部时，被委以重任，担任办公厅秘书处副处长，发挥其文笔的特长。1951年，王仲闻被定为“不可靠分子”，原因乃是在抗战时参加过中统举办的一个邮件审查训练班。这件事如果态度恭顺并加以说明，未必会有什么事，但个性狂狷的王仲闻顶撞了上司。据王仲闻的小儿子王庆山的回忆文章讲述：

> 不久邮政部某领导找父亲谈话，说依据他们掌握的材料，父亲参加过国民党。父亲否认，领导说：“你没有入过国民党怎么会做到处长？”父亲也来了火气，说：“我是凭本事当的处长，不是靠入国民党、共产党做上处长的！”这一吵不欢而散，很快父亲被定为特嫌，结论为“曾经受过特务训练，态度不老实，撤职登记”，去北京邮局参加劳动，天天在外面竖电线杆。父亲已经五十多岁，从来没有承受过这样的重体力劳动，每天回家身上、衣服上都是沥青。他在母亲和我面前从不表示不满，怕我们受负面影响。后来，又安排他到地安门邮局卖邮票。工作繁重，但他很出色。邮局的汇款柜台谁都不愿去做，因为当时规定钱款若有缺失要按一定比例赔偿，刚参加工作的青年人工资只有30元左右，赔上几块钱就会影响生活。父亲主动要求去汇款柜台，深得员工们的好评，但分局长对他甚为不满，因为这个惩罚人的岗位被他一个人揽下了。父亲曾骄傲地说他干了好几年，一分钱也没赔过，可见他头脑明晰之一斑。
>
> 1957年的“反右”运动，使我们全家的命运急行下坠。

当时报纸上有批评邮局糟蹋人才的舆论，当局认为他提供炮弹向党进攻；另外，他曾和人民文学出版社几位编辑筹划办一个同人刊物《艺文志》，以交流文史考据方面的文章，也成为罪状之一。运动一起，父亲被邮局宣布为右派，开除公职。①

徐传贤侥幸地逃过了开除公职或下放农场劳动的厄运，比起蔡恢、王仲闻，他是幸运者。但一向行事稳健的徐传贤被划成“右派”，是他从上海来到北京后所遭遇的最大打击，从紧跟形势、事业顺遂一下子坠入冰窟，他内心的苦闷和煎熬可想而知。同时，随即而来的是降职降薪，使其生活陷入从未有过的困顿。徐传贤和章一涵生育的两个儿子尚年幼，需要抚养，而且他还得给上海的前妻盛希珍和在青岛读大学的女儿徐家敏寄钱。

最为器重的长子徐传贤被划成“右派分子”，这对徐熙春来说也是一次巨大的打击。与此同时，徐熙春的亲侄儿——和徐传贤一起考入国立中法学堂的徐传第，曾在浙江做过县统税局局长，1949年以后帮助徐熙春管理青浦红十字会医院的事务，因涉及一起医疗事故被连累，判处几年有期徒刑。

对时代变化非常敏感的徐熙春算是非常识时务了，除了早已将青浦红十字会医院的院舍捐给政府，他主动在1956年交出自己的店铺和印刷公司参加公私合营，并被留用为经理。同时，徐熙春主动将自己和在公司上班的次子徐渭江的薪水降低，以防物议。

到了1950年代末期，徐熙春的子女留在上海的有次子徐渭江、大女儿徐珠英、二女儿徐毓英。徐珠英师范毕业，做了一辈子的小学教师。徐

① 王庆山:《追忆父亲王仲闻》,《博览群书》2011年第5期，第125—126页。

珠英嫁给了青浦朱家角巨富蔡家，在“镇反”时其公公作为反动会道门的头目被枪毙，田地、宅子经“土改”运动被分给他人，婆家一下子就衰落了，后来她来到了上海市区工作。多年后，徐珠英回忆道：“解放后，我回到了父亲身边，住在父亲家里，父亲没有‘嫁出去的女儿，泼出去的水’的想法，却给我很大的同情和照顾。1951年我参加了工作，能自力更生了，除住房外，尽量不依靠父亲。我曾向父亲提出让我付一些房租，但父亲坚决不同意，只要我出水电费。”

二女儿徐毓英1949年前在上海交大念书时，参加了地下党领导的学生运动。徐熙春当然知道这事的风险，但理解女儿，且利用自己的资源为女儿和其同志提供帮助。例如，中共在交通大学的地下组织在青浦开办三育暑期补习班，他将自己在青浦的住宅借给地下组织使用；1949年5月解放军进攻上海前，他将徐毓英的几位交大地下党员的同学隐蔽在南市的家中。徐毓英后来在复旦大学附属中学当老师，1977—1985年间任复旦附中党总支书记。

三女儿徐传珍就读的震旦大学是马相伯于1903年创办的私立高校，曾有“东方巴黎大学”的美誉，是中国第一所开展研究生教育并授予博士和硕士学位的学校。1950年徐传珍大学毕业前夕，中国经济建设总公司（中共中央直属机关经济建设部，在中央办公厅的直接领导下开办了一系列企业。它从成立到1952年3月结束，在不到四年的时间内，不仅保证了中央直属机关的物资供应，而且为经济建设的发展积累了经验，培养了大批干部）派员从石家庄到上海招聘工作人员，徐传珍报名参加，被录用。该公司解散后，徐传珍调进北京。退休前，徐传珍是中国社科院工业经济研究所的高级统计师。

徐家良至今保存着祖父徐熙春1958年3月写的一封信，数百字中可一窥那个时代里这个大家庭的遭遇，以及老人在巨变中尽力关爱子孙而呕心沥血。兹录如下：

启元孙儿知：

连日接你来信及衣服一包，已收到，无错，望勿念。你五孃孃（注：方言，指姑姑）三月二十六日到沪，住在南市，大约出月要产生小孩，昨日已约广慈医院挂号，约（过）四日去检查，现在身体强壮。此次来申还有陈妈保姆、二个小囡。元鑫结婚的事，对方已下乡，眼前尚未谈起。你说卫生局已肯放你他调，是否有确实准许？前次你在上海已于医院联系过，我想再与上海卫生局转弯（注：转圜之意），则不必多此一举。还自你将贵阳人事科允他调之事写信与去年联系的医院主任接洽一下，或由他出信与上级联系。余去冬以来，身体时常不舒齐，胃出血虽未复发，但饮食起居年不如年，仍未复原。一候政府退休章程之后，决计回青。余言后述。此复。

祖熙　字付　58.3.30日

此信收信人及地址为“贵阳市北京路十五号妇产医院小儿科徐家良医生”，寄信地址为“上海大东门白渡桥251号”——这应该是徐熙春老人一家所居的地方。

这封徐熙春老人给孙儿徐家良的回信，涉及徐家几件大事：

一是徐传珍（徐家良的五姑姑）从北京回到上海娘家生产。这一年徐传珍29岁，所生的是第三胎。徐传珍在怀念父亲的文章中写道：“我怀第一个孩子临产前正为自己不会带孩子而发愁，父亲提前为我从上海请来了一位阿姨，她很能干，很会带孩子，也善于管家，在我家待了十三年，为我带大了三个孩子。在这期间，她几乎担负起了我家全部家务事，让我有条件一心扑在工作上而无后顾之忧。我们全家至今还时常念念不忘着这位好阿姨，衷心感谢她为我家所付出的辛劳。”[①]这位阿姨即徐熙春信中所说的保姆陈妈。按说北京的医疗条件也很不错，但徐传珍怀第三个孩子分娩前还是带着保姆和两个大的孩子回到上海待产，虽已为人母，但在父母跟前能有一种别处所没有的安全感。

二是徐家善结婚的事。徐传贤早就去了北京，又有了新的家庭，作为长孙的徐家善留在上海工作，陪在祖父徐熙春身边。徐熙春实则是代替了徐传贤履行父亲职责，为长孙的婚事操心、张罗。1957年冬季，全国范围掀起以兴修水利为中心的冬季农业生产高潮，实际上拉开了“大跃进”运动的序幕。1958年1月和3月，中央先后在南宁和成都召开会议，对“大跃进”做进一步准备，5月便在全国范围内声势浩大地开展起来。因此，那个时候城市的干部职工下乡支持农村建设是司空见惯的事。从徐家善一篇怀念祖父徐熙春的文章中可知，徐家善的未婚妻回城后，两人便顺利完婚。“1960年，我的女儿小红出生了。自此我们有了四世同堂，而且一个不缺，个个健在，祖父母自然是十分高兴。一日，祖父去城隍庙为小红挑选玩具，售货员见我祖父这把年纪，便凑趣问：‘老先生是给儿子买，还是给孙子买呀？’祖父微笑着诙谐地回答说：‘我是给儿子的孙子、孙子的

① 徐家益、徐建新编：《青浦徐氏族谱考正集暨纪念徐熙春先生130年华诞》，2015年，第149页。

儿子买呀！’售货员听后露出了惊讶的神情，赞口不迭：‘老先生好福气、好福气呀！’”

三是最重要的一件事即徐家谋划让徐家良从贵阳调回上海的事。从信中可知，徐家良和全家为这事已经费了很大的劲，看上去就要水到渠成了。贵阳卫生局人事科同意放人，此前徐家良在回上海探亲时已找到了愿意接收的医院。但徐熙春一生在上海滩打拼，参透了世情，他比孙儿徐家良的社会经验丰富得多，知道口头答应不靠谱，建议徐家良想办法让答应要他的医院主任写信即出具书面的形式来证明是真愿意接收。后来这事没成，徐家良当时运作调回上海也实在不是一个好时机。那时候，徐传贤刚刚被打成“右派”，徐家良的跨省调动如果要调查主要社会关系，他肯定过不了。还有一个更重要的原因，“大跃进”掀起了“浮夸风”，接着是三年“大饥荒”。当时，像上海这样的超大城市粮油供养极其困难，本市许多居民都被遣送到乡下或外省，一个已经在贵阳有工作的人，没有特殊的背景，怎么可能逆行调回上海呢？

最后一件事是徐熙春对孙儿徐家良谈及自己的身体和退休打算。这年，徐熙春虚岁74岁了，因为此前患过胃出血，身体大不如前了。今天来看，这样的年龄早就应该退休了，但在1958年以前并没有全国统一的退休规定。1955年，国务院颁布《国家机关工作人员退休处理暂行办法》，将此前一次性发放退休费改为按月发放退休金，并按个人工作年限计发待遇，男性退休年龄为60岁，女性为55岁，但只适用于国家机关工作人员。1958年颁布《国务院关于工人、职工退休处理的暂行规定》，将企业和机关女职员的退休年龄统一规定为55周岁，女工人为50周岁，男职工和工人都为60岁。这算是把机关、企事业单位（包括集体所有制）的干部、职员、工人的退休都规范起来了。徐熙春想必已经听到了将要出台全国统一的退休规定，他要等到这个章程出来后便立刻办退休手续。但是，徐熙春老人退休后并没有回到青浦养老，那时候远郊区毕竟没有在上海市区方便。

1959年9月16日，中共中央、国务院发布《关于确实表现改好了的右派分子的处理问题的决定》（简称《决定》)。《决定》说，凡是已经改恶从善，并且在言论和行动上表现出确实是改好了的“右派分子”，即摘掉他们的“右派”帽子。中央指示规定的摘掉“右派分子”帽子的条件为：一、真正认识错误，口服心服，确实悔改。二、在言论、行动上积极拥护党的领导和社会主义道路，拥护总路线、“大跃进”和人民公社；三、在工作和劳动中表现好，或者在工作和劳动中有一定的贡献。徐传贤完全符合这三个条件，他成为邮电部机关第一名被摘帽的“右派分子”；而部机关最著名的“右派分子”周颖也在次年被摘帽。1960年11月25日《人民日报》刊出新华社电讯，报道中央机关最近又摘掉了一批确实有改悔的“右派分子”的帽子，列举了周颖的名字。

虽说是已经摘帽，但其社会地位、待遇、心态、精神面貌，再也回不到以前了。“帽子”还拿在群众手中，如果不老实，仍然可以再次给扣上。经过这一次劫难的徐传贤更是噤若寒蝉，不得不更加夹着尾巴做人。徐传贤的小儿子章永平回忆过一件事：

> 1959年的初秋，我刚从南京（注：章永平的外婆在南京）回到北京，当时我还不到六岁，不久便在邮电部幼儿园整托入园。每周六下午从幼儿园坐部里接送孩子的大巴车来到位于西长安街十三号的邮电部大院，然后再由各位家长接走入托的孩子。记得那是我上幼儿园的

第一个星期六，下午五点多钟，当我们来到邮电部大院时，等了好一会，别的小朋友都已经被家长接走了，就剩下几个孩子了，也没有见到父母来接，我便坐在传达室的门口大哭了起来。这时与我家同住一个大院的宋叔叔走了过来，他告诉我：“你父亲正在参加一个很重要的活动，不能来接你。”他叫我不要害怕，并说：“你就坐我的车，我们一起回家好吗？”他说着就抱起我坐进了他的车一起回来了。

晚上父亲回家后问我：“你是怎么回来的？”我说：“是坐宋叔叔的车回来的。”父亲听后对我说：“你不该坐他的车，那车是组织上为了工作给他安排的；你是一个小孩子可没有坐这种车的权利啊。另外你宋叔叔的孩子，他们从来没有坐过他的车。今后你无论如何不能再坐你伯伯叔叔的车了。”从那以后，每到周六都是父亲接上我一起坐人力三轮车或坐公交车回家。有好几次碰见同院叔叔伯伯的车路过，父亲都对他们说：

▲1959年，徐传贤与第二任妻子章一涵及四子章卫平（前排左）、五子章永平（前排右）合影

“我要给孩子买些东西，不方便坐车，你们先走吧！”说着父亲还让我向叔叔伯伯们道谢。尽管我当时还有些不太理解、不情愿，但父亲用言传身教的方法教育我、要求我，使我受益匪浅。

章永平所述的这个时期，即1959年秋季开学他进幼儿园时，当时徐传贤还没有摘帽。当然，从9月16日中央发出文件，传达到各地各部门贯彻实施，总得有那么一两个月的时间差。不要说尚有“右派”桂冠在头上，即使是摘了帽，徐传贤也是格外小心，哪敢让孩子蹭同僚的车。以徐传贤一贯自律甚严的处事风格，即便他不是“右派分子”，还身居重要职位，也不会让孩子占这样的便宜。然而，当时尚是幼童的章永平，怎么可能了解到父亲徐传贤刚刚经历过的那场几乎将其卷到谷底的暴风雨呀？

六载教书生涯

徐传贤虽然被摘掉了“右派分子”的帽子，但在组织的眼里，其政治上的可靠性是大打折扣的，再在部机关负责国际关系已经不合适了。摘帽后，徐传贤被挂了两年，在1961年10月正式调入北京邮电学院（今北京邮电大学），担任国际通信教研室副主任。

徐传贤调入高校还有一个大背景，是中国邮政电信事业经过“大跃进”和三年“大饥荒”时期后需要进行一番大调整。据《中国邮政简史》所述：

> 新中国邮政经过建国初期的恢复整顿后初步发展起来，并提前完成了第一个五年计划，出现了蓬勃发展的好形势。但到1958年，随着“大跃进”运动在全国范围内的掀起，以高指标、瞎指挥、浮夸风和“共产风”为主要标志的“左”倾错误也在邮政部门泛滥起来。邮政通信在短时间内超常规畸形发展，使邮政通信受到了严重的干扰。1961年起，邮电部坚决贯彻执行中央提出的对国民经济实行“调整、巩固、充实、提高”的方针，经过三年的调整，邮政事业又步入正常的轨道，并得到恢复与发展。①

① 王化隆、王艳玉主编：《中国邮政简史》，商务印书馆，1999年，第116页。

与全国其他行业一样，邮政通信领域实行调整的一项重要措施是精简机构和人员。"'大跃进'期间，邮政部门机构迅速膨胀，人员大量增加。1957年全国邮电职工有27.8万人，到1960年底达到43.4万余人，增长了56%。这使企业增加了沉重的负担。1961年，根据中共中央紧缩机构、精简人员的精神，邮电部决定撤销一些不必要的机构，合并职能部门，调整劳动组织和生产组织，合理配备劳动力，精简人员，提高劳动生产率。同时，邮电部还调整邮电营业服务机构，重新组织营业网点和投递网路。经过两年精简，到1962年底，邮电部门共精简了6.7万余人。"①

按照"调整、精简"的一般做法，往往是机关的干部调到生产、教学单位充实，而从农村招聘来的工人纷纷被"做工作"返乡。徐传贤的调动，虽然比整个邮电系统大调整早两个月，但在这个大背景下，他离开邮电部是迟早的事。

从全国邮电最高行政管理部门的中层干部，调入高校当老师，自然是一种"贬谪"。但对徐传贤来说，他没觉得失落，反而有一种解脱的轻松感。作为"摘帽右派"，徐传贤心里有数，知道继续待在邮电部机关已没什么价值了，转行去做教学、科研工作，很可能会"柳暗花明又一村"。徐传贤既有留美的学习经历，更有多年邮政管理和对外交往的工作经验，去北京邮电学院教书，是个很合适的安排；况且，总算能留在北京，和家人在一起。

徐传贤所在的国际通信教研室属于工程经济系，工程经济系和有线电通信工程系、无线电通信工程系为北京邮电学院建院时的三大系。工程经

① 王化隆、王艳玉主编：《中国邮政简史》，商务印书馆，1999年，第121—122页。

济系现为北京邮电大学经济管理学院，这个系从建系开始便着力培养中国邮政和通信系统的管理人才。1960年10月22日，中共中央下发《关于增加全国重点高等学校的决定》，北京邮电学院被确定为全国64所重点院校之一。经过“大跃进”后，1961—1965年，北京邮电学院也处在调整、总结、恢复正常教学秩序的重要时期，很需要徐传贤这样的教学人员。对这段调整工作，《北京邮电大学校史》作如此表述：

> 1961年中共中央制定了“调整、巩固、充实、提高”的八字方针，并讨论通过了《中华人民共和国教育部直属高等学校暂行工作条例（草案）》（简称“高教六十条”）和《关于轮训干部的决定》。1962年1月，中央在北京召开了扩大的工作会议（七千人大会），对建国以来特别是1958年以来的经济工作作了系统的总结，肯定了成绩，批评了“左”的错误，总结了经验教训。
>
> 从1961年开始，在北京市委和邮电部党组的领导下，我院和其他重点院校一样，根据中央八字方针、高教六十条、科研十四条等文件精神，认真进行调查研究，进一步认识了1957年反右派斗争扩大化，1958年至1960年“大跃进”期间“左”的错误的严重性及其所造成的危害。根据我国国情和我院实际，总结了正反两方面的经验教训，制订了我院贯彻高教六十条的具体规划，对我院工作进行了全面调整，使学校走上了正确轨道。教学、科研和其他各方面的工作得到协调、全面、稳定的发展，为建设和发展适合中国国情的高等邮电教育和全国重点邮电院校，奠定了牢固的基础。但是，“左”的错误并未得到彻底纠正，特别是“念念不忘阶级斗争”和“以阶级斗争为纲”的错

误政治口号导向下，从1964年下半年后，“左”的思想重新抬头，又干扰了学校的正常发展。[①]

如校史所述，徐传贤在北京邮电学院能比较正常地从事教学、科研工作的也不过六个年头。

经过“大跃进”的工程经济系，面临着亟待恢复正常的教学工作的重任，其中一个很大的问题是教师的缺少和教材的匮乏。徐传贤所教授的“邮政业务管理”是工程经济系的主课，当时国内没有现成的教材。徐传贤只得根据自己的学养和多年的邮电管理经验，并四处查阅资料自编讲义。徐传贤在1962年左右撰写了一本10余万字的讲义，油印发给学生。这是我国1960年代初一本体例完备、理论性强且兼顾现实需要的邮政业务管理的自编教材，很可惜的是由于接下来的政治运动，北京邮电学院和徐传贤都受到了巨大的冲击，这本讲义未能出版。讲义除有几页残缺外，大部分保留了下来，这算是徐传贤存世的最重要的一部学术著作。

讲义共十三章，分别为：总论；邮政业务管理中的思想政治工作；邮政业务管理中的质量管理；邮政业务管理中有关人、财、物的工作；邮政业务管理的基础工作；邮政营业工作的管理；分拣封发工作的管理；邮政运输工作的管理；城市邮政运输和投递工作的管理；农村邮政运输和投递工作的管理；汇兑业务的管理；报刊发行业务的管理；国际邮政业务的管理。

在这本讲义的编排和叙述上，徐传贤可谓煞费苦心，既要体现一定的业

---

①《北京邮电大学校史》编委会编：《北京邮电大学校史》，北京邮电大学出版社，2005年，第85—86页。

务水准，但在那个时候又必须时时“政治挂帅”，不能忘却“政治第一、业务第二”的铁律，并严格贯彻当时北京邮电学院院方对教学的指导方针。

这一阶段，北京邮电学院在调整、充实的过程中明确了“学校工作必须贯彻以教学为主的原则”。学院党委的一个报告曾指出，“在1960年下半年以前，社会活动安排过多，使教学计划经常受到冲击、教学秩序不能稳定下来，侵占了教师的工作时间和学生的时间，影响了教学质量。例如，对无线五三大班的调查，该班1957年起至1960年为止，参加各项政治活动、教学改革和其他社会活动而停课的时间共达373天”[①]。——三年多的时间，竟然停课近400天，再刨除寒暑假，学生能够进行业务学习的时间能有多少呢？简单算一下就知道答案了。这个报告还强调，“必须正确处理红和专的关系”。“又红又专，是我国知识分子的努力奋斗目标。但过去几年，在这方面也出现了一些偏差，主要在对红专问题思想认识片面，在强调红的时候，忽视了专，对红的要求偏高偏急，更为错误的是把一些业务上比较钻研的人，批评为‘白专’，‘走白专道路’，以致出现了不敢认真读书，不敢看专业书，不敢进图书馆的不正常现象，把政治和业务互相对立，使在教和学两个方面都带来了不利的影响。”“在红专关系上，必须红专结合，把政治和业务统一起来。只专不红，就会迷失政治方向，只红不专，便是空头的政治家。因此，师生的红，除了政治立场以外，应该透过教学和学习表现出来。我们应该要求教师认真教好学生，努力完成教学任务；要求学生认真读书，努力掌握专业知识，不能以政治家的标准去要求

①《北京邮电大学校史》编委会编:《北京邮电大学校史》，北京邮电大学出版社，2005年，第97页。

师生群众。”[1]

坚持“又红又专”，“透过教学和学习”表现政治上的“红”，作为一位上海长大、在民国邮政系统工作半生并留美学习的知识分子，确实是很需要费一番心思的。例如，在讲义的第一章中，徐传贤为了说明邮电企业组织管理工作的特点而如此表述：

> 正如马克思所说：“一切直接社会或共同的较大规模的劳动，都多多少少地需要有一个指导，以便使个人的活动得到调和。”这里所说的指导，大体上相当于我们今天所说的企业管理。[2]

在论述“邮政业务管理的任务”时，讲义里是这样写的：

> 邮电企业既是社会主义的经济组织，又是党和国家的通信机构，它的根本任务可以概括为：多快好省地、质量优良地完成通信任务；建立一支革命化、现代化的干部和职工队伍。
>
> 多快好省地、质量优良地完成通信任务，就是要：确保完成党和国家提出的通信任务；尽可能满足人民群众的通信需要；保证并不断提高通信质量，提高劳动生产率和设备利用率，节约费用，力争以最小的劳动消耗取得最大的经济效果，全面完成和超额完成国家计划。
>
> 但是社会主义邮电企业不仅是进行通信生产的场所，而且是培养共产主义新人的学校。为了适应社会主义革命和社会主义建设的需要，

---

① 《北京邮电大学校史》编委会编：《北京邮电大学校史》，北京邮电大学出版社，2005年，第99页。

② 钱益民编：《传邮万里　贤达人生》，2020年，第102页。

邮电企业必须为国家培养一支又红又专的干部和职工队伍，培养无产阶级革命事业的接班人。这是一项具有战略意义的任务。[①]

在第一章“总论”之后，第二章即“邮政业务管理中的政治思想工作”，这样的体例和编排次序颇具时代特色，也必须如此：任何一个行业，首先要突出政治第一，突出阶级斗争，然后才能讲述专业。例如，这一章开宗明义即强调“加强思想政治工作的意义”：

加强思想政治工作，是我国在社会主义革命和社会主义建设中的一个带有根本性的问题。下面先从两个方面谈谈在邮政业务工作中加强思想政治工作的重要意义。

从政治与经济的关系来看，经济是基础，政治是上层建筑，政治要为经济基础服务。但是由于政治代表着阶级的根本利益，是经济的集中表现，在政治与经济的关系中政治居首位，政治必须挂帅经济。如果无产阶级政治不挂帅，资产阶级必定来夺取印把。列宁说过：“政治同经济相比，不能不占首位，不肯定这一点就是忘记马克思主义最起码的常识。”（《列宁全集》32卷，人民出版社，1958年版，72页）毛泽东同志在《严重的教训》文章的按语中说：“政治工作是一切经济工作的生命线。”（《中国农村社会主义高潮》上册，人民出版社，1956年版，123页）国际国内阶级斗争的经验都证明了列宁和毛泽东同志的教导是完全正确的。

在社会主义邮电企业里，也存在着阶级斗争，有彻底消灭贪污盗

① 钱益民编:《传邮万里　贤达人生》，2020年，第103页。

> 窃营私舞弊的任务，还要与形形色色的资产阶级和封建迷信作斗争。一句话，社会主义邮电企业还有在政治思想战线上进行兴无灭资（注："兴无产阶级思想、灭资产阶级思想"的简称）的社会主义革命任务。为了完成这个任务，必须加强思想政治工作，进行社会主义教育和阶级教育去提高广大职工的阶级觉悟。发扬他们的革命精神，用无产阶级思想去战胜资产阶级思想。
>
> 社会主义邮电企业为了贯彻党的方针、路线、政策，在经济战线上、生产战线上把革命进行到底，也必须加强思想政治工作，以马克思列宁主义和毛泽东思想武装全体职工和干部，把他们锻炼得更加无产阶级（化）更加战斗化。
>
> 从发挥人的积极因素来看，也必须加强思想政治工作。人的因素在任何时候，任何工作中，都是决定性的因素。这是马克思列宁主义的普遍真理。但是，人的积极因素是在不断提高思想认识的基础上，才能够充分发挥出来。在邮政职工在争取高质量的斗争中概括出来的一条经验是："质量靠人，人靠思想。"这条经验充分证明了在邮政业务工作中加强思想政治工作的重要意义。①

国际邮政业务是徐传贤深耕多年的领域，在与国际邮政交流这一领域中，徐传贤是当时中国邮电系统屈指可数的专家之一。在最后一章"国际邮政业务的管理"中，徐传贤亦能贯穿着"政治第一、紧绷斗争那根弦"的中心思想。这也是一位业务能力精湛的专家在经过十几年的改造后的生存之术。这一章一开始是如此论述的：

---

① 钱益民编：《传邮万里　贤达人生》，2020 年，第 114—115 页。

我国的国际邮政业务是国家邮电通信的一个有机组成部分，是国家在国际事务和国际活动中进行讨论联系的工具，又是党在国际范围内进行阶级斗争的工具。

作为党在国际范围内进行阶级斗争的工具，它的根本任务是满足国家在执行对外政策总路线和反对帝国主义、反对修正主义的斗争中的通信需要。首先要把党的书刊报纸寄到国外去，把马克思列宁主义的真理、把党中央和毛泽东同志的声音传播到世界各地去，同时满足党和国家在文化、经济及其他方面的对外通信需要。[①]

在这一章中，徐传贤专门论述了协作和斗争的关系，“在处理国际邮政业务中，我国邮局和很多国家的邮局在同一生产过程中联合劳动。在这些国家中，有兄弟国家，有友好国家，有愿意同我们建立和加强联系的国家。我们在工作中需要与这些国家的邮局进行协作，搞好通信，坚决反对大国主义。但是在同我国通邮的国家中，还有一些是敌视中国人民的反动集团所统治的国家，在处理同这些国家的业务中有复杂的斗争，这种斗争有时是很尖锐的。如果不提高革命警惕性，就会犯这样或那样的错误，造成政治上的不良后果”[②]。

从这本讲义的叙述来看，徐传贤这样一个在少年、青年时期沐浴着欧风美雨的上海知识分子，在后半生真的“脱胎换骨”了，并能够娴熟地使用流行的意识形态话术。其次子徐家良曾回忆徐传贤对毛主席的景仰之情，“毛主席的话，他句句都听，句句都对！”

---

① 钱益民编:《传邮万里　贤达人生》，2020 年，第 244 页。

② 同上书，第 246 页。

其幼子章永平曾说父亲徐传贤从来不接受别人的礼物，但有一次例外，那是什么原因呢？1965年春节，几位学生来到徐家给徐传贤祝寿，一位学生拿出一份用纸包裹的礼物。徐传贤对学生说："我从来不收别人的礼物，你们是知道的。这次为什么要送礼呢？你们还是拿回去吧？"当一位得意门生打开外包装后露出的是一幅画，徐传贤一看到画作便露出了兴高采烈的神情，连声说："这是一份最珍贵的礼物，我破例也要收下。谢谢你们了！"原来，这是一幅毛主席的画像，画像中伟人上身穿白衬衣，下身着灰色西裤，神采奕奕。画作下端，有徐传贤所教授的学生及部分青年教师所写的落款"送给最亲爱的老师徐传贤先生的生日礼物"。

从徐传贤身上可以看出，1949年以后，党和政府对旧时代过来的知识分子的改造是成效显著的，徐的心态和表现可看作这类知识分子的代表。章永平说："父亲几乎有用不完的力气，使不完的劲。他开设新课，编写教材，每年都要带领学生下基层实习，持续了六年时间，并为青年教师开设第二外语，等等。"徐传贤希望用自己政治上的谨慎、工作的积极努力来洗刷出身地主家庭、在旧邮政系统工作半辈子的"原罪"。

话分两头，徐传贤在北京经受一轮又一轮政治运动考验时，他在上海的父母已经进入人生的暮年。由于不能在膝前尽孝，徐传贤有着深深的内疚。对于引以为傲的长子在首都、在波谲云诡的运动中的遭遇，徐熙春心中自是忧虑，但在那样的情形下，亦爱莫能助。当徐传贤摘掉"右派"帽子后安排到北京邮电学院任教，徐熙春由衷地为儿子感到高兴，他大约以为这次徐传贤是彻底"新生"了。

据徐家善回忆，1962年，其父徐传贤带领一批学生到上海邮电管理局实习。这是经历"反右"后徐传贤第一次回沪，他和年迈的父母已多年未见面了。徐熙春在徐传贤抵达上海前从信中获知这一喜讯，想起儿子最喜欢吃老家的虾干，居京多年已没有吃过此故乡风味了，于是徐熙春独自一人回到青浦老家，采购新鲜的河虾，自己动手洗烧，晒成虾干带回上海，等着儿子回家。徐家善说："我父亲终于来了，拜见了祖父母，心中不禁一阵唏嘘，大家都变老了！但见面总是让人兴奋的，而且又是那么多年没见面了，真有说不完的话，道不完的情。"①

1965年徐熙春病危，徐传贤闻讯后请假回到上海，在病床前侍候、陪夜，令老人很是欣慰。但因为很快假期结束了，徐传贤不得不离开上海返京，未能为父亲送终，而代替他履行这一责任的是其长子即徐熙春老人的长孙徐家善。1965年农历二月十六日是徐熙春八十晋一的生日，他也在这一天魂归道山，可谓巧合。徐家善在一篇回忆文章中写道：

> 啊，这令人又喜又悲的二月十六日！
>
> 是夜，我守护在祖父的灵房，送祖父远行，祝祖父平安。
>
> 夜阑更深，我闭目寻思，历历往事尽在眼前。有一事虽非亲眼所见，印象之深却尤胜于亲眼目睹。
>
> 自我稍懂事起，就常听大人们说到我出生的情景。说我那时是说时迟那时快，没打招呼就出世了，偏偏父亲已去上班，幸祖父母在楼下忽听得我母亲在楼上一声叫唤，祖父便拔腿就跑，请来了接生医生，保我平安来到这个世上。据邻里们说，祖父那时的跑速就像风一般，但见门前一闪而过。

① 徐家益、徐建新编：《青浦徐氏族谱考正集暨纪念徐熙春先生130年华诞》，2015年，第168页。

真是祖父接我来，我送祖父去！[①]

徐熙春不仅对儿女而且对孙儿孙女也是关怀备至，尤其是长孙和次孙，几乎都是他和夫人董月娥抚养成人的。孙儿工作后，他依然一如既往地关心他们的生活和工作。徐家善回忆："由于我长期受到祖父的影响，在祖父创建青浦红十字会医院后，我为了追随祖父的事业，也立志要做一个医生，为大众服务。后来我考取了医科大学，上大学第一个学期结束的寒假里我回到祖父身边，祖父对我读医还是很高兴。有一天，他自动带我出去买了一套藏青混纺学生装，后来这套学生装伴我度过了十多个冬季，抵御了寒冷风雪，直至我工作后多年还穿在身上。"次孙徐家良回忆他从江苏医学院毕业后被分配到贵州，"祖父母非常关心照顾我，特别要提起的一事：我1956年工作后他们还从上海寄来一件新做的丝绵袄与一件罩衫，使我十分感激；这两件衣服伴我度过二十个寒冬，我1981年刚调入青浦时还穿着，至今仍保存着，让我不能忘怀"。

从徐传贤1961年10月调入北京邮电学院到1966年，如上文所述，学院处在整顿、发展时期，正常的教学、科研秩序得到了维护，于是徐传贤有了用武之地，他总体的生活状态还是充实与愉快的，而这从幼子章永平的回忆中可窥一斑。1964年暑假期间，北邮组织部分骨干教师到北京颐和园休养，徐传贤带着章卫平、章永平去度假。于是，徐传贤陪着两个儿子到知春亭附近的游泳池游泳，这位年轻时的游泳骁将开始辅导儿子学游泳，章卫平学会了，而章永平怎么也学不会，呛了几口水后更害怕下水

---

① 徐家益、徐建新编：《青浦徐氏族谱考正集暨纪念徐熙春先生130年华诞》，2015年，第170页。

了。休假结束回到家，徐传贤端来一洗脸盆的水让章永平练习憋气，吩咐“用手捏着鼻子把整个脸放进水里练憋气，而且要反复多多练习”。多年后，章永平仍然遗憾地说：“可是不知怎么回事，自己就是练不会，直到现在我还是一只‘旱鸭子’。”

我国著名的信息通信产业专家梁雄健（1933—2020）曾担任过北京邮电学院管理工程系主任，他1955年毕业于上海交通大学电子工程系，同年进入北京邮电学院工程经济系读研究生，1958年研究生毕业后留校任教。在梁雄健留校任教两年后，徐传贤调入北京邮电学院工程经济系，作为青年教师的梁常向徐请益。曾担任过邮电部副部长、国家邮政局局长的刘立清，于1963年毕业于北京邮电学院工程经济系，他在校学习期间徐传贤已来到该系任教，教授过刘立清。据梁雄健和刘立清两位先生回忆，“徐传

▲1964年，徐传贤（右一）与友人在北京留影（具体拍摄地点不详，疑为颐和园内）

贤老师在六十年代虽然年纪有点大了，但对人非常和蔼可亲，内敛慎言，很有知识分子的风度，只是身上总是流露出一种客居异乡的感觉”。

“内敛慎言”四字非常精确、传神地刻画出徐传贤一生处事的风格，在1949年后他经过那么多的风波后则更是如此。“客居异乡”也颇符合徐传贤当时的心境，他人到中年时响应政府的号召来到自然条件和生活条件不如上海的北京城，又经受了一次次打击，自然江南的风物、上海的街市在人生不如意时更容易在心头浮现，让人怅惘莫名。

1967年，徐传贤的母亲董太夫人去世。由于当时中国已进入到一个史无前例的时期，徐传贤的情况变得很糟，他无法回上海料理母亲的丧事，想必他心底里该是何等的悲伤啊。也许，徐传贤自己也未曾想到，他1965年初春请假去上海看望病重的父亲徐熙春是自己最后一次回沪；从那以后，上海那座承载他成长经历、青春记忆的远东第一大都市，就成了“永远回不去的锡安”。

伤痕累累的人生暮年

1966年5月，一场波及全国、持续十年的政治运动开始了，徐传贤和无数的知识分子、干部一起，遭遇到一辈子里最大的伤害。有些人挺过去了，有些人很不幸地没有熬过这十年，而徐传贤属于后者。

管理中国邮电通信事业的最高行政部门邮电部很快受到了冲击，徐传贤那位担任了十七年邮电部部长的旧同事、老大哥，没能像“反右”时期幸运地逃过。据《朱学范传》记载：

> “文化大革命”开始后，1967年8月邮电部实行军管。朱学范被停止执行部长职务。由邮电部军管会领导全国邮电部工作，邮电领导体制被打乱。
>
> 1969年6月，国务院和中央军委通知撤销邮电部，分别成立中华人民共和国邮政总局和中华人民共和国电信总局，从上到下实行邮电分设。邮政总局属国务院领导，由铁道、交通、邮政合并后的交通部管理；电信总局由军委总参谋部通信兵部管理。北京长途电信局直属电信总局领导，北京市内电话局改成北京市电信局，实行以中国人民解放军北京卫戍区为主与北京市革命委员会双重领导。
>
> 在邮电部实行军管的第二天，周恩来亲自打电话将邮电部实行军

管的事告诉朱学范，并且嘱咐他要与军管会领导合作。所以，他虽已不当部长了，仍天天上班。军管会不给朱学范派车，他仍每周上班三四次，由他的外孙朱永曙陪他坐电车前往，到原邮电部看大字报。他看到不少大字报，影射他是“漏网右派”“国民党特务”，但他仍旧前去。

1968年8月23日，朱学范所担忧的事情终于发生，他遭受林彪、江青反革命集团的迫害，以“反革命”的罪名将他逮捕，监禁在秦城监狱中。①

中共中央“五一六”通知的发出，标志着“文化大革命”正式开始。这场巨大的政治飓风首先袭击了教育领域，全国特别是北京的各大大中院校成为运动的首先爆发点和重灾区，北京邮电学院亦不例外，迅速被波及。报纸上刊登批判《燕山夜话》和“三家村”（指吴晗、邓拓、廖沫沙三人）的文章后，很快在北京邮电学院得到了响应。5月24日，北京邮电学院校园内出现了大字报。

1966年6月1日，中央人民广播电台广播了北京大学聂元梓等人的大字报，《人民日报》对该大字报予以刊登，并发表了社论支持。据《北京邮电大学校史》记载：“6月2日，我院部分学生要求‘停课闹革命’，围绕‘院党委能否领导’和‘停课与否’发生激烈争论，马路、食堂、宿舍都出现争吵、辩论的场面，大字报也愈来愈多，教学工作难以进行，学校党政领导也难以控制局势。”②

---

① 陆象贤、刘宋斌:《朱学范传》，团结出版社，2005年，第391页。

②《北京邮电大学校史》编委会编:《北京邮电大学校史》，北京邮电大学出版社，2005年，第132页。

为了稳定局势，邮电部先后派出两个工作组进驻北京邮电学院，其中第一个工作组组长为邮电部教育司司长宋德仁，第二个工作组组长为邮电部政治部主任朱春和。到了1966年7月，“工作组”被认为是镇压群众的工具，阻碍群众运动，遂要求派往高校的工作组、工作队撤出学校。邮电部的新工作组奉命撤走，“新工作组撤离后，学校处于极端混乱状态，各级文化革命委员会自动解散，院党委瘫痪，院行政勉强维持日常工作。批判、斗争成风，院、系党政领导干部，被称为‘走资派’；一些老教授、老教师，被称为‘反动学术权威’；一些旧社会做过事的教职工，则被称为‘国民党的残渣余孽’。为了批判资产阶级反动路线，学校一些基层干部受到冲击，国务院工交政治部主任陶鲁茄和胡乔木都来学院对自己的讲话‘承认错误’和‘检讨’，并将新工作组组长朱春和揪回学校批斗。学校到处是大字报，转抄各种‘首长讲话’‘最新消息’；揪斗、呐喊的口号不绝于耳，宁静的校园完全陷入无政府状态”[①]。

经受过“反右”斗争并被波及的徐传贤已噤若寒蝉，对每一场运动的到来是很自然的担忧、害怕，想办法搜集各种信息，判断运动的走向，以求自保。但作为一家之主，徐传贤在妻儿的面前必须装出一副镇定的样子。自6月开始，北京邮电学院的课已经停了，但徐传贤不敢在家歇息，他频繁地从西直门内的家坐公交车到学校看大字报，来了解运动的走向。1966年10月的一个星期天，徐传贤带着不到13岁的小儿子章永平去校园看大字报，那时候大字报里已有把斗争矛头指向“刘邓”的提法。当时，还是

①《北京邮电大学校史》编委会编:《北京邮电大学校史》，北京邮电大学出版社，2005年，第133页。

一个小学生的章永平问父亲“刘”是哪一个，徐传贤没有正面回答，只是喃喃自语：“他是党的副主席，人代会选举出来的国家主席啊，怎么会这样呢？……”等小儿子再次问“刘”是何人时，徐传贤仍然没有给出确切的答案，只是说了句“要相信党，一切都会好起来的”。[①]

徐家哪能想得到，这次风暴给全家带来的灾难远远大于“反右”。

徐传贤本来在1956年的审干中将所有的“历史问题”都已经向组织交代清楚，组织上已作出了公允的结论，但这一次狂热、凶猛、异常的政治风暴袭来时，原来的组织结论不作数了，他又被揪出来作为阶级异己分子隔离审查，而且平时不许回家。在隔离审查期间，徐传贤受到何种凌辱和逼迫他未向亲人讲述，把一切的痛苦默默地扛下了。尔后，徐传贤随北京邮电学院“五七干校”下放到河南省确山县。

北京邮电学院的“五七干校”在河南省确山县黄土坡村开办。

确山县为河南省驻马店市所辖县，处在桐柏、伏牛山脉向黄淮平原的过渡带，境内山区、丘陵、平原大致各占三分之一，西部山区重峦叠嶂，东部平原一望无垠，山间盆地和丘陵广布其间，是一个典型的农业县。西部山区的竹沟镇，在抗战期间曾是中共中央中原局的驻地。任店镇黄土坡村位于其镇政府北偏东9公里处，属丘陵地带。这个地方在今天看来虽然距离中国南北大动脉京广线不远，但在20世纪六七十年代时这是一个封闭、贫困的地方，因为有大量荒地可以开垦，便成了办干校安置北京来的干部、教师的选址之地。除北京邮电学院之外，国家科委、总参都在确山

---

①参见章永平：《父亲的教诲》，载钱益民编《传邮万里　贤达人生》，2020年，第290页。

县办有“五七干校”。

1969年10月，北京邮电学院派出先遣队300余人抵达确山，运送大批家具、物资到干校，并开始购置各种农机和耕作器具。11月，第一批去了583人，后来陆续有第二批、第三批人员抵达，到该年底已有1000人左右，而干校人数最多时有1500人。对这一次全院的干部和教职工几乎整锅端下放到“五七干校”，《北京邮电大学校史》如此记述：

> “五七干校”是由军宣队领导（工宣队全部撤回），完全是军事化管理，机关有办事组、生产组、政工组、后勤组和运动办公室；下有七个连队，即基建连、农业连、副业连等，在确山县城设“五七中学”，解决教职员工子女就学问题，后又成立工业连。每个连队百余人，下为排、班。
>
> 干校开始是大量的基建劳动，烧砖、造房、架电力线、挖深泵井、安装发电机等，还进行为生活服务的种菜、养猪、做饭、烧水等劳动。通过几个月艰辛劳动，才初步改善了生活条件。干校虽然条件艰苦，但还是为地方办了些好事，从确山薄山水库到干校架设电力线8公里，解决了沿途生产队的用电问题，促进了农村的进步和发展。办“五七中学”，从学院教师中调入教课，既解决教职工子女就学问题，同时对地方教育事业的发展和教学质量提高作出了贡献。
>
> 这段时间，教职工付出大量劳动，许多事从头学起，不怕困难和艰辛，连续作战。在架电力线中，正值炎热夏季，河南气温又高，他们顶着烈日干，每天衣服都能拧下汗水，有的教师说架这条线脱了一层皮。烧砖更是困难，从建窑到制坯烧砖，教职工虚心向师傅学习，

> 不怕失败，多次试验，终于烧出合格的砖，后来烧出来的砖比当地砖厂质量还好。1970年干校进行大规模农业劳动，播种、耕耘、除草、施肥、收割、打场、晾晒等无不包含教职工的辛勤汗水，最多一年收获粮食十几万斤。1970年冬天，干校还办了电信元件厂和粮食加工厂，由农业向工业发展。[①]

徐传贤在兴办干校时已经61岁了，按照常理可以办理退休手续留在北京。可在那个疯狂的年代，一切都打乱了，谁还管他的年龄？当时，许多高级知识分子都是早过了花甲之年被遣发到干校改造的。例如，沈从文1969年已67岁了，照样去了设在湖北咸宁的“五七干校”。作为一位地主阶级出身、被重新隔离审查的摘帽“右派”，徐传贤不可能逃过下放干校，而且是作为北邮第一批去的。对徐传贤的家庭来说，略感安慰的是因为夫人章一涵在酒仙桥的国营工厂工作，儿子章卫平已经成人，幼子章永平正在读初二，他们娘仨不必跟着他去确山（后来章卫平去了吉林白山地区插队）。——北京邮电学院许多家庭因为是双职工，夫妻俩加上未成年子女全部遣送到确山的干校。但对徐传贤个人而言，他又是不幸的，因为他已经是一位老年人了，身体还不好，却独自一人被下放到中原的穷乡僻壤，身边又无人照顾。这情形又加大了全家的忧虑，但令如山倒，谁也抗拒不了。

1969年9月，章永平所在的学校正组织他们排练参加国庆二十周年庆典的“组字”，训练任务很重，等国庆节过后他和同学马上得赶京郊农村参加学农劳动。“十一”前的一个周日，徐传贤被批准回家看一下家人。

---

①《北京邮电大学校史》编委会：《北京邮电大学校史》，北京邮电大学出版社，2005年，第139页。

那天，徐传贤叫上小儿子章永平和他出去，找到一家照相馆照了一张合影。章永平回忆说：“到现在我还清楚地记得我们排队等候照相时，父亲询问了我们平时训练及学习的情况，当得知我们每天只训练，根本没有时间学习文化知识时，他陷入了很长一段时间的深思，脸上流出一种无奈的表情。直到照相师傅叫我们两人去照相时，父亲一句话都没有说。等我们照完相走出来时，他才对我说：‘今后不论什么时候，遇到什么事情，你还是要多读些书，多学些文化知识，这只有好处，没有坏处。你要挤时间，不要总说没时间，把时间一点一点地挤出来用于看书学文化知识，这样才行。’”这次照的照片是章永平单独和父亲徐传贤唯一的合影，有幸得以保留至今，照片上徐传贤一脸衰老愁苦之相。

过了“十一”后，徐传贤就随同事们一起去了确山县黄土坡还是布满荆棘的干校。临行前，夫人章一涵对徐传贤千叮咛万嘱咐，要他注意保重自己的身体，多给家里写信报平安。谁能想到，徐传贤这一走，再就没能活着回家了。

到了确山干校选定的地址后，徐传贤尽管已年老体衰，但仍然和其他同事一样参加繁重的劳作。生活条件之恶劣、筋骨之劳累还不是所承受的最大痛苦，“阶级斗争”的“极左”之风如影相随，并在干校里更加猖獗。掌握干校管理大权的军宣队继续组织“斗、批、改”，教职员工遭到严重的打击和迫害，而徐传贤所受的折磨尤甚。

所谓“学习班”“隔离审查”就是不经过司法程序的直接拘禁，但在那个时代则大行其道。这类触及皮肉和灵魂的凌辱，徐传贤自然一个也逃不掉。至于徐传贤在确山干校所遭遇的详细情形，今天已经找不到目击证人了，而在给家人的书信中他尽量掩饰自己所遭受的折磨，报喜不报忧。

与其他被隔离、批斗的老干部、老专家相比，徐传贤更不幸。因为和那位当了十七年邮电部部长、已经进了秦城监狱的民主党派老领导的同事和交往的经历，徐传贤不可避免地被卷入“莫须有”的清查“朱、谷特务集团”大案中。

徐传贤在上海、重庆和南京时期的老同事王仲闻也被牵连到这个案子中。王仲闻因为在“反右”后已经被清理出邮政队伍，成为无业人员，只能凭着自己渊博的文史知识在中华书局做临时工，从事一些编校工作为生。各系统办“五七干校”时，王仲闻没资格归入哪一家，得以留在北京。据王仲闻的小儿子王庆山回忆：

> 1961年我和父亲分别四年后重见，两个“罪人”相见时都极力回避1957年的话题，只能说一些生活琐事。父亲将他的一件厚人字呢大衣送给我，以抵御大西北的风寒。
>
> 1968年我又得到一次回家探亲的机会。当时父亲已被书局清退回家，不过风暴还没直接触及到他，他身体状况很好，仍沉浸在古典文学的世界里，每天只睡很少时间，不停地写东西。我劝他不要太辛苦了，这类著述不可能再发表。他回答说只要活一天就要写下去，不管出版不出版，将来总会有用。有时，还能看到他如痴似醉地吟诗唱词。后来见到姑姑的回忆文章，祖父也有这样的行为，真是一脉相传。父亲常自比为宋朝人，宋人词有“爱它风雪忍它寒”，而古典文学为他营造了抵御外界“寒流”的净土。据他档案，这一年所写的交代材料，完成的学术著作已有近百万字。只是他这两三年间与学术界已经基本

隔绝，所作的工作进展到何种程度，鲜为人知。我对国家和个人的前途较悲观，认为国家前路茫茫，再无平反出头之日。父亲劝我要用历史观点来看问题，努力掌握专业知识，将来国家形势好转，总会有施展的机会的。

不料，第二年他无端卷入了“朱学范、谷春帆特务集团”案。朱、谷为父亲旧日同事，时任邮政部正副部长。专案组说他们是国民党有计划潜伏下来混入政府内部的特务集团，株连了不少人。父亲家中有一个五灯的电子管收音机，其中有一个电子管在收发报机上也可以兼用，属于被管制的无线电器材，于是认定我家为秘密电台，父亲是收发报员。专案组对他进行了持续的隔离审讯，又组织居民不分昼夜开斗争会。父亲不堪凌辱，终于置瘫卧的母亲于不顾，撒手人寰。此前，他曾去过颐和园鱼藻轩祖父当年投湖自沉的地方徘徊，只因游人如织，只好放弃“效止水之节”。当时家里只剩下一间房，为避免对母亲的直接刺激，他喝了大量敌敌畏，死在院内的公共厕所内，随即被定为畏罪自杀，家中两千多册线装书由北京文物保管所取走，其余藏书和历年文章底稿、资料、集邮册都散佚焚弃了。[①]

王仲闻自尽时，徐传贤已到了确山。专案组对所谓的“朱、谷特务集团”搞“瓜蔓抄”，牵连到了徐传贤的头上。大约在1971年11月前，徐传贤被专案组从确山秘密带回北京，在原北京邮电学院找了一间又黑又小的房子关押，令其交代问题。房子的窗户上都用木条钉死，里面暗无天日，门口有军宣队的人员把守。徐传贤的亲属是怎么知道他可能不在确山呢?

---

① 王庆山:《追忆父亲王仲闻》,《博览群书》2011 年第 5 期，第 127—128 页。

自1971年11月起，章一涵写给确山干校徐传贤的家信都没有收到回信，而此前徐传贤生怕家人牵挂写信甚勤。为此，家人心中十分焦虑，担忧徐传贤的安危。

1972年5月中旬的一个周六，章永平下班回到了板厂胡同的家。当时，章永平在位于北京北郊的砖瓦机械厂上班，因为哥哥章卫平已去东北插队，按照政策他得以留京招工。在1970年徐传贤尚在确山干校时，章一涵交出了西直门内前半壁街邮电部宿舍大院里的套间，搬进了东城区板厂胡同的一个大杂院里。板厂胡同的北面是东棉花胡同，南面是炒豆胡同，胡同东口与交道口南大街交会，胡同西口与南锣鼓巷交会。

章一涵告诉章永平，“你父亲已经回到了北京，在邮电总医院住院。因为病重，需要家属陪护，军宣队才告诉家人”。章永平回忆说：“我向母亲请求当晚就去医院陪护，母亲告诉我：‘下周父亲就可以出院了，你们父子俩就可以团聚了。’听后我当然很高兴，也就答应母亲今晚和明天不去医院陪护。第二天是星期日，因为当晚要上夜班，所以晚饭后就回单位去上夜班了。”

章永平怎么也想不到，他回工厂上了几天班后就接到了母亲的电话，而母亲告诉他——“你爸爸已于5月20日与世长辞了”。万分悲伤的章永平请假回到家中，母亲对他说，“你爸爸在临死前仍然相信自己能活下去，对我说告诉永平不要分心请假去看他，他的病会好起来的，让你严格要求自己，虚心向老工人师傅学习，平时多学些文化知识，做对国家有用的好工人”。

5月22日，章永平和请假回京奔丧的哥哥章卫平陪同母亲章一涵去医院接徐传贤的遗体到八宝山殡仪馆火化。到了医院，章卫平、章永平两兄弟看了父亲的遗体——遗体上青一块紫一块的都是瘀青，更是悲痛欲绝。年轻气盛的章永平顾不得那么多了，质问监视他们的专案组成员，说："这是你们打的吧？没打不会是这样的。"被质问者回答说："你父亲得的是白血病，医生治疗时给输了血液，可能输得太多了，最后无法吸收了吧。"

章卫平、章永平兄弟自然不会相信这些人的"医学解释"，可那个年代谁又能将医生叫过来对质呢，更不能提出司法鉴定。他们只能把悲伤和愤恨压在心底，护送父亲徐传贤的遗体去八宝山殡仪馆火化。

邮电总医院位于西单西侧的大木仓胡同，今天已是协和医院西院区。这里成为徐传贤的生命终点，而板厂胡同19号院的新家他到底没能迈进去一步。

在确山的北京邮电学院干校，也面临着难以为继的窘境——"人心不稳，多生怨恨"。1972年7月，确山干校发生了一场严重的自然灾害——龙卷风。几分钟内，狂飙扬起，飞沙走石，许多房屋倒塌，水泥电线杆如利刃切割一般折断，食堂的锅炉被刮到50米开外。这场灾害，造成干校3人死亡，30余人受伤。电信总局闻讯后，报请国务院派专机运送通信兵部、电信总局以及学校军宣队的领导前来慰问，当地驻军也很快赶来救援。这场龙卷风灾害，加速了干校全体干部、教职员工搬迁回京的工作。

短短的四年时间，一千多名北邮人从北京迁到确山县办干校，又从干校回到北京，不仅花费大量的钱财，一些人还付出了亲人分居、病痛、受伤甚至生命的代价，而除了教训外又得到了什么呢？

徐传贤只是无数在干校经受磨难的老知识分子中的一员，但他的命运还不是最惨的。在确山县的另一所"五七干校"——芦庄国家科委干校，一代新闻巨子范长江命殒于此。

范长江生于1909年10月，比徐传贤小一岁多，两人算得上是同龄人。范先生出生于四川内江，1939年加入中国共产党，他是中国新闻事业出色的领导者、共和国新闻事业的开拓者。

1937年2月，范长江冲破国民党政府的新闻封锁，深入到延安报道中国共产党的活动，连续在上海《大公报》上刊登了他的《暂别了，绥远》《宁夏进入记》《陇东未走通》等长篇通讯。从这些报道中，全国人民了解到了中国共产党坚强不屈、坚持抗战的风貌。中华人民共和国成立后，范长江先后担任新华社总编辑、新闻总署副署长、《人民日报》社社长等职务。

范长江被遣送到干校之前，担任的最后职务是国家科委副主任、中国科协副主席。1969年3月，被定性为"反革命"的范长江，随国家科委首批500名先遣人员乘火车到达河南确山火车站。当时，从确山县城到芦庄没有公路，大家乘解放牌卡车到达邢店后，顺河道而下到芦庄，五六十里崎岖的河道和山路整整走了一天时间。

1970年10月22日，刚过完61岁生日的范长江在晚上10点多钟摸黑找到一直很关照他的工人师傅梅传德，将一套盖有"国家科委确山五七干校"公章的《毛泽东选集》合订本送给梅师傅做留念，没人想到这时他死意已决。据一篇题为《范长江在确山的最后日子》的文章所述：

> 翌日下着小雨，吃早饭的时候，人们才发现范长江不见了，放下饭碗就到处找。梅传德得知这一消息，心里"咯噔"一下，赶紧参加到寻找的队伍中。结果，各个地方都找遍了，也不见范长江踪影。有人提出果园和菜园里没有找，于是人们来到果园和菜园里找，还是没

有。突然有人大喊：“快来人啊，这水井里有人。”7时左右，有人在“五七干校”大门前五六十米处的菜园子旁一口深7米、直径1.5米左右的水井里，发现了漂浮在水面上的范长江的尸体，他只穿着一身单薄的中山装。大家一起奔跑过来，围着水井往里面看，果然漂浮着一具尸体，大家认出此人正是范长江。梅传德一边打捞一边泣不成声：“长江兄啊！你为啥要寻短见……”而有的人却说：“范长江是反革命、叛徒，是人民的罪人，应该死。”大家把范长江的尸体打捞上来之后，给他换了一身干净的衣服，然后用塑料布把他的尸体裹起。一切就绪，“五七干校”姓高的校长，一方面安排通知他的家人，一方面安排给中央拍电报。①

与范长江相比，徐传贤总算是回到了北京，在医院的病床上去世了。

① 张大成、张新成、张润东：《范长江在确山的最后日子》，《时代报告》2015年第2期，第76页。

余　　音

1978年后，北京邮电学院对徐传贤予以“平反”，并作出历史问题的审查结论。1979年5月28日，邮电部会同北京邮电学院在八宝山殡仪馆礼堂举行“徐传贤先生追悼会”，并将其骨灰安置在八宝山革命公墓。现将“审查结论”和“追悼词”[①]抄录如下：

关于徐传贤同志历史问题的审查结论

徐传贤，又名徐耕莘，男，1908年1月生。上海市青浦县人。家庭出身：资本家兼地主。本人成分：高级职员。1953年参加民革，曾任支部委员。“文化大革命”前任我院国际通信教研室副主任。1972年5月20日病亡。

“文化大革命”运动中，对徐的历史进行了审查。

经查：徐1927年在上海邮局曾经朱学范、陆克明介绍加入国民党，后无活动；1932年在该局由康雍介绍参加邮社，曾任秘书。

以上问题徐已在解放初向组织进行了交代，“文化大革命”中经

① 关于徐传贤的“审查结论”和“追悼词”，原件现藏于北京邮电大学档案馆。

审查与本人交代相符，予以结论。

北京邮电学院政治部

1978年11月29日

悼　词

徐传贤同志因受林彪、“四人帮”路线的迫害，身心受到了很大的损伤，致使病情加重，经医治无效，于1972年5月20日不幸逝世，终年66岁[①]。

今天，我们怀着沉痛的心情，在这里深切悼念徐传贤同志。

徐传贤同志是上海青浦人，1924年入上海邮局工作，1949年5月上海解放，参加革命工作，任华东邮政局科长。1950年调邮电部工作，任邮政总局处长，国际关系处副处长。1961年10月来北京邮电学院工作，任工程经济系国际通信教研室副主任。徐传贤同志1953年加入民革，曾任邮电部民革支部宣委、代理主任委员等职务。

徐传贤同志拥护中国共产党，拥护社会主义，多年来在党的领导教育下，认真学习马列主义和毛主席著作，积极参加各项政治运动，注意改造世界观，思想认识有所提高，有进步要求，工作上积极发挥作用。徐传贤同志在邮电部工作期间具体负责国际邮政方面的工作，具有相当的邮政运输与邮政业务专长和邮政方面国际活动的经验。他在领导邮总邮联处、国际关系处的工作方面，表现负责，积极肯钻研，能完成工作任务，作出了一定的成绩。在邮电学院工作期间，他

① 此处记录有误。徐传贤生于1908年，逝世于1972年，终年应为64岁。

对所担任的教研室领导工作，认真负责，勤勤恳恳，有事能和群众商量，对青年教师积极培养关怀，对业务肯于钻研、精益求精，为培养邮电国际通信人员作出了应有的贡献。

徐传贤同志离开了我们，使我们失去了一位多年和我们并肩战斗、共同工作的老战友，深感无限悲痛。我们悼念徐传贤同志，要化悲痛为力量，紧密团结在华国锋同志为首的党中央周围，为早日实现我国的四个现代化而努力奋斗。

徐传贤同志，安息吧。

关于徐传贤家人的情况，具体如下：

第一任妻子盛希珍，1909年出生于江苏省青浦县（今上海市青浦区）城厢。1927年与徐传贤结婚，两人育有三男一女。与徐传贤离异后住在上海，1979年在上海去世。

第二任妻子章一涵，1918年出生于江苏省常熟县（今常熟市）。1948年12月与徐传贤结婚，两人育有两男。随徐传贤来北京工作后，章一涵长年担任邮电部506厂会计，1993年在北京去世。

长子徐家善，小名元鑫，1929年出生于青浦。曾先后就读于上海法政学院、同济医学院，“抗美援朝”时参加过上海赴朝医疗队，退休前系上海第二医科大学检验系临床检验教研室主任、副教授。

次子徐家良，小名启元，1932年出生于青浦。1956年从江苏医学院毕业，分配至贵阳市人民医院儿科，退休前系复旦大学附属中山医院青浦分院（原青浦县人民医院）儿科主任。现居上海。

三子徐家达，1934年出生于青浦。1949年后随父在北京读书，留京工作。后被调到新疆建设兵团农一师（阿拉尔）十团农科所，退休前系高级农艺师。

女儿徐家敏，1938年生于上海，毕业于青岛海洋学院（今中国海洋大学）并留校，退休前系该校教授。现居青岛。

四子章卫平，1952年生于北京。1960年代赴东北“插队”，1980年代返城。现居北京。

五子章永平，1954年生于北京。初中毕业后招工，退休前系北京第一机床厂工人。现居北京。

附录一

徐传贤先生简明年表

【1908】

清光绪三十三年（丁巳年）腊月二十六日（公历1908年1月29日），出生于今上海青浦区老城厢（时属江苏省青浦县）福泉路老宅。幼年在青浦县城的小学接受初级教育，后随父亲徐熙春到沪，就读于上海中法学堂。

【1921】

3月，考入中法国立工业专门学校（后名中法工学院）。

【1924】

在中法国立工学院读完三年预科，于7月在正科一年级肄业。考入上海邮政管理局邮务员岗位，并历任四等、三等、二等、一等邮务员。

【1927】

3月，北伐军进入上海，后经人介绍加入国民党。是年，与盛希珍小姐结婚。

【1929】

长子徐家善出生。

【1932】

在“一·二八事变”的当晚，从交战前线的虹口区逃离火线，后积极参与为积极抗日的中国第十九路军募捐和维稳工作。是年，次子徐家良出生。

【1934】

三子徐家达出生。

【1937】

“八一三事变”后，上海沦陷，与同事在公共租界的上海邮政局大楼艰难维持邮务，并接纳苏、浙等地的邮政同仁转移至上海邮政局。

【1938】

受命前往越南、缅甸等地开设中华邮政驻该国代表办事处，以重建我沿海沦陷区与内地大后方之间因日寇侵占而被封阻的邮路，办理邮件和邮政物资的过境事宜。是年，女儿徐家敏出生。

【1942】

太平洋战争爆发后，日寇侵入中南半岛，对越南等国进行事实上的占领，作为中华邮政代表办事处的一员乃被迫撤离。

【1943】

抵达重庆，任中华邮政总局业务处运输课课员、课长。

【1944】

报考并被录取，且以研究员的名义赴美学习，1945年7月成行。在美期间，以华盛顿特区的美国邮政部为主要实习基地，主修邮政运输和国际邮政业务（邮联），为期一年。

【1946】

年中，结束在美国的学习回到中国，任上海邮政管理局运输股股长。

【1947】

4月，作为中华邮政代表团成员，前往法国巴黎出席第十二届万国邮政联盟大会，会议期间对中国团提出的修正案的通过、确立中国在万国邮联的地位做出了重大贡献。

8月，回国。回国后留任南京的中华邮政总局联邮处，升任副邮务长。

【1948】

2—10月，两度出席在瑞士伯尔尼、洛桑举行的万国邮政联盟执行及联络委员会会议。会后，在西欧考察英、法、意、荷、比等国的邮政事业，并取道美国回国且顺便考察美、加诸国的邮务。回国后，任邮政总局联邮处副处长、处长。

11月中旬，回沪筹建邮政总局上海办事处，处理有关总局撤离事宜。

12月，登报与妻子盛希珍离婚，与章一涵小姐再婚。

【1949】

5月，拒绝随旧邮政机关撤离，留守上海。中国人民解放军占领上海后，积极配合军管会的工作，后被委任华东邮政总局科长。

11月，调入邮电部，参加中华人民共和国与朝鲜民族主义共和国签订邮电协定的谈判。从此，离开上海定居北京。

【1950】

中华人民共和国成立后，由政务院第五十四次政务会议通过，周恩来总理签署任命为中央人民政府邮电部国际关系处副处长，同时兼任邮政总局联邮处处长。

5月，随同邮政总局苏幼农局长出席在瑞士蒙特罗举行的万国邮政联盟执行及联络委员会会议。这是中华人民共和国代表第一次出席国际组织会议。

【1951】

1—2月，随同邮政总局苏幼农局长出席在埃及开罗举行的万国邮政联盟执行及联络委员会与国际航空运输协会联席会议。

【1952】

四子章卫平出生。

【1953】

参加中国国民党革命委员会（民革），曾任邮电部民革支部委员、代理主任委员等职务。

【1954】

五子章永平出生。

【1957】

被错划为“右派分子”，保留公职在邮电部机关接受监督和改造。两年后，摘除“右派帽子”。

【1961】

调北京邮电学院任教。曾任工程经济系国际通信教研室副主任，悉心教学，除专业课外还主动开设“法语教学”等课程，并自编教材供师生使用，深受青年教师和学生的欢迎。

【1965】

父亲徐熙春在上海逝世，享年80岁。

【1966】

厄运再次降临。先是北京邮电学院停课，学生和教师卷入“造反”的狂潮之中，后是邮电部被撤销，实行军管。被隔离审查，勒令交代“历史问题”。

【1967】

母亲董月娥逝世，享年79岁。

【1969】

北京邮电学院在河南确山县兴办“五七干校”。

10月，随其他同事遣送至确山县的干校劳动。

【1971】

被诬为牵涉某“莫须有”的“特务集团”。

10月，专案组将其押送回京，宣布实行隔离审查。

【1972】

在被审查中饱受肉体与精神双重折磨。

5月20日，于邮电总医院逝世，直至生命最后一刻仍处在监管之中。

【1979】

“文革”结束后，冤案得以澄清。

1979年5月28日，邮电部会同北京邮电学院于北京八宝山革命公墓礼堂举行“徐传贤同志追悼会”，对其进行公开的平反昭雪，并将其骨灰移入八宝山革命公墓。

附录二

与徐建新*先生对话：追寻祖辈足迹以观未来路

十年砍柴：很巧，尊祖父徐传贤公和先祖父李程再公是同一年出生。尽管两位祖父生活的环境和人生经历大不相同，一位是在上海长大的高级知识分子，一位是一辈子活在湘中山村的文盲，但是我在追寻传贤公平生足迹和资料时并不觉得陌生，似乎是在和自己的祖父对话。我想，这大概是因为中国的同一代人，虽然各有自己的人生，可大历史在每个人身上打下的时代烙印是一样的。作为祖父的孙子，我可能比您幸运一些。我在聚族而居的乡村长大，在我12岁时祖父去世，小时候祖父看管我们孙辈的一些小事以及他对我的教导，至今还印象深刻。我知道您1966年出生在贵州，

---

*徐建新，徐传贤次子徐家良之子，毕业于上海第二医学院（上海第二医科大学，今上海交通大学医学院），生物工程硕士。上海奥普生物医药股份有限公司创始人、董事长，上海市优秀技术带头人，全国专业标准化技术委员会SAC/TC136委员，上海医学即时检验产业技术创新战略联盟理事长，中国妇幼保健协会妇幼健康发展与产业联盟常务委员等，并推动了《GB/T 29790–2013 即时检测　质量和能力的要求》的出台。参与编写及主编作品有：《即时检验》（2007年）、《智慧即时检测&iPOCT》（2017年）、《IVD+大数据智慧诊断》（2019年）。另，这篇对话采写于2021年12月10日。

而当时在北京的传贤公已经境遇很不好了，所以直到传贤公1972年去世，您从未有机会见过他。那么，您是什么时候开始听说有关祖父的故事，什么时候萌生了想了解祖父一生的念头？能否讲讲这一心路历程？

徐建新：说起来，我这一生很大的遗憾就是没有见过祖父，没有当面给他老人家带来快乐。诚如你所言，我出生的1966年祖父的境况已经很不好了，北京邮电学院停办，他进了“学习班”，没完没了地写交代材料，然后和他的同事们一起被送到河南省确山县的“五七干校”，直到他去世的时候我才4岁。在那样的时代，祖孙相见这样现在看起来很平常的天伦之乐也是奢侈的。现在想起来，我仍然觉得悲伤。

你的祖父不识字，一辈子生活在山村，虽然清贫，却儿孙绕膝，寿终正寝。从这个角度来看，我们祖父那代人，在他们正当盛年的时候受过良好的教育、具备较好的专业知识，反而是一种“原罪”。

虽然我从未见过祖父，但在我开始懂事时就知道自己的故乡在上海，上海有我的许多亲人。特别是1978年改革开放开始后不久，祖父被落实了政策，恢复了名誉，那时我已经是一个初中生了，我的父亲（徐家良）再没有以前的顾忌，他一次次给我讲家族的历史，讲曾祖父和祖父的人生经历。我了解到曾祖父十三四岁时从青浦老家去上海闯荡，在上海滩打下一片天地，挣了钱后如何投入到公益事业，回青浦县兴办“红十字会”；我也了解到祖父是年少聪颖，读书用功，成绩优异，年仅16岁在激烈的竞争中考取了上海邮政局邮务员的岗位，如何在国难当头时冒着风险为国家做事。这些祖辈的往事激励着我努力读书，我在少年时也有着强烈的人生目标：回到上海，回到曾祖父和祖父工作、生活过的那座城市，去追寻祖辈的人生足迹。

十年砍柴：著名经济学家路德维希·冯·米塞斯（Ludwig Heinrich Edler von Mises，1881—1973）说过一句话：“我们地球的地质结构保留着一切早期宇宙变化的记忆，而一个人的躯体则是他祖先和他本身一切命运和沧桑的积淀。”我的理解是，除了生物学的DNA传承外（中国人常说的血脉相连），祖辈人生中的许多偶发事件影响着后代的命运。例如，您的祖父当年假若抗拒父母之命不与您祖母成亲，那么家族的历史会改写，因为您祖父所生的孩子就不是您的伯父和父亲了；令尊大人若当年毕业时不和同学互换而是去了安徽不是贵州，那么他所生的孩子就不是您。您是如何强烈地意识到祖父对您的重要性？祖父如何影响着您？我知道您的公司注册了一个商标叫“衍禧堂”——原是您曾祖父、祖父在青浦老宅的堂名，能否说说您在寻找祖父、曾祖父人生轨迹时一些印象深刻的事？

徐建新：是的，祖辈对后代的影响是多方面的，这是一个很值得研究的生物学和社会学课题。多数时候，我们很难意识到祖辈在自己身上留下的深深印记。祖辈在人生路上的种种选择，有很大的偶然性，但是这种偶然性直接决定后代的命运——特别是婚姻的选择，不同的选择会使其生育不同的后代。也就是说，我们能来到世上，是父亲和母亲、祖父和祖母乃至历代先祖考妣能够成婚的姻缘累积、叠加的结果，中间如果有一点变化，“我就不是我”了。

我在贵州度过童年和少年时代，当时父亲对我讲述祖父和曾祖父的人生故事是断断续续，并不成体系的。我高中时回到上海，后来考入了上海第二医学院（上海第二医科大学，今上海交通大学医学院），毕业后留在上海工作。我的父母在1980年代初回到上海，我的三叔（徐家达）一家在1990年代从新疆回到上海。随着年岁的增长，也由于回到上海后能常常近距离接受家族长辈的教诲，我对祖父和曾祖父的历史有了更多的了解，也能意识到这种血脉相连的关系对自己的巨大影响。例如，我学习、工作取得了成绩，姑奶奶（徐家敏）或者大伯（徐家善）赞许我的时候就会说“做得不错，像你爷爷当年”；长辈在与我闲谈中，总会有意无意地说“你的爷爷在你这么大的时候，已经做了哪些事”。这使我有着强烈的愿望想去系统、全面地了解祖父和曾祖父的人生经历。人到中年后，我意识到弄清楚祖父一生坎坷而不平凡的经历，对我们整个家族意义重大，也是为上海这座城市的历史乃至中国一段大历史做一点补充和注脚。

经多年好友、复旦历史系姜鹏博士介绍，我有缘与复旦大学文史馆钱益民博士相识。钱博士经过两年多的搜集与走访，获得了大量珍贵史料，尤其是钱博士在努力之下从祖父最后供职的北京邮电大学（原北京邮电学院）档案馆一笔笔抄录的祖父于1956年由他自己亲笔撰写的《自传》。这份《自传》翔实地记录了祖父从1908年出生到1956年近四十八年的生平事迹，也才慢慢揭开了许多不为人知的神秘历史和祖父波澜壮阔的一生！

在走访北京邮电大学的过程中，得到了北邮财务处傅四保先生的大力帮助。傅先生帮助我走访了祖父原来的老同事——其实是当年祖父的学生辈的青年同事。其中，刘立清先生曾任邮电部副部长、国家邮政局首任局长；梁雄健教授当时已86岁，还被学校返聘带博士生，老先生于2020年8月仙逝。据刘部长和梁教授的口述回忆，“徐传贤老师六十年代虽然年纪有点大啦，但对人非常和蔼可亲，内敛慎言，很有知识分子的风度，只是身上总是流露出一种客居异乡的感觉”。“客居异乡的感觉”这种评价，既出乎于我们后辈的意料之外，又似乎非常合乎当年的真实情景，可以想象当年祖父在北京的真实心境，令人感叹唏嘘。

曾任国民政府交通部邮政总局第九任局长的霍锡祥先生是祖父的上司和忘年交，从抗战爆发前一直到滇缅邮路开通，乃至于抗战结束后代表中国参加万国邮联会议，二人就一直作为上下级关系合作多年，非常和谐。祖父在抗战结束前夕考取赴美国为期一年的“访问学者”资格，也得益于霍锡祥先生的推荐。一个非常巧合的机会，我有幸与霍锡祥先生的嫡孙霍达人先生见了面，一见如故，聊得非常开心。祖父与霍锡祥先生大约在1949年以后就没有机会见面，未曾想到他们的孙辈居然因为各自在整理祖父们的回忆资料期间意外遇见了，续上祖辈前缘，真的实乃天意，想必两位老人在天之灵也会非常宽慰的吧。

上海市虹口区长春街拐角处，有一个在闹市中不起眼的弄堂叫启秀坊，走进弄堂深处的8号，那是祖父在1948—1950年近两年间曾短暂遣居于此。去年，我陪父亲一块走访了这里，看到这个弄堂和门牌，父亲脑海深处的记忆被激活了，他告诉我曾多次来此探望祖父，并吃过几顿饭。启秀坊是非常典型的上海石库门风格，砖木结构建筑，2楼是祖父当年居住的房间，有内外两间，地面是木头地板。巧的是，里面现在还住着一位90多岁的老太太，她亲口告诉我当年中介来租这个房子，中介告诉她里面原来住着一对夫妻，后来搬到北京去了。原来，这位老太太就是我祖父后面的续租客，只不过一个只租了短短的两年，另一个则租了长长的七十年！

G60高速公路（沪杭高速公路）上海浙江交接口，有一个千年古镇枫泾，自古人才辈出。在古镇深处，有一座朱学范先生的祖传古宅，现在已改建成“朱学范先生纪念馆”。因为祖父与朱先生有近四十年的友谊，我去拜访过几次，还真的有收获：在纪念馆展示橱窗中，发现了三张照片。其中，一张是1930年代朱先生代表上海工会访问欧洲，祖父及同仁聚集在公平路码头欢送；还有两张是1950年代初朱先生作为中华人民共和国邮电部部长，分别代表中国与朝鲜、匈牙利签订通邮协定，祖父作为技术专家陪同在签字席旁边。这三张照片，两位老人几十年的交往，留下了非常生动的注脚和历史的见证。

听我大伯和父亲讲过，早年间我家在青浦的老宅堂屋里挂着状元实业家张謇题写的匾额“衍禧堂”，因时代变迁匾额早就不知去向了。为了纪念祖辈，我将“衍禧堂”注册为公司的商标。老宅有一张照片留下来了，我的曾祖母坐在中堂的椅子上，后面挂着清末民初沪上名家高邕之先生写的一副楹联：“树静山幽不知年岁，国安人乐咸颂太平。”高先生的书法受唐代书法大家李邕《麓山寺碑》影响甚大，苍劲有力。这副楹联也在纷乱的年代不知道流落到谁人手中了，幸运的是你在搜集我祖父的资料时于茫茫网络中找到了一家书画公司拍卖这幅字的照片，再与我家老宅的照片一对比，每一笔一画丝毫不差，可以断定就是我家曾经流出来的。很遗憾，我没能找到这副楹联最终的购买者。后来，我找人照着拍卖方的那张照片用木板复制了一副挂在家中，以示对祖德的缅怀。

在探究、寻访祖父人生足迹的过程中，我发现了许多这类令人难忘的故事，这也深深地触动了我。据我的表叔方铭先生回忆，当年他还是孩童时代，见过娘舅（指徐传贤）一面：当时祖父一袭奶白色的西服领带，皮鞋锃亮，潇洒倜傥，还不忘给小外甥方铭送了一支玩具水枪，这让方铭表叔着实在弄堂风光了一段时间，记忆至今。

今天，我们做的这些事情，看起来似乎微不足道，其实就是一部微观历史。但如果千家万户的人们都能够把自己家族发生的微观历史记录下来，拼接在一起就是一部大历史，而且非常真实，无法作假。这样的工程虽然浩大，但经得起历史的检验，对于我们这个灾难深重的民族，还是非常具有价值的。

十年砍柴：祖父那一代人经历的苦难实在太多了。我发觉先祖父和尊祖父虽然所受的教育和见识有天壤之别，但他们的人生态度却很相似。一是对自己有道德上的严格自律，自尊自爱，非常重视自己的名声。二是他们有强大的生存能力，以及摆脱危机的敏锐性和行动力。您的祖父在1932年“一·二八事变”爆发那个深夜，从日军控制的虹口北四川路逃出生天；1945年5月，我的祖父在“湘西会战”中被日军抓为挑夫，在一次日军和中国军队的战争中趁着混乱逃回家乡。您认为这种对苦难的承受力、对危险的逃避能力是如何形成的？对我们这一代有什么启示？

徐建新：我们祖父那一代人的生活轨迹大致贯穿了20世纪，这个世纪是中国历史上多灾多难、动荡变化巨大的时代，他们那一代人经受了太多的苦难。

从政权更替来说，他们经历过两次，如果算上北伐成功迁都南京，那就是三次。他们更经历过几百年来中国人伤亡最为巨大的抗日战争，大小内战、匪患和各种运动就更多了。地处沿海的江浙沪地区更容易受到政局变化的波及：“九一八事变”后和“七七”卢沟桥事变后，对上海破坏巨大的两次战争“一·二八事变”和“八一三事变”即在上海打响；北洋政府时期，各路军阀为了争夺上海及周边这片富庶之地的控制权，也时有战争爆发。但就在这样很不太平的环境里，我们两人的祖父都没有放弃对美好生活的追求，对家庭的责任，以及对自己的道德要求。我觉得，他们身上体现了中国人坚韧、勤劳、不自暴自弃的优秀品质，如果说得俗一点，则能说明中国人的求生欲望和生存能力极强。

祖父的一生，处在一个中国社会大变革、大动荡的时代。国难当头，壮士扼腕，相比于今天安稳的和平年代，可以说是一个真正的大时代。他的一生，天赋与勤奋并重，凭借出色的外语和专业才能立足于社会，服务于民生。无论在哪个时期，他都把努力工作当成最基本的出发点，因此深得上司与同道赞赏。他的一生，也代表了一代知识分子的缩影，顽强地行进于乱世中，竭力顺应着社会的变迁，寻找着适合的栖息空间。

“怜我世人，忧患实多”是祖父那代人的真实写照。他们能够活下来，生儿育女，已经是同时代的幸运者了。他们之所以能如此，这和他们有“对苦难的承受力、对危险的逃避能力”关系甚大，而养成这种意识和能力是缘于智慧和生活经验。今天我们生活在太平时期，中国有着四十多年经济的高速发展，已成为世界第二大经济体，而这是你我祖父在世时大概很难想象的，他们若地下有知，应当为后辈的生活环境感到高兴。但是，我想祖父那一代人承受苦难、躲避危险的意识和能力，对我们仍然有参考价值和启迪意义。人生途中，总会隐藏着大大小小不可知的风险，而大时代的一粒尘埃落到个人头上则是足以将其压倒的大山。对国家来说，处和平而不忘备战，对个人而言则道理是一样的，处太平而具忧患意识，做一些必要的心理和资源准备，如此即使有我们不愿看到的风险到来，到时候也能从容应对。

十年砍柴：我了解到从您祖父那一辈开始，到您父亲那辈的兄弟姐妹和您这一辈的堂、表兄弟姐妹，几乎从事的都是凭专业知识吃饭的职业，如医生、教师、科研工作者，或者像您这样由科研工作者成为高科技企业的创业者，几乎没有做官的。这是你们几代人有意识的选择还是家风熏陶使然？

徐建新：这是一个有意思的现象。其实，不但我这一辈，而且我女儿这一辈也是如此，几乎都从事专业技术工作或商业，没有谁去做官。这确实和家庭及家族潜移默化的影响分不开，使我们在职业选择、人生定位时能做出比较理性的认知和判断。

其实，我的曾祖父和祖父都有不错的管理才能。曾祖父熙春公筚路蓝缕创办了青浦县红十字会，没有组织动员和管理能力是不可能做到的；祖父传贤公在国民政府的邮政总局和中华人民共和国的邮电部做过处长。但总体而言，他们不是传统意义的“官”，而是靠专业技能立身，进而服务社会。他们这样的人生履历，我认为和上海及周边是中国最早对外开放的地区关系重大。

在明清两代，包括上海在内的苏南和浙江，由于经济和文教发达，考取的进士很多，因此进入仕途的官员也很多。在科举时代的中国，“学而优则仕”，读书的唯一目的就是做官，几乎没有其他的职业追求。考不上进士、举人而入仕的读书人，不得已去给人做幕僚或教私塾、行医、经商为生，但在农耕社会里，这几项的职业空间很小，能够容纳的就业者有限，干这些行当能过富足日子的人更少。我的高祖及以上的祖辈，好几位有秀才的功名，他们没机会做官，只能靠着几亩田地，加上当私塾老师或行医，过着清贫的生活。这是中国广大农民及不能做官的读书人普遍的生活状况。上海开埠带来了巨大的变化，扩大了上海的青少年及周边府、县青年的就业门路。上海在清末民初已经是远东最大的工商业城市，租界和华界并存，向全世界的人员、商品、资本开放。近现代工商业社会的一些职业，如属于白领的律师、医生、邮务员、银行职员、商社职员、教师等，属于蓝领的工厂工人、人力车夫、消防队员、环卫人员以及大小店铺的雇员，在上海有着旺盛的需求。早在清廷废科举以前，上海及周边地区有点见识的人家，对子弟的职场规划不再局限于读“四书五经”应科举做官——这条路太窄了。家境殷实的让子弟去上洋学堂，学外语，学一门专业，拿到洋学堂的文凭；家境较差的则鼓励子弟去上海滩当学徒，学着做生意。这样的环境和风气，使上海及周边的居民很早就有着和内地省份不太一样的价值观和职业规划。学一门靠谱的专业，有一门过硬的技能，靠个人的本事和勤奋吃饭在上海受到普遍的尊重。我的曾祖父年少时进上海的店铺由当学徒起步做出一番事业，我的祖父年少时被曾祖父送进中法学堂，而清末民初上海这类普通人的故事还有很多。上海很早就形成了一个尊重契约、有着现代权利意识和自治能力的市民社会，有着数量不小的一个中产阶层。家庭的小环境和城市的大环境影响着我大伯、父亲、叔父和姑妈那一辈的职业选择，也影响着我这一辈人和下一辈人的职业选择。中产阶层占大多数的橄榄形社会是最稳定的，多数人靠自己的专业和勤奋或上班或经商养家，过着太平而殷实的日子，不必冒着巨大的风险去追求大富大贵。早年间我家老宅那副中堂楹联所写的“国安人乐咸颂太平”，就是我们这个家族——大概也是多数上海人的人生理想。我觉得这样的生活状态和人生追求很好，也可以说是上海人市民精神的重要体现。

十年砍柴：我知道您在经营企业之外，还将不少精力和财力投到公益事业上，这是受您曾祖父熙春公的影响吗？当您看到熙春公在上海中山医院青浦分院里的塑像时，您是一种什么样的心情？您如何理解“赓续传统”“历史使命”这种宏大叙事对一个人、一个家族的具体投射？

徐建新：我这些年在经营自己的公司之余，力所能及地做了一点公益，这只是尽到一个事业有所成就的企业主的本分，不敢以此自矜。我这样做，一是对这个时代惠及于我的回报，二是如你所言受到家族的影响。

我的曾祖父、祖父和父亲几兄弟都不是慷慨激昂、能说豪言壮语的人，他们基本的人生态度是认认真真地工作，把自己的日子过好，对家庭负责，有余力则尽量帮助他人。

当然，影响我最深的自然是父母。我的父亲从南京医学院毕业后就分配到贵州，在贵州工作了近二十五年，其间很长一段时间待在凯里。父亲在贵州的大山中成长为一位医术精湛、口碑很好的儿科大夫，其人生箴言是“坦诚、宽容、知足”，而我的母亲是一位护士，他们对患者的负责和关爱以及在逆境中不抱怨的人生态度都对我有着润物无声的作用。我回到上海后，进一步了解到祖父和曾祖父做的事，更是受到了激励和鞭策。在工作以后，特别是取得了一些成就时，我有意识地以祖父和曾祖父立身行事的风范作为自己的参照。每当我走进上海中山医院青浦分院看到曾祖父的塑像，心中总是充满着自豪与感动，也有着某种自省。我不敢说“赓续家族传统”这样的大话，但总是要提醒自己要对社会尽一份责任，不能做不肖子孙。

十年砍柴：我的祖父去世时，湖南农村已告别公社体制，实行联产承包责任制，即乡亲们所说的分田到户，第一年就大丰收。我的祖父很高兴，可以说没什么遗憾地离开了这个世界。如果徐传贤先生能够熬过那段艰难的岁月，活到改革开放初见成效的1980年代，他会是怎样的心情？他会如何看待自己的一生？他会对您和这个家族产生什么样的影响？

徐建新：这是一个穿越性的虚拟话题。历史没有假设，遗憾永难弥补。但是，我觉得设想一下我的祖父活到1980年代，对我们这些后人来说还是很有意义的。我们家族成员逢年过节时会聚在一起，偶尔也会提起，如果祖父还活着该多好呀。

1949年5月上海解放前，祖父选择留下来，没有飞往台湾。当时，他何曾想到过接下来为中华人民共和国服务的二十三年，会发生这么令他多无法想象的大事件呢！其一，祖父他自觉地“改造”——几乎把他在1949年以前所学的专业、所积累的经验当作一种“原罪”，如果他多活了十年，见证了自己的平反和改革开放，我觉得他第一个感受肯定是欢欣鼓舞，打心底里感谢“拨乱反正”，感谢改革开放。他会回到年轻时对常识的认知与肯定，认可他过去熟悉的专业化路线。他在北京邮电学院进行的教学和研究大概会续接起来，曾经的讲义会整理、出版，嘉惠后人。其二，由于个人的平反，带来了家庭成员的翻身机会，他会更加认同和拥护国家的新政策，也更无悔当初留下来的选择。同时，我们整个家族的凝聚力会更强，对孙辈的学习和成长来说，他的关心和指点一定能让我们受益很多。其三，作为一位资深的民革成员，他参政议政的责任感会被激发，会忘掉过去而更加积极地投入到民主党派的工作中，为社会发挥最后的余热。

如果是这样，过去一生遇到的风风雨雨都是值得的，那么祖父的最后人生是圆满的。我有时在内心里安慰自己，假如祖父地下有灵，看到他度过最美年华的上海的巨大变化，知道晚辈们能过着安定小康的生活，他会含笑九泉的。

十年砍柴：您和我的姐姐是同庚，大我5岁，我们也算“同一代人”。无论像您这样一个“右派分子”的孙子，能从贵州回到上海，还是我这样一位老农民的孙子，能从湘中山村到北京定居，这样的事在我们这一代很常见，而在父辈、祖父辈等几代人是很难想象的。这当然是得益于改革开放。在过去的四十多年里，中国受益于改革开放的人数之多、阶层之全、地域之广是中国历史上从未有过的，即使在世界范围内也不多见，而这也就能理解为什么很长时间内改革开放是中国最大的共识。您如何看待您自己和我们这一代人的命运？特别是和父辈、祖父辈做比较的话，您认为我们的下一代人最大的共识应该是什么？

徐建新：是呀，我们这代人，到目前为止应该是中国近两百年来最幸运的一代，这是托了改革开放的福。“四人帮”倒台后，中国社会开始步入正常化，我那时才是个小学生。从此，中国经济和各项事业蒸蒸日上，我的回沪、考大学、工作、创业每一步都享受了改革开放带来的好处，而我想你也是一样的。如果没有改革开放，我兴许还在贵州的深山中当工人，而你还在湖南的山村当农民。

在追寻祖父和曾祖父的人生足迹时，我深深地体会到他们父子两代人和上海这座城市血肉相连的关系，也深深体会到祖父和曾祖父受惠于上海的对外开放。我们两人的祖父同庚，如你在前面所说，尊祖父的天资很好，做事勤奋，但由于生长在湘中闭塞的山村，没有机会接受学校教育；而我的祖父生活在上海，上海及周边当时是中国最开放的地区，所以我的曾祖父能进上海谋生，我的祖父能幸运地接受和英、法等国相同标准的现代教育，这是开放的上海给他带来的人生机遇。但是，中国当时处在内忧外患之中，这种局部的开放只能让中国很少的一部分人受惠。如果中国获得独立和统一之后，由上海这种沿海的局部开放扩大到全国，那么开放将会惠及大多数中国人。

可惜，这种局部开放不但没有扩大，而且出现了中断和退步，连上海也关门了几十年。我祖父当年受惠于开放的上海，这种早年的幸运却变成了晚年的不幸。你的祖父是一个不识字的农民，虽然一生清苦，但在村里受到晚辈的侍奉和乡人的尊重，活了76岁，寿终正寝；我的祖父受过良好的教育，为国家做了那么多事，却在饱受肉体和精神的双重折磨中去世，才活了64岁。导致这种反差的原因是中国有过拒绝开放的时代，这种拒绝开放带来了反智思想盛行，于是诸多有学问、有见识的知识人遭受厄运。这是历史的吊诡之处，也是我的家族乃至整个民族的不幸。

我们这代充分享受到改革开放红利的人都已人到中年，许多人事业有成。我觉得审视我们的父辈、祖父辈的人生经历时，应该有一种吸取历史教训的自觉意识，也有责任把这种历史教训告诉下一代，让年轻一代认识到每个人、每个民族要有开放的胸怀，要尊重现代社会通行的常识，而不是逞一时之气以为把自己给封闭起来就能避免时代的风险。一代又一代人的经历证明，这样做只是学鸵鸟把脑袋埋进沙子里，注定不会有美好的未来。这也是我追寻祖父和曾祖父人生足迹的初衷之一。

几年前，我在青浦福寿园专门辟了一块地给祖父矗立了一座衣冠冢，在设计的铜雕头像作品下方，我反复斟酌后让雕刻师写下了这样几句话：

一块迟到的石碑，
一段尘封的历史，
一种永远的回家。

去寻找、去发掘真实的历史，并不是为了追究谁人的对错，而是为了让后人谨记历史，不要再重蹈覆辙。或许，我们在追寻着祖辈的足迹时，更能看清我们未来的道路。从私人史、家族史，到微观历史，让一部部鲜活的历史小书留存下来，传播出去，或许没有宏大叙事的伟大，但正是这些点点滴滴可以真实地让后人审视，并在审视中发现历史的真谛。